U0058103

質性研究設計：
互動取向的方法

Qualitative Research Design：
An Interactive Approach

Joseph A. Maxwell

陳劍涵

Qualitative Research Design

An Interactive Approach

3 EDITION

Joseph A. Maxwell

目次
CONTENTS

Chapter 7　研究計畫：質性研究的呈現與說明 / 173

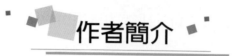

作者簡介

Joseph A. Maxwell

　　喬治梅森大學（George Mason University）教育研究學院教授，教授研究設計與方法和撰寫論文計畫的課程。他在質性研究與評鑑、混合式研究方法、社會文化理論、美國原住民社會組織，以及醫學教育等領域都發表了著作，並在各應用領域之中廣泛研究。他也參與了有關「質性研究方法的教學」以及「使用質性方法在多種應用領域」的研討會及工作坊，並且在美國、波多黎各、歐洲與中國各地的會議和大學受邀擔任演講者。他擁有芝加哥大學（University of Chicago）的人類學學位，可透過 Email: jmaxwell@gmu.edu 與他聯絡。

譯者簡介

陳劍涵

美國印第安納大學布魯明頓分校（Indiana University Bloomington）語言與文化教育哲學博士。現為國立臺北教育大學師資培育暨就業輔導處專任副教授，曾任淡江大學教育學院師資培育中心副教授、華梵大學外國語文學系助理教授。

作者序

　　本書（原文書第三版）再版的主要動力是來自於有機會擴充內容，不必受限於「應用科學研究方法系列」（Applied Social Research Methods Series）對原來版本的頁數限制。然而，許多前版的讀者表示他們欣賞本書的簡潔，所以我想保留這個長處。因此，此版本大部分的新資料是由我學生新增的作品範例補充而成，包括論文計畫的第二個例子（附錄 B）。

　　另一個動力是來自於質性研究①的持續發展，伴隨各種新取向的興起，包括藝術本位的取向，到它如何實施與展現。我還未全面地處理這些，因為這樣會超出我覺得本書適合的篇幅，也超過了導論的層次。如果你想要探究這些發展，《SAGE 質性研究方法百科》（*SAGE Encyclopedia of Qualitative Research Methods*）（Given, 2008）、《SAGE 質性研究手冊第四版》（*SAGE Handbook of Qualitative Research*, 4th ed.）（Denzin & Lincoln, 2011），以及《質性探究期刊》（*Qualitative Inquiry*）都是很好的開始。我也試著在第一章與第三章指出，我如何將我的想法設計為和這些發展的某部分相符，特別是在後現代主義以及所謂「隨作」（bricolage）的方法上，而且我也在第二章中大幅改寫並擴充我對研究派典的討論。

　　然而，我對某些發展也持懷疑態度，特別是那些採用激進建構主義與相對主義的立場，這些立場否認了我們研究嘗試要了解的所

有真實，因而拒絕了任何處理我們的研究與結論和研究現象之間關係的效度概念（或相關用語）。雖然我是個很相信每個理論和結論都是我們所建構的後現代主義者，不宣稱客觀性或完全的真實，且在第二章辯證沒有一個理論能呈現我們所研究事物的完整複雜性，我還是追求更加理解我們所生活的這個具體的、社會的與文化的世界這樣的目標，或發展對這些現象可信解釋的可能性。

　　這樣的立場成了我修訂本書的第三個動力來源：我更加了解到我對質性研究的觀點如何受到關於我們所要研究事物的哲學現實主義所啟發。我在我的書《質性研究的現實主義取向》（*A Realist Approach for Qualitative Research*）（Maxwell, 2011b）中已經深入發展了這樣的觀點，我辯證我所採取的批判現實主義立場不只和大多數質性研究的實際實務相符，對於幫助研究者處理一些他們所面對的艱澀理論、方法與政治議題也有價值。然而，我提供這個有用的觀點有別於其他觀點，並非做為質性研究單一正確的派典。如寫作教師 Peter Elbow（1973, 2006）所主張，和任何你遇到的理論或立場同時玩「相信遊戲」與「懷疑遊戲」是很重要的，試著去看它的優點與扭曲之處或盲點。基於這個理由，我希望此新版對於針對這些議題保有多元立場的學生和研究者來說具有實際價值。我在這裡發展的質性研究設計模式和大多哲學觀相符，而且我相信能廣泛應用在質性研究上。

　　我對於批判現實主義立場更豐富的覺察，引導我重寫和增修本書的其他部分——特別是第三章對理論的探討；第四章發展（與修改）研究問題；第五章研究關係與倫理，發展訪談問題與資料分析；第六章效度的概念；以及第七章研究計畫中文獻探討部分合適的功

能與內容。我也繼續修補本書的用語，努力將我所要表達的更加清晰化。我對任何你所給予我關於本書如何能更有用的回饋，都不勝感激。

最後，我了解在增訂本書時我幾乎沒有明確提出我是如何定義質性研究的——也就是我怎麼看一個質性探究的最基本要素。關於這點我在第二章會解釋更多。然而，簡要來說，質性研究是一種要幫助你更加了解下列三點的研究：(1)你所研究的對象的意義和觀點——從他們的觀點來看世界，而不是僅從你個人的；(2)這些觀點如何被塑造與塑造出其具體的、社會的和文化的情境；(3)用來維持或改變這些現象與關係的特定過程。上述三點，特別是最後一點，和大多數以「變項」（variables）來看研究現象的量化研究方法成為對比——事物的屬性是可改變的，因此可以跨情境被測量和比較（我在第二、三和四章中會討論變異思考和過程思考的差異）。我認為大部分質性研究明顯的面向——歸納性的和開放性的取向、依賴文字或視覺勝於數字資料，以及其主要目標是特定的理解而非跨對象與場域的推論——是來自這三種質性探究的主要特色（對於這些議題更深入的討論，見 Maxwell, 2011b）。

我要感謝所有對此版本有影響的人士，向他們表達謝忱，尤其是我在喬治梅森大學的學生，特別是那些貢獻作品成為範例的人；還有SAGE的編輯人員對最後的成品貢獻良多，特別是我的編輯 Vicki Knight，還有 Kalie Koscielak、Codi Bowman、Libby Larson、Nicole Elliot 與 Amanda Simpson；以及此版本草稿的審查者，他們的回饋幫助我看出之前所忽略而得以改善本書的方法：

David Carlone（北卡羅萊納大學格林斯伯勒分校）

Sharon L. Caudle（德州農工大學）

Joseph W. Check（麻州大學波士頓分校）

Paula Dawidowicz（華頓大學）

Mary S. Enright（卡佩拉大學）

Deborah Gioia（馬里蘭大學巴爾的摩分校）

Gaetane Jean-Marie（奧克拉荷馬大學）

David M. Kleist（愛達荷州立大學）

William B. Kline（密西西比大學）

Elizabeth Bussman Mahler, EdD（東北大學）

Eliane Rubinstein（亞利桑那艾薇拉大學）

Anastasia P. Samaras（喬治梅森大學）

Ning Jackie Zhang（中央佛羅里達大學）

註釋

①有些質性實務者比較偏好「探究」（inquiry）一詞，而非「研究」（research），認為後者與量化或實徵主義取向太接近。我同意他們的觀點（見Maxwell, 2004a, 2004b），我也了解有些質性探究的類別偏向人文，而非科學，但我傾向用廣義的「研究」一詞以包含各種質性取向。

推薦者序

　　本書作者 Joseph A. Maxwell 是美國喬治梅森大學的教授，長期教授質性研究，從事質性研究，也應邀至世界各國擔任質性研究相關的講者，是個理論與實務兼具的學者。有別於其他質性研究的學者，Maxwell 將質性研究定位為一種「互動的」（interactive）取向，強調質性研究設計的考量元素──研究問題、研究目的、概念架構、研究方法和研究效度等是彼此影響、互為效應的，而且每個元素又受到多個相關的情境脈絡因素所影響。因此，進行一項質性研究其實就是一個反覆思考、不斷檢驗與修正的歷程，也唯有如此統整與嚴謹的考量，研究者才能掌握質性研究的信實度與品質。

　　Maxwell 於本書原文第三版改寫了許多理論的說明，使讀者更加清楚質性研究的理論基礎；更充實了許多研究資料蒐集的實例，讓讀者更能有所遵循或套用；並增添較新的研究案例，使得質性研究的應用範圍更為廣泛。作者跳脫傳統質性研究艱深的哲學性學術用語，以深入淺出、平實易懂的文字，系統化地介紹質性研究設計的內涵與步驟，同時輔以實例說明，協助讀者進行一場「知行合一」的理解與實作。對於初學者而言，可作為按部就班、逐項完成的研究計畫撰寫藍本；對於有經驗的研究者而言，是再次檢視研究工作、精益求精的指引；對於學術教學者而言，更是架構完整、組織縝密，兼具理論與實務的教學手冊。

淡江大學課程與教學研究所教授

高熏芳

譯者序

　　翻譯本書就如同細細經歷一次質性研究的過程，找到自己進行研究的理由，檢視各研究環節環環相扣的關鍵，最終呈現研究的意義與價值。翻譯工作看似單純，實則艱難且充滿挑戰，但也深具意義，如同質性研究是「人」的研究，須時時用心投入與詮釋。感謝心理出版社的邀請，感謝恩師高熏芳教授帶領譯者進入「質性研究」的豐富天地，更提供協助與督促，讓譯者在本書前版高熏芳教授、林盈助老師與王向葵教授所譯本書第二版的基礎上繼續努力，也感謝家人在忙碌生活中的充分支持。

　　本書翻譯過程中力求「信」、「達」、「雅」三個目標，然而受限個人學識能力，疏漏之處在所難免，期待各方先進不吝指教。

陳劍涵

Chapter 1

質性研究設計的模式

　　1625 年，瑞典國王古斯塔夫二世（Gustav II Adolphus）委託建造四艘戰艦以進一步拓展其帝國主義之目的。在這些戰艦中最具野心的一艘被命名為「瓦薩號」（Vasa），是當代最大的戰艦之一，在兩層槍砲甲板上配置了 64 門大砲。1628 年 8 月 10 日，漆彩明亮且木工精緻的瓦薩號，伴隨歡呼的人群及壯觀的儀式於斯德哥爾摩港下水了，但群眾的歡呼是短暫的，當戰艦仍在港內時，就被一陣疾風給吹得傾斜、進水並且沉沒。

　　國王立即下令進行調查，結果很明顯的是壓載艙的大小不足以維持國王特別要求之兩層槍砲甲板的平衡，船內僅配載 121 噸壓艙石，根本缺乏穩定性。然而，建造者若僅是增加更多的壓艙物，較低的那層槍砲甲板會更危險地接近水面，船艦也缺乏浮力來支撐如此的重量。

　　以更為精簡的措辭而言，瓦薩號的**設計**——以不同元件的組成來規畫及建造船艦的方法——有致命的瑕疵。這艘船雖被仔細地建造，符合當時堅固手工藝的所有標準，但其他不同組件的關鍵特質——特別是槍砲甲板和壓艙物的重量以及壓載艙的容量尺寸——卻是不相容的，因此這些特質的互動導致了船艦的傾覆。當時的造船者對於船隻的設計並沒有通用的理論，他們主要是由傳統的模型做起，經由嘗試錯誤，但卻無從計算出船的穩定度。很顯然，瓦薩號原來的設計是較小的船艦，然而在國王的堅持下被放大了尺寸，增加了第二層槍砲甲板，以致船艙空間相對縮水（Kvarning, 1993）。

瓦薩號的悲劇描繪了我在此處所使用對於設計的一般性概念：「設計是一個幕後的計畫，可影響支配運作、發展或開展演變」及「對一個產品或藝術作品各項元素或細節的安排」（Design, 1984, p. 343）。這就是「設計」一詞最原始與日常的定義，如同以下節錄自服飾目錄的引述：

> 一切都從設計開始……我們仔細考慮每個細節，包括布料的剪裁、最適合材質的縫製樣式，以及怎樣的縫合最合理——簡言之，能讓你最感舒適的每件事。（L. L. Bean, 1998）

一個良好的設計，其要素之間要能夠和諧地一起運作，才能夠促進有效及成功的運作；反之，一個有缺陷的設計則將導致拙劣的運作或失敗。

然而，大多數與**研究**設計有關的著作，運用不同的設計概念：「一個為了展開或完成某事物的規畫或計畫（例如：一個科學的實驗）」（Design, 1984, p. 343）。他們呈現「設計」的方式，不外乎是你需要去選擇的標準類型設計（典型的實驗研究），或是預設好要規畫或處理一個研究時一系列的階段或任務。雖然後來有一些版本提到設計的觀念是循環的及反覆的（如 Marshall & Rossman, 1999, pp. 26-27），但大多數的版本卻意涵著一個直線單向的**順序**（sequence）步驟，從問題的形成到結論或理論，雖然這個順序可重複。這樣的模式通常有個預設的起始點和目標，以及實施其中間任務的特定順序。

不論類別式（typological）或順序式的設計模式都無法妥善符合質性研究，因為這些模式嘗試預先建立研究的必要步驟或特色（參見 Maxwell & Loomis, 2002，對這些方法有更仔細的批判）。質性研究中，每一個設計的元素可能需要被重新思考或修正，以應對新的發展或其他元素的改變。因此，質性研究比較像科學中的考古學而非實驗心理學。考古學家 Neil Shubin（2008）描述他的田野工作如下：

關於規畫與機運之間似是而非的關係，Dwight D. Eisenhower 將軍以戰爭做了最佳的陳述：「在準備戰役時，我發現規畫是必要的，但計畫是無用的。」這為田野考古學做了最佳註解。我們做了各種計畫去大有可為的田野場所，一旦我們到達，整個田野計畫可能就瞬間白費工夫了。地上的事實總改變我們最好的計畫。（p. 4）

　　這個敘述也突顯了質性研究的特性，設計是有彈性而非固定的（Robson, 2011），是具歸納性而非追隨嚴格的順序或從最初的決定中產出。在質性研究中，「研究設計應該是一個計畫中每個階段運作的反射過程」（Hammersley & Atkinson, 1995, p. 24）。蒐集及分析資料、發展和修正理論、詳盡闡述或重新調整研究問題的焦點、界定及消除效度威脅等活動，通常都是或多或少同時進行的，每一項工作都影響著其他全部的工作。這個過程無法適切地由一個之前的選單或線性模式中的選擇來呈現，即便這個選擇允許多重循環。因為在質性研究中沒有一個不變的順序來安排不同的任務或因素，在研究設計的各要素中也沒有一個線性的關係。

　　類別式或線性的設計方法為執行研究提供了一個模式 —— 一個預定的指引來安排規畫與實施研究的最佳任務順序。然而，本書中的模式是**屬於**研究也是**為了**研究的。這是想要幫助你了解你研究的**實際**設計，也要規畫這個研究並完成實踐。這個模式的必要特色是它將研究設計視為真實的整體，非僅是摘要或計畫（Maxwell, 2011b）。你的研究設計，就像瓦薩號的設計，是真實的而且會有真實的結果。借用 Kaplan（1964, p. 8）對於「使用中的邏輯」（logic-in-use）與「重建的邏輯」（reconstructed logic）的區分，這個模式可被用來表現一個研究的「使用中設計」（design-in-use），是這個研究各要素之間**真正**的關係，也就是研究者想要的（或重建的）設計。如 Yin（1994）所述，「每一種實證的研究，假如不夠明確的話，也至少都有一個含蓄的研究設計」（p. 19）。因為設計總是存在的，讓它變得

明確是很重要的，應該要將它顯現出來，這樣它的長處、限制以及結果才能被清楚地理解。

　　這樣一個屬於研究也是為了研究的設計概念，在醫學院學生的古典質性研究（Becker, Geer, Hughes, & Strauss, 1961）中也有例證。作者們以這樣的陳述開始研究設計的章節：

> 　　在某種意義上，我們的研究並沒有所謂的設計。也就是說，我們並沒有詳盡規畫可行的整套假設以供測試，沒有刻意設計的資料蒐集工具來確保所得的資訊是與假設相關的，也沒有事先確定好的成套分析程序。到目前為止，設計一詞意味著這些特質都必須要有詳盡的前置規畫，然而我們的研究卻無一具備。
>
> 　　但是，假如我們採取一個更寬鬆的觀念來看設計，運用它來界定這些要素的次序、系統和一貫性，那麼在我們的程序中確實是呈現了，我們的研究是有設計的。我們可以說已經描述了問題原來的觀點、理論和方法的落實，以及這些觀點、理論或方法是如何影響我們研究的方式與研究的進行。（p. 17）

　　因此，要設計一個質性研究，你不能只預先發展（或借用）一個邏輯策略，然後如實地去實施它。你需要大規模地**建構**與**再建構**你的研究設計，這就是我研究模式的主要立論根據。質性研究設計比量化研究範圍更大，質性研究是「你自己做」（do-it-yourself）而非「從架上取用」（off-the-shelf）的過程，也牽涉在研究設計的不同要素之間來回「追蹤」，以評估它們之間相互的啟示。[①]這並不從已經預設的起始點開始，或經由固定的步驟順序來進行，而是牽涉在不同設計要素之間的相互連結與互動。

　　此外，就如建築師 Frank Lloyd Wright 強調的，設計不只必須合乎使用，也要合乎環境（"Organic Architecture", n.d.）。你需要在研究中持續評估你的設計是如何運作的，而且它如何影響及被你所運作的情境所影響，

而能加以調整和改變以利你的研究能達成目的。

我的研究設計模式，即我所稱一種「互動」取向的模式（也可稱之為「系統化的」），是有明確結構的。但是，它是一個相互連結並具彈性的結構。本書中我描述研究設計的關鍵要素，也呈現如何在這些要素之間創造前後連貫及實踐可行關係之策略。我也（在第七章）為你提供了一個清晰的計畫，協助你將研究設計撰寫成一份研究計畫。

我在此所呈現的模式含有五項要素，這些要素各有其獨特需要關切的議題，茲分別說明如下：

1. **目的**：為什麼值得進行此研究？它意圖要闡釋什麼議題？它將影響哪些實務？你為何要進行此研究？為什麼我們應該關心這個結果？

2. **概念架構**：你認為你計畫研究的議題、場域（setting）或人到底發生了些什麼事？關於這些現象有些什麼理論、信念和之前的研究發現能夠導引或啟發你的研究？你將利用哪些文獻、初步的研究及個人經驗，來了解你要研究的人或議題？

3. **研究問題**：你特別想要更加了解你研究的場域和對象的什麼？你對這些有什麼不明瞭而想要學習的？何種問題最能呈現這些學習和理解，以及這些問題如何彼此相關？

4. **方法**：在進行研究時，你實際上會做些什麼？你將運用什麼方法及技巧來蒐集和分析資料？我認為設計的要素包含了四個主要的部分：(1)你與被研究者之間建立的研究關係；(2)你選擇的研究場域、對象、資料蒐集的次數與地點，和其他資料蒐集來源，例如文件（這也常被稱為「抽樣」，雖然這個詞可能誤導質性研究，如同我在第五章所討論）；(3)你的資料蒐集方法；(4)你的資料分析策略與技巧。

5. **效度**：你的結果和結論可能會如何發生錯誤？什麼是可能的另類解釋，以及研究結果及結論之效度威脅為何？你又將如何處理這些問題？你所擁有的或能蒐集的資料，將如何支持或挑戰你對於事物發生的想法？

為何我們應該相信你的結果？

這些要素與許多其他有關研究設計的討論，基本上並沒有什麼不同（如 LeCompte & Preissle, 1993; Miles & Huberman, 1994; Robson, 2011; Rudestam & Newton, 2007, p. 5），其創新的部分是要素間關係的概念化。在此模式中，不同的要素之間形成一個統整及互動的整體，每一項要素與其他要素之間緊密連接著，而非以直線的或循環的順序連接而已。五項要素之間的關係如圖 1.1 所示。

有別於某些其他研究設計觀點，在這個模式中，研究問題不是起始點，也不是設計中所有其他要素所需遵從的控制要件，而是在設計的**中心**。研究問題是這個模式的心臟，或稱中心地帶，是與所有其他要素直接連結的要素。研究問題不但對其他要素有最直接的影響，也被其他要素最直接影

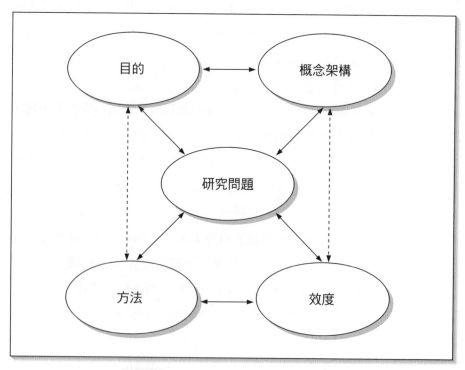

圖 1.1　研究設計之互動取向的模式

響著。它們應該對所有其他要素有所啟發，也具有敏銳度。如同在第四章會更細部討論，你的研究問題不是在研究的一開始就固定的，它們可能因為你的目的或概念架構有所改變，或是因為你在研究途中所學到的而需要重大修正或延伸。

這個模式的上半部三角形是比較概念性的，也通常是你首先發展的部分，它應是一個緊密統整的單元。你的研究問題與研究目的之間應有一個明確的關係，並且應該根據於你對研究已知的部分及可被應用於這些現象的理論概念或模式。此外，研究目的應具備已知理論與知識的支持，同時，相關理論及知識的選擇則應視研究目的與研究問題而定。

同樣地，模式的下半部三角形，即設計中比較具操作性質的部分，也應緊密地整合。你所用的方法必須使你足以能夠回答研究問題，而且要能處理這些答案貌似合理的效度威脅。而研究問題依次也需考慮方法的可行性，以及特定的效度威脅的嚴重性。同時，特定效度威脅的似合理性與相關性，以及你能處理這些的能力則視問題、方法和你的概念架構的選擇而定。你的研究問題形成這個模式上下兩半部的主要連結。

模式中不同要素間的連結並非精準的規定或固定的牽連，它們在設計中是容許一定分量的「授予」及通融性的。我發現將它們想像成橡皮筋是很有用的，它們能夠伸展並彎曲到某種程度，而且對設計的不同部分發揮了一定的張力，但若踰越特定的程度或在特定的壓力下，它們就會斷裂。這個「橡皮筋」的隱喻將質性研究設計呈現為「帶有相當大的彈性，但其中不同的部分彼此約束，假如違反這原則將使得設計無效」的樣貌。

我視這種研究設計的相連結性與一貫性為一種實效上的相容，而非由邏輯上的一致性、或從某種更上層的原則或假定而來。這樣來看，我認為我提出的互動模式和後現代理論的詮釋相符，反對共通的、凌駕一切的認為事物有單一正確理解的後論述（metanarratives）（Bernstein, 1992; Kvale, 1989; Olsson, 2008; Rosenau, 1992）。這也和現行對質性研究有影響力的「隨作」（bricolage）方法相符（Hammersley, 2008; Kincheloe & Berry, 2004; Kincheloe, McLaren, & Steinberg, 2011; Maxwell, 2011a），屏除依循已建立的計畫或一套方法，而是傾向隨機應變地使用手上的資源。我將在第三章做進一步的討論。

　　除這五項要素外，還有許多因素將影響你的研究，包含資源、研究能力、覺察的問題、倫理標準、研究場域、你蒐集的資料和透過這些資料發現的結果。以我的觀點來看，這些並不是屬於研究中設計的部分，而是屬於研究及其設計所存在的**環境**，或可說是研究的**產品**。你需要把這些因素納入研究設計的考量，正如設計一艘船需要計算它將面對什麼樣的風和浪，以及它將承載什麼貨物。圖 1.2 呈現了一些在環境中影響研究設計或實施的因素，並展示這些因素與研究設計要素的重要關聯。這些因素及關聯將在後續的章節中討論。

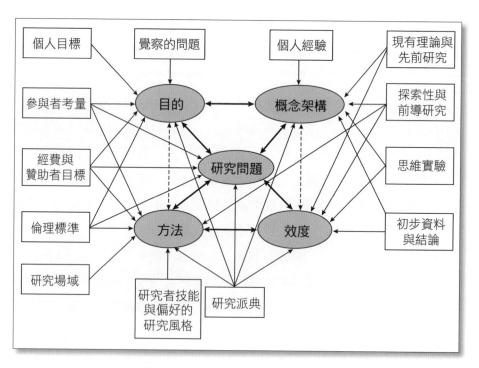

圖 1.2　影響研究設計的情境性因素

　　由於我沒有將倫理界定為研究設計中單獨的要素，因此，我要特別談有關倫理的事。並不是我不認為倫理對於質性研究的重要；相反地，注意質性研究中的倫理議題已逐漸被認為是不可或缺的，這不是只是倫理的原故，而是研究中一個整合的面向（Cannella & Lincoln, 2011; Christians, 2011; Fine, Weis, Weseen, & Wong, 2000）。我相信對於倫理的關切應該牽涉到設計的每一層面，在我提到研究方法時，已特別嘗試說明這些關切，但它們跟你的目的、研究問題的選擇、效度的議題，以及對於概念架構的審慎評估等也有關聯。

　　如同本書副書名所指出的，我設計的方法論是一種互動取向。所謂的互動取向有三方面的意義：首先，設計模式的本身是互動的，每一個要素與其他所有要素間是彼此牽連的，彼此之間並非線性、單向性的關係。其次，質性研究之設計應該要能因應研究情境來變更其間之互動，而不是進行一個固定的研究作為（範例 1.1 描述一個研究設計發展中這些要素的互動過程）。最後，本書中所體現的學習過程是互動的，提供許多練習供你從事自己的研究設計。本書不僅是呈現抽象研究設計原則，讓你記得並在日後應用於你的研究裡，你還將會學到普遍性的原則，透過設計一個質性研究計畫，而把這些原則學得更好。

範例 1.1　研究設計的發展

　　Maria Broderick 以研究一個醫院的癌症病患支持團體開始她的博士論文，她有成人心理發展理論背景，以及設計此類方案的經驗；而且她對於探索病人在小組內之支持與互動的知覺以及與其發展之關聯，有極高的興趣。她計畫運用觀察、訪談及發展性測驗來回應這個問題，並以改進此類方案和發展臨床工作生涯為目標。然而，在她的論文計畫通過之後，她原先計畫好要研究的團體卻失去了聯絡，也無法找到另一個合適的癌症方案，結果她只好協商獲得同意去研究一個在醫院環境中為病人開設的壓力

消除課程，但她不被允許去觀察那個課堂；此外，課程小組堅持運用準實驗研究設計，也就是對病患發展的程度和經驗施以介入前後的測量。這迫使她得擴展她的理論架構，從癌症支持課程變成了一般行為醫學課程，也必須修改研究方法為主要依賴事前及事後的訪談與發展測驗。

當 Maria 開始她的研究時，她被診斷出患有一種與壓力相關的疾病，這對她的研究設計產生了重大的影響。首先，她得以用病人身分進入課室，但卻發現實際上它並不是以支持性方案在運作，而是以傳統的課堂形式進行。這使得她原先所準備大量關於支持性團體的文獻變得毫不相關，也沒有用處。其次，她發現她自己罹病的經驗與協助她克服壓力的事物，和文獻所報告的相去甚遠。這兩項發展深深地改變了她的概念架構及研究問題，而將她的理論焦點由自我發展轉變到認知發展、成人學習，以及教育理論。此外，實際上她發現要對病人們實施前測是不可能的，因此排除以準實驗評估病人改變的可能性，她將方法與效度檢驗的方式變更回她最初的規畫。

當 Maria 在分析她的資料時，她逐漸建構一個理論，理解病人們（以及她自己）的經驗，也引導她走向新的研究文獻和理論取向。她漸漸地將焦點放在病人從方案中學到些什麼，也使得她體認到冥想及認知重建是重塑一個人對壓力觀點的工具，而且這個焦點也導引她發展出將壓力視為一種文化現象的這種更寬廣的觀點，重新連結了她長期以來對非傳統式成人教育的興趣。最後，這些變化影響了她的生涯目標，從臨床的工作到學術職位；而她的研究目的則強調連結成人發展理論以賦權課程，以及改進非傳統環境中的成人教育。

這個設計模式有用的方式之一是當作工具或模板，概念化地繪出實際研究的設計，成為設計過程的一部分，或分析一個完整研究的設計。這策略我稱之為「設計圖」，以該研究的特定要素填滿這模式的五個要素圈（這是通常稱之為「概念圖」的一種用法，將在第三章討論）。我列出兩個真實研究的設計圖範例。圖 1.3 是 Maria Broderick 論文研究的最終架構設計

圖，這是我根據Maria的論文繪製的。也可參見Maxwell和Loomis（2002）
其他這類的圖。

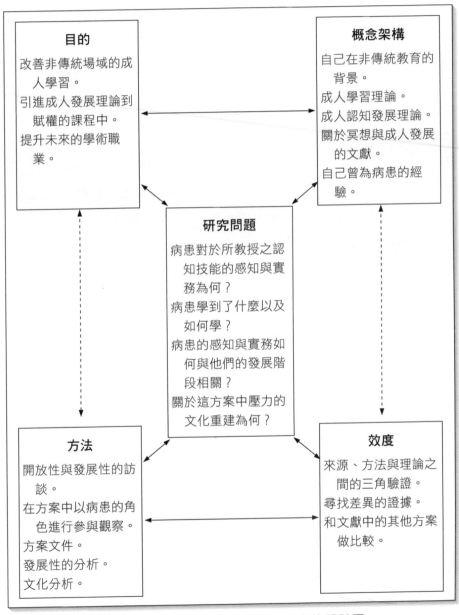

目的

改善非傳統場域的成
　人學習。
引進成人發展理論到
　賦權的課程中。
提升未來的學術職
　業。

概念架構

自己在非傳統教育的
　背景。
成人學習理論。
成人認知發展理論。
關於冥想與成人發展
　的文獻。
自己曾為病患的經
　驗。

研究問題

病患對於所教授之認
　知技能的感知與實
　務為何？
病患學到了什麼以及
　如何學？
病患的感知與實務如
　何與他們的發展階
　段相關？
關於這方案中壓力的
　文化重建為何？

方法

開放性與發展性的訪
　談。
在方案中以病患的角
　色進行參與觀察。
方案文件。
發展性的分析。
文化分析。

效度

來源、方法與理論之
　間的三角驗證。
尋找差異的證據。
和文獻中的其他方案
　做比較。

圖 1.3 Maria Broderick 論文研究的設計圖

以這樣的設計圖來展示你研究設計的主要部分是很有用的方式。然而，任何這樣的圖表都得是一種概要的、高度濃縮的說明，必須加上對這些部分與它們彼此之間的關係更仔細的解釋。因此它應該以一個備忘錄來伴隨解釋。圖 1.4 由 Karen Kohanowich 設計來規畫她的論文研究：關於載人與無人的相對優點與缺點之海底研究；範例 1.2 敘述了她發展這個圖的過程（我給 Karen 的意見在方括弧中）。

範例 1·2 發展圖 1.4 之設計圖的備忘錄

我知道有許多個人因素驅使我進行海底科技的研究，有幫助的和有潛在偏見的都有，所以在形成研究設計圖之前，我先做「研究者經驗備忘錄」（Researcher Identity Memo）練習（參見第二章習作 2.1）。這個活動在許多方面都很有價值。我發現只是安靜地承認自己有潛在的個人偏見還不如把它寫出來有效。要強迫我自己對目標和問題腦力激盪，而且分門別類將它們放在個人的、實務的或研究的類別裡，我可以提取個人的層面，尊重它的本質，然後把它放在「留待與朋友及家人討論」的盒子裡。這樣可以幫助我辨認實務的目的，雖然有些之前看起來像是個人的，但是現在它們被認可在實務類別裡，和個人的影響有所區分，也和聚焦的研究問題有別。實際上實務的目的相當自然地產生，就如同我能夠在電梯裡和老闆報告的工作相關目標一樣。在合適之處放入這些動機之後，我就可以比較心無旁騖地專注在研究問題的研究部分，並瞄準一種可以藉由學術結構來測試的方法。在設計圖中，左上方的目的類別被敘述為包括所有 Maxwell 與 Loomis（2002）和 Maxwell（2005）所提的三要素。我實際上發現使用目的要素來代表我的實務目的是最有幫助的，把個人目的如前述放到一旁，而將研究目的結合研究問題。

（續第 14 頁）

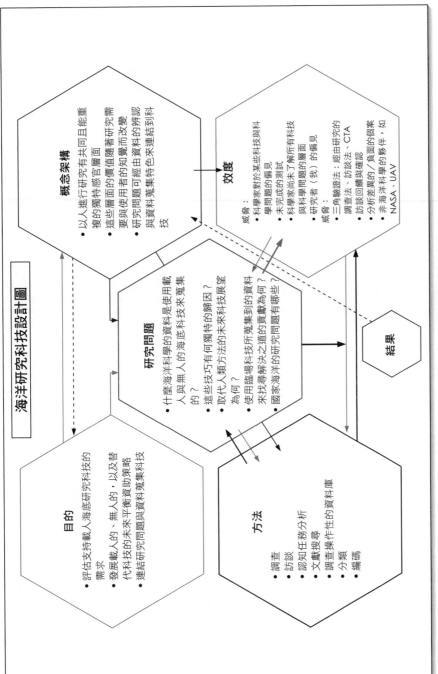

海洋研究科技設計圖

概念架構
- 以人進行研究有共同目能重
- 模的獨特感宮面
- 這些層面的價值隨著研究需
- 要與使用者的知覺而改變
- 研究問題可經由資料的辨認
- 與資料蒐集特色來連結到科
- 技

效度
- 威脅：
  - 科學家對於某些科技與科
  - 學問題的偏見
  - 未完成的測試
  - 科學家尚未了解所有科技
  - 與科學問題的層面
  - 研究者（我）的偏見
- 威脅：
  - 三角驗證法：經由研究的
  - 調查法、訪談法、CTA
  - 訪談回饋與確認
  - 分析差異結果/負面的個案
  - 非海洋科學的移件，如
  - NASA、UAV

研究問題
- 什麼海洋科學的資料是使用載
- 人與無人的海底科技來蒐集
- 的？
- 這些技巧有何獨特的歸因？
- 取代人類方法的未來科技展望
- 為何？
- 使用臨場科技所蒐集到的資料
- 來找尋解決之道的貢獻為何？
- 國家海洋的研究問題有哪些？

結果

目的
- 評估支持載人海底研究科技的
- 需求
- 發展載人的、無人的、以及替
- 代科技的未來平衡資助策略
- 連結研究問題與資料蒐集科技

方法
- 調查
- 訪談
- 認知任務分析
- 文獻搜尋
- 調查操作性的資料庫
- 分類
- 編碼

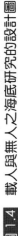

圖 1.4 載人與無人之海底研究的設計圖

　　結果設計圖發展的過程比我預期的有架構，有相對穩定的目的／架構核心，而且比較有彈性的操作要素。這和 Maxwell（2005, p. 5）對於上半部與下半部連結的三角形的描述相符，只是在回饋機制上有所改變。之前的習作告訴我實務的目的是我真正認為此研究是什麼的核心所在，也就是「為何」的問題。概念架構隨之成為一組假定，類似假設，也就是我假設在研究中運作動力的本質。我越是這樣想，似乎在研究發展中將這些要素相對地保持穩定就越是重要，以提供研究工作一個連貫的情境。剩下來的三個要素是被設計來配合因應這個架構並提供研究回饋，主要連結到目的／架構當作研究問題（雖然每個從這架構來的要素都有輸入成研究問題的角色）。我將要素的下半部三角形——「研究問題」、「方法」與「效度」，當作**操作型要素**的次群體。我認同與鼓勵當研究發展與執行時要素之間的彈性，我也認同在操作發展時可能有指標顯示需要重新考慮架構，但是又感覺根據個別過程的想法來不斷轉移架構會造成反作用並威脅到研究的基礎。當我思考「何種資訊會嚴重到必須重新評估架構？」我明白當然那就是結果（即操作型要素互動的產物）。我因而發展出一個新的要素，就是「結果」，來表現從操作型互動產生的結果〔這包含在圖 1.4 成為影響設計的一個因素〕。

　　在此圖中，實線箭頭代表設計圖中一個要素對另一個要素的意欲影響，而虛線箭頭代表可能的結果之後的修正。我為了兩個理由而增加單獨的結果要素。首先，我認為三個操作要素中的雙向箭頭代表研究中的考慮項目，發生在研究發展的時候，常是研究中接受新洞見的結果，而不是研究自己一般產生的結果。我也想強調結果所扮演的角色是重新考慮基本架構與目標的主要動力。在操作型要素中的洞見可以提供重新檢視基礎的誘因，但這應該被排除好讓這過程得以運作〔但不是被忽略！它們可能因夠重要而可被接受〕。請注意我沒有在三個操作型要素中放入結果對它們的影響，這能避免對研究設計無關的修補，結果的影響沒有被排除，而是顯示架構應該先被檢視，然後設計應該考量設計的整體性。

當我繼續設計我的研究,我重新檢視質性與量化設計的要素,如 Maxwell 與 Loomis(2002,表 9.1)所述,以便更佳敘述各要素的內容。我期待在研究進行時能看到這整個架構如何運作。

Karen的設計圖和備忘錄是以對她有用的方式而修改了我的研究模式,這點是沒關係的。我並不相信研究設計只有一個正確的模式;事實上我不認為**任何事物**只有一個正確的模式(參見Maxwell, 2011a, 2011b)。但是,我認為這裡我所呈現的是一個**有用的**模式,其主要的理由有二:

1. 它將你在做研究決策時所需要思考的關鍵議題,以及研究計畫需要特別說明清楚的觀點,明確地界定為設計的**要素**。這些要素因而較不易被忽略或誤會,而且也較能細緻化與系統化地加以處理。
2. 它強調質性研究中設計決策之**互動性**本質,以及設計元素間之多元性的連結。通常研究計畫被否決的理由是設計要素間的邏輯連結不夠明確,也就是關於不同要素之間做決策的**關聯性**(我在第七章會討論更多細節)。而我呈現於此的模式將有助於理解與示範這些要素間的連結。

》》以矩陣作為發展研究設計的策略

矩陣(matrix)是另一個發展與展示你的研究設計的策略。設計圖與設計矩陣在開創你的設計時都同等重要,不過它們是不同的,但能相輔相成。設計圖呈現了設計的圖解,保留了設計的互動架構。相對地矩陣則將要素加上較線性的順序,這樣一來,它就允許你發展與呈現每個要素之間**特定**部分的連結,例如每個研究問題如何與特定的目的、理論、方法與效度議題相關(見表 1.1)。Miles 和 Huberman(1994)是在質性研究中系統化發展與推廣此種展示方式的先驅;他們的書包含多樣的展示(displays),大部分是矩陣,和他們稱之為「網絡」(networks)的包含概念圖與流程

表 1.1 病患與臨床醫師對於療癒的感受之研究矩陣

我需要知道什麼？（研究問題）	我為何需要知道這個？（目的）	何種資料將回答這些問題？	分析方法	潛在結論	另類解釋（效度威脅）	檢驗另類解釋的方法
療癒對經歷急症的病患來說，其意義為何？	為了從病患的觀點了解療癒的意義 為了啟發現存照護環境的進一步研究	訪談：結構式與開放式	單一個案：編碼 跨個案：主題 發展矩陣（利用臨床醫師資料）	整體性 健康 復原 改變 和諧 平安 接受	研究者偏見影響資料蒐集與（或）詮釋 病患覺得得要提供宗教上／文化上理想的敘述，而沒有反映個人意義	第二或第三讀者／編碼者與病患催認詮釋 使用後續澄清問題，包括詢問他們如何發展出他們對療癒的觀點 蒐集人口資料與相互參照
病患對於照護環境的感受為何？是幫助或阻礙其療癒？	為了從病患在訪境中了解護環境與療癒之間的關係 為了啟發療環境的進一步研究調查	訪談：結構式與開放式	核對病患在訪談中所使用的描述，並測量頻率 團體回應的主題	幫助者：隱私、自然、安撫音樂、社交空間 阻礙者：室友、噪音、有害氣味、隔離	病患可能沒有將他們的環境和療癒相連結，可能沒有注意到環境或將它視為理所當然 病患可能連結到未包括在 Samueli 調查上的資訊	和病患檢修詮釋 修改 Samueli 調查以包含從訪談得到的資訊
在急症環境之下，療癒對於照護提供者（臨床醫師）的意義為何？	為了從臨床醫師的角度了解療癒的意義 為了啟發現存照護環境的進一步研究	訪談：結構式與開放式	單一個案：編碼 跨個案：主題 發展矩陣（利用病患資料）	治療 安全性 有功能的福祉	研究者偏見影響資料的詮釋 臨床醫師感到應該要提供宗教上／文化上理想的敘述，而沒有反映個人意義 和受訪者的關係可能干擾其回應	第二或第三讀者／編碼者 使用後續澄清問題 蒐集人口資料與相互參照 考慮不要使用現有的或先前的工作場所

我需要知道什麼？（研究問題）	我為何需要知道這個？（目的）	何種資料將回答這些問題？	分析方法	潛在結論	另類解釋（效度威脅）	檢驗另類解釋的方法
臨床醫師對於照護環境是幫助或阻礙病患的療癒之感受為何？	為了從照護提供者的角度了解護環境與療癒之間的關係 為了啟發療癒環境調查	訪談：結構式與開放式	核對病患在訪談中所使用的描述，並測量頻率 團體回應的主題	幫助者：隱私、自然、安撫音樂、社交空間、洗手台、電子醫療紀錄 阻礙者：室友、噪音、隔離、毒氣味、人手不足、缺乏領導力	研究者偏見 研究對象意欲討好	和臨床醫師核檢詮釋
病患和臨床醫師所描述有助療癒的因素和所述護環境是否一致？	為了從兩方觀點了解幫助療癒的因素 為了將兩方觀點含括在療癒環境的評鑑中	從訪談與差異中找到的描述與主題 比較 Samueli 機構調查的項目	比較病患和臨床醫師的敘述來找出相似處 比較 Samueli 機構調查的項目	在促進治療的因素感受到部分將有差異 臨床醫師將含括環境因素到敘述觀點中	促進安全	使用資訊來修改 Samueli 療癒環境調查 為進一步研究而分類因素： 一降低病患壓力的因素 一減少傷害或錯誤的因素 一改善社會支持的因素

表 1.1 病患與臨床醫師對於療癒的感受之研究矩陣（續）

我需要知道什麼？（研究問題）	我為何需要知道這個？（目的）	何種資料將回答這些問題？	分析方法	潛在結論	另類解釋（效度威脅）	檢驗另類解釋的方法
有療癒經驗和沒有療癒經驗的病患在照護環境上是否不同？	為了開始提供療癒環境的證據	Samueli 機構的醫院療癒環境調查	分析因素的頻率 使用統計分析比較團體差異	有較多療癒因素的照護環境將有較多病患報告療癒經驗	療癒可能是相當個人的經驗，因此沒有療癒的環境 差異可能是碰巧的 回應受限於調查問題	連結資料分析回到療癒對病患和臨床醫生的意義

資料來源：Bonnie Sakallaris

圖般的圖表。雖然他們的重點在用展示的方式來進行質性資料分析（我在第五章會討論），但展示在質性研究設計的每個面向都有其價值。

表 1.1 的矩陣是由一位念護理的博士班學生 Bonnie Sakallaris 所發展，為了研究急症病患之療癒感受，以及病患所在環境所扮演的促進角色（她原本的設計包含質性和量化方法，因為篇幅所限移除大多數量化部分）。她發展此一矩陣來處理效度問題，但在過程中開創了她研究設計一個好的呈現方式，概念架構是尚待補足的主要要素。

之後我在本書中會提供其他為不同目的所發展的矩陣範例。在此，我想要強調矩陣（和其他展示方式）為多功能的工具，沒有規定的架構，欄位標題也沒有固定的寫法。你可以為任何你想要達到的目的發展自己的矩陣（習作 5.1 提供了指引，讓你發展特別為了連結你的研究問題和方法所設計的矩陣）。一個矩陣的主要優勢在於經由建立特定研究要素的欄和列，你可以聚焦在矩陣的個別方格裡——例如，你將使用何種分析策略來分析特定類別的資料——以及你在某行中跨要素之間研究設計的一貫性。

這種展現方式是要幫助你為你的研究建立一種連貫的整體設計。一個良好的研究設計，就如同良好的船艦設計，將協助船隻安全、有效地到達目的地；一個粗劣的設計，其要素間未能適切地連結或彼此不相容，幸運的話或許只是效率不彰而已，最壞的狀況則將無法達成研究目的。

本書的架構

本書組織架構係用來引導你經歷一個質性研究設計的歷程。它強調設計決策的重要議題，也呈現形成這些決策的一些考量。本書的每一章論及設計的一項要素，而這些章節形成一個邏輯的順序。不過，這個架構僅是一個概念性的及呈現性的工具，不是真正在設計實際研究時要一一遵循的程序。在你思考決定每一項要素時，應該也要思考所有其他有關的要素，

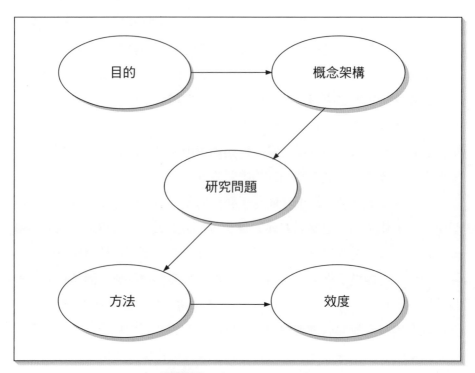

圖1.5 本書的組織架構

而且你可能需要修正調整先前的設計決策（包括你的目的），以便回應新
的資訊或是你思維上的變動。

　　本書將採Z字形的程序（如圖1.5）來貫穿此模式的各個要素，首先要
討論研究目的（第二章），你的研究目的不僅重要，更是基本；假如你做
此研究的理由不明確，接下來要決定設計的其餘部分就非常困難。其次將
討論你的概念架構（第三章），因為它應該與你的研究目的緊密連結，而
且目的與概念架構連帶地對研究問題的形成有著重大的影響。你的研究問
題（第四章）邏輯上是下一個主題；這三個要素應該形成一個相互密合的
單元。

　　下一個要討論的要素是方法（第五章）：你實際將如何蒐集及分析資
料以便回答你的研究問題。不過，這些方法及答案需與效度議題（第六章）

連結起來：你可能如何犯了錯誤？而且怎樣會使你的答案比其他的另類可能答案更為可信？研究問題、方法和效度也應該形成一個整合單元，其中方法是為了獲得問題的答案，也是在面對可能的效度威脅時，確保可行性答案的手段，研究方法應該要概念化清晰地思考，而且與研究問題相互連結。此外，你的目的和概念架構可能對你的方法和效度考量有直接影響，反之亦然。

最後，第七章討論我這個研究設計模式對於發展研究計畫的啟示，並且提供一個呈現如何一步一步從設計到逐一完成研究的導覽圖。

本書的習作

社會學家 C. Wright Mills（1959）說過：

> 對社會科學家而言，最糟糕的事情之一是需要為「一項特定的工作」或「一項方案」尋求經費，而去撰寫他們的「計畫」。這就好像大多數規畫只是為了得到補助經費而已（或至少是小心翼翼地寫好計畫書）。我認為這是非常不好的：它像是銷售一般，給予高度的期待，而且還要痛苦地偽裝；方案要「被呈現」，遠超乎它原本需要的方式。那常是一項做作的事，無論多有價值，或是真為了研究，那也不過是在偽裝的外在目的下，行其搶錢的目標而已。一個社會科學家應當定時檢視「自我的問題與計畫」。（p. 197）

Mills 繼續提出一個具有說服力的申辯，他認為每一位研究者應該定期、系統化地書寫他的研究，「只為了他自己，或許也為了與朋友討論」（1959, p. 198），並將這些作品保存於檔案中，這也就是質性研究者通常

所稱的「備忘錄」（memos）。

本書中所有的習作都是某種形式的備忘錄，我要簡要地討論備忘錄的本質以及如何有效地運用它們。備忘錄（Groenewald, 2008；有時稱作「分析的備忘錄」）是一種高度多用途的工具，可以被運用在許多不同的目的上。它是研究者所做有關研究之寫作，有別於實際的田野筆記、抄錄或編碼。備忘錄的範圍可以是寫在抄錄筆記欄邊之簡短評論，或是田野日誌中記錄下來的一些理論想法，也可以是一篇完全成熟的分析性論文。這些都有共通之處，那就是它們都是將想法寫在紙上（或電腦文件中）的方法，並利用這種寫作來幫助反思及分析的洞察。當你將想法記錄在備忘錄時，就像在處理田野筆記和訪談紀錄般，可以將它們編碼及歸檔，並能進一步再次讓它們發展出一些想法。不撰寫備忘錄就像研究得了阿茲海默症般，當你需要時，你可能已經無法記得你那些重要的洞察了。Peters（1992, p. 123）引用 Lewis Carroll 的《愛麗絲鏡中奇遇》（*Through the Looking Glass*）來說明備忘錄的這種功能：

> 「那個時候的可怕，」國王繼續說，「我絕不會忘記。」
> 「你會的，」王后說，「除非你寫下備忘錄。」

許多本書中所使用的範例是備忘錄，或根據備忘錄所發展出來的。②

備忘錄是你在發展自己的想法時，最重要的技巧之一，因此，你應該將它想成是一種幫助你了解你的主題、場域或研究的途徑，而不只是記錄或呈現一個你已經獲致的理解而已；撰寫就是在紙上思考（Howard & Barton, 1988）。備忘錄應包含你在閱讀及想法上的反思，也包含你的田野工作。撰寫備忘錄就像是對你的主題、場域或研究上的一個問題理解下工夫，每當你有一個想要進一步發展的想法，或僅只是想為稍後可再發展的想法做紀錄時，都可以撰寫備忘錄。在你研究從頭到尾的過程中要撰寫大量的備忘錄；要記得在質性研究中，研究設計是在整個過程中都持續進行的事，

並不是只在一開始而已。備忘錄可寫有關方法學上的議題、研究倫理、個人的反應，或任何有關你研究的事項，將備忘錄想像成一種非集中式的田野日誌，假如你喜歡的話，也可以將備忘錄寫成像真正的日誌。

　　無論這些備忘錄採取何種形式，它們的價值有賴以下兩件事而定：第一，是你真正在做反思、分析及自我批判，而非只是機械式地載錄事件及想法。第二，是你將備忘錄**組織**成一個系統化的、可再回溯檢索的形式，使那些觀察及洞悉能很容易地找到並進一步檢視。我主要是以兩種形式來進行我自己的反思：我總是隨身帶著 3×5 大小的卡片，以便快速記下想法，我以日期和主題作為索引；另外，記錄在電腦檔案中，是有關特定方案我用來撰寫一些簡要或較長的備忘錄。我在北加拿大因紐特（Inuit）聚落進行博士論文研究時，我也有一份田野日誌，對我個人而言，在理解研究情境方面的價值是無法估計的。有時與你的同僚或研究生分享部分備忘錄，以獲致他們的回饋，也是非常有用的。③

　　雖然備忘錄基本上是一種用來思維的工具，它們亦可作為一種初期的草稿材料，日後可把它們（通常需經大幅度的修正）納入研究計畫、報告或出版品中。我已嘗試在本書中盡可能設計備忘錄習作以供參考運用，不過，如果想把備忘錄想像成是一種與**其他人**溝通的方式，則不可避免地，將會讓你難以把它寫成對你最有用的反思寫作。慎防 Becker（2007）所稱的「別緻漂亮的寫作」（classy writing）──那種為讓人留下印象的矯飾語言，而非真正明確表達你的想法。寫作教學者流傳著一句格言：「當你寫作時，別在你的腦袋穿上燕尾服。」（Metzger, 1993）

①這種快速來回追蹤的方式某方面有點像文本解釋的「詮釋循環」（hermeneutic circle）（Geertz, 1974）。不過，我對於研究設計的互動模式而非順序性模式的執著，主要因為我視設計為研究要素之間的實際關係，這並非來自於任何對闡釋主義或人文主義的固執，而是一種研究的「科學」觀點。我在此呈現的互動模式是取自於自然科學，特別是生物學之研究實務，而我也將證明它對量化及質性研究都可適用（Maxwell & Loomis, 2002）。相對而言，Janesick（1994）視質性研究設計為闡釋性的藝術形式，類似舞蹈，不過他也說「質性研究設計始於一個研究問題」（p. 210），而且研究設計要像研究者需要在研究的每一階段所做的一連串決策一般。

②其他有關備忘錄的討論，參見 Bogdan 和 Biklen（2003, pp. 114-116, 151-157）、Miles 和 Huberman（1994, pp. 72-75）及 Mills（1959）。更多有關備忘錄的詳細資訊可參見 Strauss（1987，第一、五、六章）以及 Corbin 和 Strauss（2007）。

③參見 Mills（1959）建議之如何運用備忘錄發展一個研究議程及生涯。

Chapter **2**

目的：

你為何要進行此一研究？

在規畫及評估人種誌的研究時，我們必須考慮它的關聯性與有效性。

——Hammersley（1992, p. 85）

要發現一個未被回答或是就算回答也不**值得**了解的問題是相當容易的，就如 Thoreau 所說的，環遊世界去計算桑吉巴（位於非洲）的貓有多少是不值得的。此外，研究者很容易就會被資料提供者的故事，或者被研究環境中所發生的事物所迷住，以致看不見研究這些特定現象的**理由**。Brendan Croskery（1995）反思他所做過有關四位紐芬蘭學校校長的博士論文研究時，承認：

> 這個研究經歷太多良好的意圖以及太少焦點性的思考……。
> 我痛苦地發現到許多的資料（縱使很有趣）並非特別與研究的
> 核心範疇相關。（p. 348）

若你沒有明確地了解激發你工作背後的目的，你將會失去方向，或把你的時間和精力花在那些對你進行該研究的目的無所貢獻的事物上面。

　　因此，你的研究目的是你研究設計裡重要的部分（我把「目的」用在廣泛的意義上，包含了動機、意圖及目的——任何會引領你去做這研究，或任何你希望經由研究來達成的事物①）。這些目的有兩項主要的功能：第一，它們協助引導你設計上的其他決策，以確保你的研究是**值得**進行的，讓你或你的讀者從中取得價值。第二，基本上它們是用來**辨證**你的研究，解釋為何你的結果與結論是重要的——這是贊助、論文計畫書或發表的文章所需的關鍵任務。此外，如 Hammersley（1992, p. 28）所述，你的目的無可避免地形塑你在研究中創造的敘述、解釋與理論。這些因而不但形成你可以用來計畫、執行與驗證研究的**資源**，同時也是潛在的**效度威脅**，或你將需要處理的研究結果偏見來源（參見第六章）。

個人的、實務的與智識的目的

　　我認為去分辨進行一項研究的目的是個人的、實務的還是智識的（或學術的）是有助益的。所謂個人的目的是那些激發你去做這項研究的事物，但不一定對其他人重要，包括像是：想去改變或改善某些你牽涉其中的實務和情況、對特定的現象或事件的好奇心、要致力於特定類型研究的偏好，或僅是單純需要提升你的事業而已。這些個人的目的常常與實務的目的或研究目的有所重疊，但它們也可能深植於個人的渴望及需求，而與進行此研究的「正式」理由沒有多大的關係（見範例 2.1）。

　　研究者時常將他們的研究與生活的其他面向分割開來，這樣對好的研究在兩個主要方面造成損害。首先，這創造了一個研究發生在無菌、「客觀」環境的幻象，研究只根據理性與非人性的動機及決策來調整。如此隱蔽了研究者的動機、假設和研究進程，且引導他們忽略了這些對他們研究過程與結論的影響。這也引導研究者去隱藏他們真正的動機和實務，當這些與理想不符時，感覺到他們未能達到科學目標中的中立和公正。其次，

這樣的分割將研究者與進行他們研究的洞察、問題及實務引導的主要來源隔絕了；我在第三章將詳細討論。想更進一步了解這些議題的話，可參見 C. W. Mills（1959）《社會學的想像》（*The Sociological Imagination*）的附錄：〈論學術藝師精神〉（On Intellectual Craftsmanship）。

　　有兩個主要決定常深受研究者個人的目的所影響。其一是研究所選擇的題目、議題或問題。傳統上，學生都被告知這個決定會根據老師的意見，或與他們題目有關的文獻。然而，在許多論文中，個人目的與經驗也在這些決定中扮演重要角色。Strauss 和 Corbin（1990）就辯證說：

> 　　經由專業或個人經驗途徑選擇一個研究問題，可能看來比
> 經由老師建議或文獻途徑更具有風險，這說法不全然是對的。
> 你自己經驗的試金石對於你潛在成功的研究努力可能更有價值。
> （pp. 35-36）

　　根據你自己的經驗而產生的研究題目有一個特別重要的好處，那就是**動機**。缺乏動機使得許多學生未能完成論文，而對題目與回答研究問題的強烈興趣能對抗不可避免的干擾（來自於工作、家庭義務或安逸）。範例2.1 描述一個學生如何因為她的生活經驗及因此創造出來的目標和興趣，進而大幅修改她的論文題目。

範例 2.1　運用個人經驗來選擇論文題目

　　Carol Kaffenberger 是諮商系的博士生，她很仔細地計畫她在孩童衝突解決技能發展方面的論文研究，而且已經開始著手論文計畫書。然而，她發現要持續維持她對這題目的興趣很難。在她開始博士論文的三年前，她12 歲的小女兒被診斷出有特別致命的白血病，住院六個月接受骨髓移植，經過緩解又復發，在三年後又接受第二次的移植才康復。這個病引發了家

庭危機，也造成家庭角色和責任的重大改變。Carol 辭去工作並和她女兒一起住進醫院，她的先生繼續工作以保全房子和照顧他們 15 歲的兒子。他們的大女兒離家念大學，是當時的骨髓捐贈者。

剛開始 Carol 覺得她的家人處理得不錯，但隨著這個危機慢慢浮現，她對小女兒的哥哥和姊姊所表現出的憤怒程度與情緒沮喪感到訝異，而這種憤怒是連受過諮商訓練的她都無法了解的。看著她的家人從痛苦的經驗復原，她明白他們宛如重生。她也明白先前她對他們的經驗所做的假設是不正確的，同時她變得對理解這樣的經驗非常感興趣。

在博士生聚會研討的時候，另一個知道 Carol 正忙於女兒的癌症的學生問到她的論文計畫。Carol 回答她會關注兒童對於衝突解決技能的發展，並簡要描述了她的計畫。那位學生回答：「真是錯失良機！」因為她覺得研究青少年癌症家庭的結果會是個好題目。在考慮過這個建議後，Carol 去找她的指導教授，提到這個想法，問說：「這會很瘋狂嗎？」她的指導教授回答：「我一直等妳準備好這樣做呢。」

Carol 做了文獻探討，發現家有青少年癌症患者對家庭（特別是手足）帶來的意義與結果，關於這方面的研究並不多。她也發現，隨著存活率的提升，學校都正在面臨愈來愈多長期受癌症經驗影響的學生，不論是存活者，或是存活者的手足，但卻在處理這些議題上缺乏經驗。受到她對這個主題的興趣所啟發，以及現有資訊的缺乏，還有這個議題逐漸增加的重要性，她改變了她的論文轉而研究青少年癌症對於存活者及其手足們的長期影響與意義，以及其對於手足關係的影響。她在 1997 年秋季班修了我的研究計畫課程，在 1998 春季班進行論文計畫答辯，然後在一年後進行論文口試。她說她「喜愛這個論文過程中的每一分鐘」，當她完成資料分析時，她到百慕達度假甚至還帶著她的資料（Kaffenberger, 1999, 個人通訊）。

第二個常被個人目的與經驗所影響的是質性研究方法的選擇。Locke、

Spirduso 和 Silverman（1993）主張：「每一位企圖想採用質性設計的研究生都應該面對一個問題：為什麼我要進行質性研究？然後誠實地回答。」（p. 107）他們強調質性研究**不比**量化研究容易，同時，尋求規避統計和具備質性研究所要求的個人興趣與技能之間，是沒有太多關係的（pp. 107-110）。關鍵問題在於你「進行質性研究」的理由，與你其他的目的、研究問題及實際活動等之間的相容性。Alan Peshkin（範例 2.2）做質性研究的動機——他喜歡適合他能力的質性田野工作——就是合理的動機，**如果**你是因為這個理由選擇研究問題，這就是合理的策略。

傳統上，對於個人目的在研究方法文本上的討論已被接受，不管是明說或是暗喻，都是基於客觀、無私的科學家理想，並強調研究取向及方法的選擇應該取決在你所要回答的研究問題上。不過，從科學家們的自傳可以發現（如 Heinrich, 1984），研究方法的決策常常是更為個人的，而且主觀的動機和目的在科學之重要性，也被大量歷史的、社會的及哲學的作品所支持。

傳統觀點中的一絲真理是，身為研究者，個人的（而且常常是未經檢驗的）動機對於結論的效度是有重要關係的。假如你的研究問題、研究場域及對象的選擇、資料蒐集與分析是基於個人的想望，而**沒有**仔細評估你的方法與結論間之隱含意義，你就會處於製造一個有瑕疵的研究危險當中。瑞典國王古斯塔夫要一艘有力的戰艦來主宰波羅的海諸國，但這個期望導致一個缺乏考慮的決策，多加了第二層槍砲甲板於瓦薩號上，致使它傾覆下沉，也因而為國王的目標帶來了嚴重的挫折。

因此，覺察並將驅動及貫穿你研究的個人目的納入考量，是很重要的。企圖排除你個人的目的及考量是不可能、也是沒有必要的。必要的是**察覺**這些目的，以及它們可能如何塑造你的研究，並且思考如何妥善地達成目的並處理對結果可能的負面影響。例如，在某些議題上的強硬立場可能會嚴重地阻礙你對持相反意見者的訪談，或曲解你對這樣訪談的分析，你需要詳細辨認你的立場以防止這樣的事情發生。此外，認清楚你個人與所要

進行研究間的牽連，能夠提供你洞察力、理論及相關研究資料等有價值的來源（Marshall & Rossman, 1999, pp. 25-30; Strauss & Corbin, 1990, pp. 42-43）；這個來源，將在下一章裡的「經驗知識」一節中討論到。範例 2.2 描述一個研究者的個人目的和價值如何影響（與被影響）一連串的質性研究。

範例 2.2　個人的價值觀與定位之重要性

　　Alan Peshkin 的個人目的根植於他自己的價值觀與定位，對於他所做過的幾個有關學校及其社區的人種誌研究有深刻的影響（Glesne & Peshkin, 1992, pp. 93-107; Peshkin, 1991, pp. 285-295）。他的第一個研究，是在一個他稱之為 Mansfield 的農村市鎮，他喜歡那個社區並覺得要保護它。這塑造了他所述說的故事類型：一個有關社區及其保存之重要性的故事。對照之下，他的第二個研究，是有關一個信奉正統派基督教的學校〔他稱之為伯大尼浸信教徒學院（Bethany Baptist Academy, BBA）〕及其社區之人種誌研究，身為一位猶太教徒，他對這個企圖要勸誘他改變宗教信仰的社區感到疏離：

　　　　當我開始撰寫時⋯⋯我知道我被在 BBA 的個人經驗（像是強烈反對著研究）所困擾。我很敏銳地覺察到我的煩擾是早就已經存在的，我是惱怒地寫的。因此，我沒有頌揚 Bethany 社區，而那個社區的健全程度並不亞於 Mansfield。為什麼我不頌揚呢？在 Bethany 我深感困擾，我覺得有些不快。結果是我想要提出來述說的故事，它有著源自於我個人對於威脅的知覺。我在 Bethany 並非一個冷靜的、公平的觀察者（有誰會是嗎？）；我在那兒是以一個猶太教徒的身分，而這種身分的差異性，在十八個月的田野工作中直接或間接地表現出來（Glesne & Peshkin, 1992, p. 103）。

在後見之明中，Peshkin 了解到假如他對 Mansfield 能有少一點的同理心，他可以訴說一個不同的、同樣有效度的關於這個社區的故事；同時，假如他認同 Bethany，並想去支持及保存它的話，他也能夠合理地、如 Mansfield 一般地來呈現它。

他的第三個研究，是一個都市型、多元種族及多元民族的學校及社區，他稱它為 Riverview，Peshkin 在開始就決定，要試著去確認他在自身反應中所看到的自己。他列出影響這個研究的六個不同主觀的「我」，每一個主觀的我都有自己的目標，包含：他在稍早研究中所發現之「種族維護的我」、「社區維護的我」；「合眾為一的我」，是他所看到正在支持種族和民族「融合」的自己；「尋求正義的我」，是想要修正 Riverview 較為富有的鄰居們所持有負面及偏差的印象；「教育學上的社會改善論的我」，是被 Riverview 許多弱勢學生所受到的差劣教學所困擾，並想尋求改善方法，和「非研究者的人類的我」，是感激他和他妻子在 Riverview 受到溫暖的接待，產生對那兒的民眾及社區之關切，並緩和了他在其他方面可能做出之尖銳的判斷。

Peshkin（1991）強烈建議所有研究者應該系統化地檢視（monitor）自己的主觀意識：

> 我把這樣的檢視看成是練習、鍛鍊、調整我的主觀意識。這是一種為了維持我的主觀意識開放且直接的練習，也是一種對我自己的警示，使我可以避免只注意自己不可抑制的情感而將它引用為資料的陷阱。（pp. 293-294）

習作 2.1（見第 40 頁）是從事這種檢視的一種方式。

除了影響他的問題和結論以外，Peshkin 個人的目的和他在方法上的選擇是緊密相關的。他陳述道：「我喜歡田野工作，它適合我，而且我斷定我並不是帶著問題尋找『適合』的資料蒐集方法以努力完成研究。而是對於尋求『適合』的問題之資料蒐集上，我已有一種偏好的方法。」（Glesne & Peshkin, 1992, p. 102）

　　除了你個人的目的以外，我還要分辨並討論其他兩類比較公眾化（對其他人而言更形重要）的目的：實務的目的（包含行政的或政策的目的）和智識的目的（intellectual goal）。實務的目的著眼於完成某事——符合某些需求、改變某些情況，或達成某些目的。另一方面，智識的目的則著眼於了解某事——對於發生了什麼事，以及為何這事會發生，或回答一些之前的研究還沒有妥善回答的問題等方面，獲致深刻的理解。

　　這兩類目的是你研究設計中正統的部分。不過，它們仍然是需要加以區別的，因為儘管智識的目的常常是形成研究問題時一個有利的起始點，實務的目的卻甚少能直接被運用。研究問題必須是你的研究有潛力回答的問題，而那些直接問如何能達成實務目的的問題，例如：「這個方案應該如何改進才能更加公正？」或「做什麼能增進學生學習科學的動機？」等類型的問題，是無法經由任何一種研究直接回答的。此類問題有開放性的本質（以「能」這類字眼來表達）或價值成分（以「應該」這類字眼來表達），因此沒有足夠的資料或分析能完整說明。

　　另一方面，如：「這個新政策對於方案公平性的影響為何？」或「學生如何回應新的科學課程？」這類研究問題不僅是比較可回答的，也增進了先前問題所隱含的實務的目的。也因此，你需要以能夠幫助你的研究達成你的實務目的之方式，來構思你的研究問題，而不是只將這些目的夾帶進入研究問題的本身，讓它們可能弄混了你設計上的連貫性及可行性。我的學生在發展研究問題時一個常見的問題是，他們試著直接以他們的實務目的來形成研究問題，結果問題不僅無法透過研究來回答，也無法妥適地引導研究本身。我將在第四章「研究問題」中進一步探討這個議題；在此，我僅僅強調這兩種目的是需要有所分別的。

　　重點在於不是要從你的設計中消除掉實務的目的，除了上述的理由外，不管是實務性的或政策性的目的都對驗證你的研究特別重要。不要忽略這些目的，而是要理解它們的出處、對你研究的啟示，以及它們能如何有效地運用在計畫與答辯你的研究上。

質性研究能幫助你達到什麼目的？

　　質性和量化方法不僅僅是做相同事情的不同方法而已，它們更是各有不同的優勢與邏輯，而且對於不同的問題和目的也有各自最佳適用之處（Maxwell, 2004a; Maxwell & Loomis, 2002）。可惜的是，很多研究方法的教科書（有形或無形地）植基在量化研究的「心智模式」上（Greene, 2007, pp. 11-13），強化了量化的取向，且縮小或忽略了質性研究的關鍵優勢。在我看來，這兩種研究之主要區別在於「變異理論」（variance theory）與「過程理論」（process theory）兩種解釋取向（Mohr, 1982）。量化研究者傾向以變項來看世界，他們將解釋視為不同變項之間統計關係的展示。相對地，過程理論則傾向以人們、情況、事件與連結這些的過程來看世界；解釋則是根基於分析某些情況與事件如何影響其他情況與事件（Maxwell, 2004a, 2008, 2011b; 我將在第三章進一步說明其區分）。

　　質性研究的優勢主要來自這種對世界的過程取向以及歸納取向，它著眼於特定的情況或人物，而且強調敘述而非數字。我將描述五種特別適合質性研究的「智識目的」，以及對這些智識目的實質上有所貢獻的三種「實務目的」：

1. 了解研究參與者所涉及之事件、情境、經驗和行動對他們的意義。我在這裡運用廣義的「意義」，包含認知、影響、意圖以及質性研究者經常提到所謂「參與者的觀點」的任何事。在我的想法裡，這些觀點是你想要去理解的部分真實（Maxwell, 2011b; Menzel, 1978）。許多質性研究者不接受這樣的立場，他們認為人們的信念、價值與其他種種都是他們**建構**出來，而不是任何真實的一部分；他們要不是視這些建構為完全與「真實」世界分離的獨立體，就是否認在我們的建

構之外**還有**真實的世界（Schwandt, 1997, p. 134）。我不認為這種極端的建構主義是哲學上可站得住腳的，或適合代表大部分質性研究者在他們實際研究上運用的「使用中的理論」。深入處理這個議題將超出了本書的範圍（詳見 Maxwell, 2011b 有更進一步的討論）；我的重點只在於不管你在此議題的立場為何，重要的是要認可你研究中參與者的意義和信念等等才是你想要了解的主要部分。在質性研究中，你不只是對於發生的具體事件及行為感到興趣，也對於參與研究者如何了解這些事物，以及他們的了解是如何影響他們的行為感到興趣。這個將焦點放在意義上，是社會科學中所謂的「詮釋性」的取向（Bhatta-charya, 2008; Bredo & Feinberg, 1982; Geertz, 1974; Rabinow & Sullivan, 1979），這是大多數質性研究的基本面向，也是質性和量化研究的關鍵差異。

2. 了解參與者活動其中的特定情境，以及這個特定情境對他們的行動產生的影響。質性研究者通常研究比較少數的個人或情況，並且在他們的分析中一一保留其個別性，而不是自大量的樣本中蒐集資料，並跨越個人及情況來總計資料。因此，他們能夠了解這些事件、行動及意義是如何被獨特的情勢所塑造的（Maxwell, 2004a）。

3. 了解事件及行動發生的過程。Merriam（1988）陳述道：「興趣〔在質性研究中〕是在於過程而非結果」（p. xii）；雖然這並不表示質性研究不關切結果，而它確實強調質性研究之主要優勢是在於導致結果的過程，這個過程是實驗及調查研究所不善於界定的（Britan, 1978; Max-well, 2004a, 2004c; Patton, 1990, p. 94）。

4. 界定未預期的現象及影響，並為後者發展出新的「紮根」理論（Glaser & Strauss, 1967）。質性研究有本質上的開放性與彈性，允許你在研究中修正你的設計和重點，來追求新的發現與關係。這種彈性來自於它特殊的（而不是比較的或類推的）焦點，解放了自資料蒐集開始後，研究計畫就不得大幅修改的這種統計假設檢定。[2]

5. 發展因果的解釋。認為只有量化研究能被用來有信服力地界定因果關係的傳統觀點，是被某些質性研究者長期所質疑的（如 Britan, 1978; Denzin, 1970; Erickson, 1986）。Miles 和 Huberman（1984）曾主張：

> 許多近來的研究支持我們在這兒提出的一項主張：田野調查遠較單一量化的方法要**來得好**，尤其在發展解釋我們所謂的**本土的因果關係**──一種導致特定結果的實際事件與過程。（p. 132）

雖然傳統的觀點已被一些研究者所揚棄，不論是質性或量化研究者（參見 Maxwell, 2004a, 2004c, in press），然而它在兩種傳統中還是處於主導地位（Denzin & Lincoln, 2000; Shavelson & Towne, 2002）。

部分不同意以上主張的理由，是未能認知量化和質性研究者傾向詢問不同型態之因果問題。如前所述，量化研究者傾向於對是否以及什麼情況下，x 的變異會導致 y 的變異這類問題感興趣。另一方面，質性研究者則傾向去問 x 在導致 y 中**如何**扮演一個角色？連結 x 和 y 的**過程**是什麼？Weiss（1994）提供一個這種區別的具體範例：

> 在質性訪談研究中，因果關係的辯證主要倚賴一連串可看見之事件的描述，每一個事件自然接隨到下一個⋯⋯。量化研究支持因果關係的主張是經由前後事件間之關聯來展現的。舉例而言，分析取自大量樣本調查的資料，可能呈現妻子的教育程度與良好婚姻的存在有所關聯。在質性研究中，我們則會尋找妻子的教育或與她教育有關的因素，在婚姻的互動關係中表現的過程。（p. 179）

這並不是說從質性研究中獲得因果解釋，是件容易或是直截了當的明

確工作（Maxwell, 2004c），不過，質性研究與量化研究在這方面的情況並沒有差異。兩種取向皆需對於任何一項提出的因果解釋，界定並處理看似合理的效度威脅，我將在第六章進一步討論。

這些智識的目的，及其所需要歸納的、開放的策略，給予質性研究在處理下列三種額外的實務目的上提供了特別的優勢：

1. 對你所研究的人或其他人，產出可理解以及經驗上可信的結果和理論。Patton（1990, pp. 19-24）舉例說明以開放式的項目設計問卷來評估教師績效責任系統更具可信度，同時也比標準項目之量化分析對學校行政有更遠大的影響。Bolster（1983）提出一項更為普遍的論點，認為教育研究對於教育實務缺乏影響的原因之一，是這些研究大多為量化，而且與教師們每天教室裡的真實經驗毫無關聯。他認為質性研究取向強調教師們的觀點，以及對於特定情境的了解，有更多啟發教育實務者的潛力。

2. 進行意圖協助改進現存實務、方案或政策的研究（常稱為「形成性評鑑」）（Scriven, 1967, 1991; Patton, 2001），而非僅只是評鑑其影響與價值。在這樣的研究中，了解事情在一個特定情境下發生的過程，與這些過程如何被研究對象所理解，遠比嚴格地比較這個情境與其他情境，或提出在某結果發生的改變是因為在實務上的改變要來得重要（Maxwell, 2004a; Pawson & Tilley, 1997）。我將在第四章討論你的研究問題，在了解這些意義、情境與過程的智識的目的，與改善被研究的實務或政策之實務的目的之間的差別。

3. 與研究對象進行行動研究、參與研究、合作研究或以社區為主的研究。質性研究之表面信度，和它著眼於特定情境以及其對於情境內的參與者的意義，使得它特別適合與這些參與者協同合作（Brydon-Miller, Kral, Maguire, Noffke, & Sabhlok, 2011; Finley, 2008; Jordan, 2008; Pushor, 2008; Somekh, 2008; Tolman & Brydon-Miller, 2001）。

　　要釐清並評估你帶到研究中不同的個人的、實務的，以及智識的目的，可能是件困難的任務。此外，這不是那種你開始做研究的時候只要做過一次，然後就可以忘記的事情，如範例 2.2 所示。你的某些目的可能沒那麼清楚顯現，直到你的研究進入狀況；此外，它們也可能隨著研究進行而改變。範例 2.3 提供一個博士班學生如何經歷界定其目的以決定論文題目之說明。本章末的習作 2.1 則是我所稱的「研究者經驗備忘錄」，你要寫下你帶到研究中的目的與個人認同（personl identity），以及它們對你研究潛在的益處與責任。範例 2.4 就是這樣的備忘錄，是寫給我質性研究方法課程之用的，顯示一個學生在計畫做玻利維亞語言課程改革的研究時，如何與她的認同和目的這深刻且痛苦的議題角力。本章中所有的範例說明了反思你的目的時可以提供給你研究的益處；此外，這樣的備忘錄對發展你的概念架構是有價值的，如同在第三章中的描述。

範例 2.3 決定論文的題目

　　Isabel Londoño 是一位土生土長的哥倫比亞人，在她第一年的博士班研究時，她修讀了一門質性研究方法課程。為了她的研究計畫，她訪談了在波士頓工作的七位來自於她祖國的婦女，探索了她們平衡工作及家庭的經驗。當進行這個計畫時，她也開始閱讀一些有關美國女性管理者、女性心理發展、女性管理工作和家庭經驗的女性主義文獻。她對文獻中的新想法感到很興奮，這是她在自己的國家中所無法接觸到的，於是決定要把她論文的焦點放在她祖國的女性管理者上面。

　　在她第一年結束時，Isabel 自博士班課程請假回去擔任她大學時代室友的幕僚主管，她室友的先生是哥倫比亞剛選出來的總統。在她的職責中，她需要蒐集有關國內女性就業、教育和地位的資訊。其中浮現出一個重要的議題，就是需要去評估最近一項教育決策制定權自國家層級移轉到地方層級之效果。在過去，大多數的決策是由國家的教育部所制定，現

在，則下放到由地方政府的市長決定。沒有人確知這樣的變化如何施行，而它的效果又是如何。

Isabel 發現調查這樣一個影響她國家這麼多人民生活的議題，改變了她的觀點，並讓她對自己論文題目的選擇起了疑問：

> 它變成了一個我對這個世界的責任是什麼的議題。究竟是去發現一位女性管理者是如何解決個人的、內在的衝突？或是有什麼問題是我能夠真正幫得上忙的？而對我身為一個人而言，何者是較有意義的──去解決一個影響我個人的問題，或是去解決一個世界的問題？

她也感受來自他人的壓力，那種必須選擇與自己事業目的有明確相關的題目，以及顯示出知道自己的人生要做什麼的壓力。為了做出有關她論文題目的決策，迫使 Isabel 去界定和評估她個人的和實務的目的。

> 我思考我為什麼要進入博士班課程，我在個人、專業及學術上到底想自其中獲得些什麼？為什麼我會到達這一步？然後，我思考這個世界上哪些事感動了我、能使我憂傷或快樂？我分析我的興趣是在於人們、感覺或機構？在我的興趣和動機之間找到共通的主題，對我是很重要的。它給了我力量，我也願意接受改變，改變是最令人擔心的事情，但是你必須去容許它。

Isabel 決定要去研究她祖國六個城市教育決策地方分權的情況。在做下這個決定時，她決定不去理會其他人對她的意見：

> 我的決定是：不，我要去做能夠感動我內心的事的論文。我不在乎我以後是否會再做那個主題，因為它是我想要學習的事。我不要把我的論文當作找工作的踏板，那樣子讓人覺得像出賣靈

魂。因此我相信興趣應該是在於論文題目本身，而不是在於它引導你去或是你將會獲得的東西。

支持她決定的事情之一是讀著有關她主題的文章：

　　這個題目是非常重要的，因為我發現到我所感興趣的事，也是以前曾令許多人感興趣的，而且這個議題發生在世界上許多其他地方，也影響著其他國家的教育。這使得我的題目變得格外有意義。了解到我的題目和其他地方的教育是有關聯的，對我而言非常重要，我知道我不是在捏造一個幻想的問題。我想那是你常常會害怕的，害怕那個你所看到的問題其實並不重要。我也知道雖然有許多人已經對這個問題進行研究，但是沒有人有我這般的興趣——人類對於教育行政實施改革的影響。

　　為課程撰寫備忘錄是項關鍵，需把事情寫在紙上，我也開始保存論文日記，並在上面寫下給我自己的備忘錄，包括日期和一個字、一個想法或我所閱讀的一些東西。有許多我所記下的事，現在已經變成我做完論文之後，要去完成的事項清單！

　　最後，我想，真正試著去找尋樂趣是很重要的。我了解到，假如你無法得到樂趣，你就不應該去做。當然，有時我會對我的題目感到厭倦和怨恨，坐在電腦前面，我覺得累了也不想去做；但是每次我一開始工作，就會忘掉那些不愉快，並沉浸在工作之中。假如有力量去做某件事，這條路準沒錯。

Isabel 做出的特殊決定不一定對每個人來說都合適，這些決定對她的認同和情況都是獨一無二的。然而，她做決定的**方式**——嚴謹又有系統地反映她的目的和動機，以及這些對她研究選擇的啟示——是我推薦給每一位要決定一個重大研究方案的人的。

（習作 2.1） **研究者經驗備忘錄**

　　本備忘錄的目的是幫助你檢視和你研究相關的目的、經驗、預設、感受與價值，而發現你的認同和經驗可能產生的潛在考量。你和計畫研究的主題、人們或場域先前有怎樣的關聯（社會的與智識的）？你對這些主題、人們或場域有什麼感覺？你有意或無意地對這些做了什麼樣的預設？你想要藉由這個研究完成或學到什麼？

　　備忘錄的目的**不在**對你的目的、背景和經驗寫出**一般性**的解釋，而是要具體敘述這些經驗，以及相應而生的信念、目的和期待，是和你的研究計畫最直接相關的，並反映這些因素**如何**啟發與影響你的研究。參見範例2.2、2.3、2.4 那些你在備忘錄可以做的事——不是要作為機械式依循的**模式**，而是作為此備忘錄所需的思維方式的**說明**。如果你正要開始研究，你無法在結論上像範例中的研究者那麼仔細或有信心，但仍能試著聚焦探索你的認同和目的如何影響你的研究。

　　備忘錄主要是**為你好**，而不是拿來和其他人溝通；避免以展現來代替反思與分析。我建議你從腦力激盪那些心裡的點子開始，像是當你回想那些可能和你的研究場域及主題相關的先前經驗，把它們寫下來，而不要馬上試著組織或分析它們。然後，試著辨認那些在你研究中最可能是重要的議題，思考這些議題的啟示，並組織你的反思。

　　下面是兩大類的問題，在備忘錄中反思這些會很有用。試著回答這些問題，越具體越好。

1. 你有什麼先前的經驗是和你的主題或場域相關的？有怎樣的信念或預設是因為這些經驗而來？有怎樣的目的也是源自於此，或因而對研究產生重要性？這些經驗、預設與目的如何形成你選擇研究主題的決策，以及你進行研究的方式？

2. 你認為在研究中你敘述的這些目的、信念及經驗具備哪些潛在的優勢？你認為可能會產生哪些潛在的劣勢，以及你可能怎樣去處理？

範例 **2.4** 玻利維亞教育改革研究的研究者經驗備忘錄

Barbara Noel

對於玻利維亞的教育改革這個題目，我有多重的個人興趣。也許最個人的理由是我和玻利維亞的人民一樣有雙語／雙文化的背景。直到我長大，我才理解雙語是如此有意及無意地深刻形塑我的人生。我小時候和雙文化的父母在秘魯和墨西哥度過（秘魯裔母親和道地的加州人父親），我身處在西班牙文的環境中，但在家裡和學校都說英語。當我們一家在我 11 歲時搬到德州，我立刻感受到對拉丁美裔強大且蔑視的態度。我和我的家人們在沒有任何討論或有意的對話下，很快地各自在接下來花了幾年的時間，將我們內在的拉丁裔切割出來，並且成功地融入美國主流文化。我繼續觀察這種在我手足與母親心中的內心交戰。十四年後，因為我了解到試著撇清自己的文化去偏愛其他文化的虛榮與傷害程度，我又再度開始說西班牙文。從那時起，我擺脫了某種文化的精神分裂症，而開始認同我可以結合這兩種文化，有意識地選擇我看到兩者最好的地方。

在玻利維亞的社會，我見到我個人所體會到的相同糾葛被劇烈放大。我看到這個國家的大部分歷史中，一個主導的文化如何想要滅絕其他所有的文化。並不意外的，在一個不能理解的語言中被迫受教育，已經造成了一個有半數 15 歲以上的大人都是文盲的族群。原住民族的心智也被殖民了，他們熱烈投入要他們的孩子只說西班牙語，因為如他們所見，這是獲得政治聲音與經濟安全的唯一方式。他們許多人急切地希望同化，並切斷與「cholo」（西班牙人與美洲原著民混血兒）或印第安的淵源。即使他們或他們的孩子了解原住民語，他們也會裝做好像他們不懂一般。

我在寫下這些議題時常感到生氣。某種形式來說就是這種憤怒和後續對正義的熱情驅使我進入跨文化、雙語的教育。現在我發現我自己身處的整個國家正如同我的家庭和我，與同樣的問題角力。我必須小心不要讓我

自己的經歷投射到對整個玻利維亞社會的認知。我需要為我的見解以及在玻利維亞的這種角力，尋求外在驗證和持續的論證，才不致錯畫了不正確的圖像。對我來說，這種混淆將來自於假設我的內在鏡框和我的談話對象的他人鏡框是一樣的。

藉由備忘錄的撰寫，我得以了解我個人的基本部分如何對研究這種在玻利維亞的雙語／雙文化掙扎有獨特貢獻。我自己的經驗將幫助我更生動與敏銳地捕捉到受訪者的故事。因為我有內部的觀點，我更能讓我訪問的人信任我。我需要弄清楚我應該與他們分享多少，才能夠開啟對話，而又不至於讓我的經驗壞了他們的故事。這種「我也曾在那裡」的分享，可能幫助我的受訪者克服我看來像個從帝國主義國家來的「女性外國人」的障礙。

在此研究的另一重興趣是教師的經驗，當他們經歷改革要他們做的改變。他們被告知要完全改變他們對於教學的心智基模，從灌輸式的方法到建構式的方法，而沒有任何清楚的指引、模式或範例。教師有如墜入五里霧中般不知從何開始，改革開始的六年後他們仍然感到困惑。我也在類似的情況下投身於我的職業中，那時美國的老師們正被告知要使用全語文教學法。那就好像身處在漆黑的房間中，不知能抓住什麼，還要試著表現好像一切都在掌握中，免得你的工作不保。如果那時有人來訪問我這個過程，我的主要考量就會表現出好像一切都很美好，而且那個方法是教學上的萬靈丹。我如果說了什麼極度負面的話，也會被同事孤立。這個經驗幫助我了解教師的感受有多麼容易受傷害，所以他們需要不計代價地虛張聲勢。

我在這個領域的個人優勢也同時是我最大的劣勢。我「感同身受」以及從他們的內在視野看事情的能力，也會被我自己基於自身經驗對這情形的投射有所混淆。我可能也會傾向把我的角色無限上綱，從研究者變成改革者，或「萬靈丹」的提供者。過去我不願代價，衝動地辦理許多工作坊，只因為我在他們的實務中感受到深刻的需求，以及學習的慾望。我需

要評估我的能量，好讓我可以真正完成我原先開始要做的事。要平衡這樣的關係是困難的，只進到研究現場成為研究者對我來說是不舒服的，然而我「拯救世界」的想望需要被馴化成為實際的方法，才能滿足助人與研究的雙重目的。對我來說，改革提供了社會得以重視自身深度多文化性格，期盼長期壓抑的情況可能開始翻轉，而我在其中能盡一小份力量。

後記，2000 年 7 月

現在已經是我寫這個備忘錄的幾個月後。在重新讀過它之後，我注意到做過這個作業學到的幾件事情。在寫這個備忘錄之前，我知道自己深受這個主題吸引，但不知為何。我對撥亂反正很有熱情，但卻不知這樣的動機哪裡來的，或甚至這些動機有沒有個人的基礎。如果我沒有辨認出我做這領域研究的動機的話，我就不會了解我的個人經驗有多強烈地影響我的研究。我現在了解雖然我試著保持清醒，我的感覺仍無可避免地受到我個人背景的影響。

如果思考到這種情緒的羈絆，就容易覺得自己身為研究者可能不適合這樣的旅程。然而，經過這個習作，我能夠看見一體的兩面，並見到我從更同理的角度所帶來的優勢。當我的同理心可能幫助我對我的訪談對象的回應及行為中感受其細緻且重要的動機時，也可能讓我無意間帶入動力到這情境中。我也辨認出一套我過度參與在研究計畫中的行為模式，致使我情感的連結占據了一切，我失去了我的焦點且改變了我當初開始時客觀的角色。辨認出這個模式，我就可以像是架構一個頭上的攝影機來監測我的行為，這攝影機可能常常會閃爍著紅燈，表示過熱了呢。

我從這個習作中收穫的是釐清了目的，也就是做研究的真實理由。我辨認出我認為這個研究個人的與專業的重要性。這個熱情之後成為引燃我低下能量的引擎，並引導我穿過盲彎及無聊的資料蒐集、轉譯與分析的平庸的例行事務。我察覺到我可能損壞資訊的平等性的方式，同時也讓我明白我對研究的情緒牽絆可能是有好處的。這種類型的反思幫助心理的機制

運行，而能夠監控我的反應，並在我偏離軌道時警告我。現在我得以見到這個備忘錄如何對我研究剩下的部分有所啟發，因為它澄清、增強了能量，也見證了每個研究帶入這個領域的獨特角色。

註釋

①我稱這些為「目的」（goals），而不是「目標」（purposes），來更清楚地區分一般在研究方法篇章中「目標」的一般意義——一個研究的特定目的，例如，「本研究的目的是探討（理解、發現）＿＿＿＿」（Creswell, 1994, p. 59）。我覺得這種「目的」的意義更能與研究問題緊密結合，但也和研究問題有所區隔。

②雖然對假設的統計檢定存在於許多量化研究中，作為驗證變項之間相關聯的可能性，一般這樣的方法（稱為「虛無假說顯著性檢定」或 NHST）已經被廣泛地誤解與誤用，而且甚至在教科書中常常被扭曲，以至於許多重量級的統計學者已提出它應該被完全摒棄（Cohen, 1994; Harlow, Mulaik, & Steiger, 1997; Huck, 2009），特別是現在有比 NHST 好太多的選擇（Cumming, 2011）。質性研究者很少使用這樣的檢定，但如果你計畫要使用，你需要知道 NHST 的限制，而且要知道此種檢定事實上要告訴你的事情。

概念架構：

你認為發生了什麼？

生物學家 Bernd Heinrich（1984, pp. 141-151）和他的同事們曾經花了一個夏天進行有關蟻獅詳盡的、系統化的研究，蟻獅是一種會設陷阱把螞蟻困在牠們所挖掘坑洞的小昆蟲。那年秋天當他們回到大學後，Heinrich 很訝異地發現他的結果與其他研究者所發表的有相當的差異。為了了解這些差異，他在次年夏天重新進行他的實驗，結果發現他和同事們被一項未經檢驗有關蟻獅作息時間的假設錯誤引導，那些研究者的觀察時間不夠長，以致無法探究出這些昆蟲行為的關鍵面向。他的結論提到：「如果假設的基礎情境是錯誤的，就算是小心蒐集的結果也會被誤導。」（p. 151）

基於這個理由，你研究的概念架構──也就是支持和貫穿你研究的概念、假設、期望、信念和理論的系統──是研究設計非常關鍵的部分（Miles & Huberman, 1994; Robson, 2011）。Miles 和 Huberman（1994）定義，概念架構是視覺或文字的產物，「無論是用圖表或用敘述的形式，都是在解釋被研究的主要事物──也就是關鍵因素、概念或變數，以及它們之間的假設關係」（p. 18）。[①]在此我比較廣義地使用這個詞，指的是你對於要研究的現象所持的實際想法與信念，不論是否有寫下來；這也被稱做研究的「理論架構」或「想法情境」（idea context）。要發展概念架構並將之運用在研究過程中，可以參考運用了四個實際研究分析的好指南，那就是

Ravitch 和 Riggan 的 *Reason & Rigor: How Conceptual Frameworks Guide Research*（2011）一書（內幕公開：Sharon Ravitch 是我之前的學生，而我為這本書寫序）。

　　了解概念架構的最重要事情是：它是一種概念或模型——對於你的研究計畫、哪些事情正在發生，以及為何會發生的一項暫時性**理論**。這個理論的功能是在告知你研究設計的其餘部分——以協助你評估你的目的、發展並選擇實際且相關的研究問題與方法，並為你的結論界定潛在的效度威脅。它也幫助你校正你的研究，我在第七章會詳細討論這部分。在本章中，我討論這個理論的不同來源，以及如何在研究設計中有效地使用理論。在本章的後面部分，我會詳細地描述理論的本質，特別在應用現有理論方面。在此，我要強調，你的概念架構就是一種理論，只是它可能是暫時或不完整的。

　　「研究問題」（research problem）也是概念架構的一部分，而且形成研究問題常常是設計你研究的關鍵部分。它是你概念架構的一部分（雖然常常被視為研究設計或計畫的獨立要素），因為它指出世界上**正在發生**的事情、本身即有問題或會造成有問題的結果。你研究問題的功能就在於（和你的目的結合）導正你的研究，向人們顯示為何你的研究是重要的。此外，這個問題是預設為尚未被完全了解的，或是我們不太知道如何妥適處理的；因此，我們想要有多一些資訊。不是每個研究都有明確的研究問題陳述，但是每個好的研究設計都包含對一些學術上或是實際上的議題或問題具有顯性或隱性的認同，因而需要更多的資訊（關於「需要」的辨正就是你的目的所扮演的角色）。

　　有些作者把概念架構視為研究設計、研究計畫或發表文章的**文獻探討**。這可能是一個危險的誤導用詞。在發展你的概念架構時，你不應該僅是回顧或總結某些理論性或實證性的出版品而已，理由有三：

1. 它可能導致狹隘地著眼在文獻上，而忽略了其他可能對你的研究同等

或更重要的概念性資源。Locke、Spirduso 和 Silverman（1993）指出：「在任何積極探究的領域裡，最新的知識基礎不是在圖書館中——它是存在於研究工作者非正式的連結中。」（p. 48）知識可以在未出版的學術報告、進行中的論文、獎助金申請案，以及這個領域研究者的腦袋中被發現。Locke 等人（1993）陳述：「對於一個研究領域現階段發展的最好介紹，就是與了解這領域的指導教授保持緊密的聯繫。」（p. 49）此外，只做文獻探討，也將導致你忽略自己的經驗、你的推測性思考（將在後文「思維實驗」中討論），以及你所做的試驗性和探索性研究。

2. 它傾向去歸納一個「涵蓋這個領域」的策略，而不是具體地著眼在那些與你的研究特別**相關**的研究與理論（參見 Maxwell, 2006）。文獻探討如果沒有看見這個相關性的需求，常常淪為一連串文獻的「讀書報告」，而沒有清晰的連結與論證。相關的研究可能只是研究中屬於某一個界定領域的分支，但也可能涵蓋跨越許多不同的學科和取向。②事實上，建構一個概念架構最有效的方式常是你從研究傳統定義*之外*的領域帶入想法，或是整合不同的取向、研究路線，或先前未曾有人將之連結的理論。Bernd Heinrich 運用 Adam Smith 的《國富論》（*The Wealth of Nations*）發展出一個大黃蜂搜掠食物和能量平衡的理論，強調個別爭取、競爭和自動分工，而不是遺傳定論或集權控制（Heinrich, 1979, pp. 144-146; 1984, p. 79）。

3. 它會使你認為你的任務僅僅只是敘述性的——去訴說先前研究者的發現或提出的理論。在建構一個概念架構時，你的目的不只是敘述的，也應是批判的；你需要去了解（並清楚地在你的計畫書或論文中交代）先前的研究和理論有些什麼**問題**、就現在的觀點來看你發現了哪些矛盾與漏洞，以及你的研究對於我們的了解能做出哪些原創的貢獻。對於文獻，你不需要像是對於**權威**一般的順服，而是當成一項有關發生事物的有用但也可能有誤的想法，而且你應該試圖去找尋替換方式來

架構這些議題。關於這種態度的好例子，可參考範例 3.2 以及 Martha Regan-Smith 研究計畫中「情境」的部分（附錄 A）。

用另一個方式來說，也就是概念架構對你的研究而言，是你所**建構**而來的事物，而不是發現而來的。它納入了你借自他處的片段，但是架構、整體的連貫性是你所建立的，而不是已經存在現成的。對你而言，去注意與你計畫進行的研究相關的現存理論和研究是很重要的，因為它們常常是了解這些現象是怎麼回事的關鍵來源。然而，有時這些理論和結果常是片面的、誤導的或根本錯誤的。Bernd Heinrich（1984）發現文獻中許多關於蟻獅的想法是錯誤的，所以他後續的研究提出對於蟻獅的行為有更加全面以及高度支持的理論。你必須要嚴苛地檢視每個想法或研究發現，以查看對於能妥適啟發你研究的理論，是否是一個有效而且有用的模式。

Becker（2007, pp. 141-146）已詳加闡述，現存理論和研究能提供你在研究中使用的「模組」（modules）。如他所述：

> 我經常為未來的爭執議題蒐集這種可使用的預鑄構件。許多我的閱讀資料都是為了尋找這種有用的模組。有時候我知道我需要一個特別理論的部分，甚至知道到哪裡尋找（這常是由於我在理論方面的進階訓練，能對我往往不喜歡的事物說個好話）。（1986, p. 144）

在描述這些模組的來源之前，我想要討論概念架構的一個特別重要部分——能夠用來啟發你作品的哲學性與方法論的派典（paradigm）。

研究派典的價值（與陷阱）

　　派典的觀念主要由 Thomas Kuhn（1970）深具影響力的著作《科學革命的結構》（*The Structure of Scientific Revolutions*，中文版由遠流出版）而來。在這本書第二版的後記中，Kuhn描述派典是「一個特定社群成員所分享的整套信念、價值與技術等等」（p. 175）。除了這個廣泛的定義，Kuhn主要聚焦在這種社群的實質理論與方法。

　　相對地，參與社會科學方法的「派典戰爭」的人則專注在不同方法論社群的哲學信念和假設，而且幾乎都視這些哲學取向為研究實務的基礎，其中暗含特定的方法策略。在最抽象與一般的層次裡，這種派典的例子是如實證主義、建構主義、現實主義、實用主義與後現代主義的哲學取向，每個都內含關於現實（本體論）與我們如何取得知識（知識論）非常不同的想法。在某種比較特定的層次上，和質性研究相關的派典則為詮釋主義、批判理論、女性主義、酷兒理論與現象學派，甚至有更特定的傳統存在於這些派典之中。要敘述這些派典以及它們如何影響質性研究不在本書討論的範圍內，在 Creswell（2006）與 Schram（2003）的著作中可以找到與這些議題相關的實用討論；《SAGE質性研究方法百科》（*The SAGE Encyclopedia of Qualitative Research Methods*）（Given, 2008）中也包括了上述每個專有名詞的條目，以及更多其他的方法。

　　從本書先前出版的版次開始，我對派典引起研究討論的方式越來越批判（參見Maxwell, 2011a）。這樣的考量一部分是由社會學家Andrew Abbott（2001, 2004）的作品所啟發。Abbott提出，以一定範圍的許多社會科學範例做基礎，其哲學的取向不是固定的假設來強力形塑特定社群學者的實務，而是啟發性的、概念性的以及實用性的資源，用來解決在理論與研究中的特定問題。他說：「啟發論的想法在於開創新的主題，尋找新的事物。要

做到這樣，我們有時候需要引進建構主義……有時候需要一點現實主義。」（2004, p. 191；亦見 Seale, 1999, pp. 24-29）Wimsatt（2007）提供這種啟發式方法一個細緻的哲學辨正，並應用這種方法在許多生物學的議題上；而 Hacking（1999）則展現特定的現象（精神疾病、兒童虐待、核武、岩石）如何得以被有效地視為既是真實的也是社會建構的。

這樣的觀點我在第一章有提過，與「隨作」（bricolage）作為質性研究的一種方法是相符的。「隨作」一詞從法國人類學家 Claude Levi-Strauss（1968）的著作借用而來，他用來區分神話的和科學的思考（現代法文的用法則指「自己動手做」，也指如 The Home Depot 這樣的商店；參見 "Bricolage", n.d.）。Levi-Strauss 描述隨作者為能使用手邊任何工具與材料來完成計畫的人。關鍵的想法在於與其事先發展一套合乎邏輯的計畫，然後有系統地使用這個計畫和社群預設的規範（如科學廣泛地相信要這樣做，但我覺得某種程度是不對的），隨作者是主動適應情境，創意地應用可行的工具和材料，以產生對問題獨特的解決之道。這個觀念被 Denzin 與 Lincoln（2000）應用在質性研究方法上，再由 Kincheloe 與 Berry（2004; Kincheloe et al., 2011）進一步發揚光大。這與我在第一章所呈現的研究設計模式相當接近，也挑戰了研究實務應該以邏輯一致的系統性思考為基礎的派典想法。

如同我在本版的序言中所述，我對質性研究的取向是逐漸受到批判式現實主義的哲學觀所啟發。這種觀點已廣泛被科學哲學所接受，可視為隨作的一例，因為它結合了兩種被視為邏輯不相容的常識觀點。首先是本體真實論：相信有獨立於我們感官與理論而存在的真實世界。這個世界不會相容於我們的信念，相信全球暖化只是一場騙局並無法阻止地球不再暖化。〔這裡有一些有力的警告範例，說明社會對於其行動所造成之環境後果的忽視或錯誤信念，會導致自身的死亡，參見 Jared Diamond 2011 年的著作《大崩壞：人類社會的明天？》（*Collapse*，中文版由時報文化出版）。〕

第二個觀點是知識建構論：我們對這個世界的了解無疑是我們所建構的，而非對於真實完全客觀的感知，而且沒有哪種建構能宣稱絕對的真實。

這受到科學（Shadish, Cook, & Campbell, 2002, p. 29）以及我們的日常生活所普遍認同；我們認同人們感知與相信的事情，是被他們的假設與先前經驗以及他們所互動的現實所塑造。從這個觀點來看，每個理論、模式或結論（包括這裡提出的質性研究模式）都是必要的簡化及不完整的嘗試，來抓住一些複雜的現實。

我發現在思考質性研究中廣泛的議題上結合這些觀點是非常有用的（參見 Maxwell, 2011b，有更細部關於質性研究的觀點與啟示的探索），也將這種觀點結合到更多的多元哲學取向的洞見，包括實用主義和後現代主義。我這樣做不是要開創質性研究的一個統一的超級理論，而是從不同觀點的對話中受益，舉 Greene（2007；亦見 Koro-Ljungberg, 2004）所提對話式的方法為例，就是一種結合多元心智模式來拓展與深化一個人的理解，而非只是確認而已。

基於這些理由，我想要舉出下列和使用派典在你研究設計中息息相關的幾點：

1. 雖然有些人指的是「質性研究的派典」，在質性研究之下仍有許多不同的派典，有些在它們的假設和啟示上也極度地不同（比較 Denzin & Lincoln, 2011; Pitman & Maxwell, 1992）。能說明清楚你的研究將會使用哪種（些）派典，對你的研究設計（與計畫）很重要，因為有清楚的哲學與方法論的立場能幫助你解釋和辨正你的研究決策。使用已建立的派典能讓你建立研究上可接受的與發展良好的方法，而不需都由你自己來建構（與解釋）。

2. 你可以結合不同派典與傳統的面向，如前所述；雖然如果你這樣做，你需要評估你借來的模組的相容性，以及對研究的貢獻。Schram（2003, p. 79）提出一個有價值的範例，顯示他在一篇論文中如何結合俗民誌與生命史的傳統，研究一個有經驗的老師適應新學校與社區。

3. 你對於派典議題的決策不完全是能自由決定的。你已經對這個世界、

你的主題和我們能如何了解這些做了假設，即使你從未有意識地檢驗過這些。因此，重要的是知曉你對於真實的基本假設，以及我們能如何了解我們研究的事情。例如你相信「原因」的概念在質性研究中或是一般社會科學裡是有效的嗎？如果是，你如何理解這樣的概念？這目前在質性研究中是一個有爭議的議題（Anderson & Scott, in press; Donmoyer, in press; Howe, 2011; Maxwell, 2004c, in press），而且對你會做的研究結論的類型有重要啟示。選擇一個派典或傳統（或結合這些）應該牽涉到評估哪一種派典的觀點最符合你的假設與方法偏好（Becker, 2007, pp. 16-17），還有這些觀點可能為你的研究提供怎樣的洞見和有效的方法。

試著要運用不符合你實際信念的派典（或理論）就像穿不合身的衣服去做勞力工作一樣──可能讓你不舒服，甚至可能會無法做好事情。這種不合適在開始時可能是不明顯的；它可能在你發展概念架構、研究問題與方法時才會浮現，因為這些應該與你的派典立場相符。寫下備忘錄是顯示與探索這些假設及不相符的好方法（參見 Becker, 2007, pp. 17-18）。

在為你的研究建構概念架構時，有四項主要的模組來源是你可以運用的：(1)你自己的經驗知識（experiential knowledge）；(2)現存的理論和研究；(3)你的前導研究（pilot research）與探索性研究；(4)思維實驗（thought experiments）。我將從經驗知識開始討論，不但因為它是非常重要的概念來源，也因為它在研究設計工作中最被嚴重忽略。接著我將說明現存理論和研究如何在研究設計中運用，在過程中介紹一項工具，就是所謂的概念圖，它對發展你研究的概念架構是很有價值的。最後，我將討論使用你的前導研究和思維實驗，來產生關於你的主題的初步或暫時性理論。

經驗知識

　　傳統上，從你的背景和身分認同帶到你研究當中的，我們都視之為**偏差**，它的影響在設計中是需要被除去的，而不是設計中一項有價值的要素。就算在質性研究中，這在某種程度上也是對的，儘管在質性研究中「研究者**就是**研究工具」這種觀念是被長期認可的。相對於這個傳統觀點，C. Wright Mills（1959）在一篇經典論述中主張：

> 　　學術社群中最令人欽佩的學者⋯⋯他們的研究工作和他們的生活是分不開的。他們似乎在兩方面都太過認真，以致無法容許這樣的疏離，而且他們要運用彼此來相互豐富充實。（p. 195）

　　把你的研究從你生活的其他部分分離出來，將把你的洞察、假設和效度檢驗的主要來源也截斷。Alan Peshkin 討論主觀性在他的研究中所扮演的角色時，他的結論指出：

> 　　最初我把主觀性當成是一種困擾，是你無法放棄而得去忍受的事物；但是，相反的，它卻變成為「有功效的、具有美德的事物」。我的主觀性是我能夠訴說的故事基礎，它是我建立事物的力量，使得我之所以為我，不僅是一個人，而且也是一位研究者；它裝備我所有的觀點和洞察力，也形塑我身為研究者所做的事物，從主題的清楚選擇，到我寫作的重點。像是美德一般，主觀性是某種可以利用而非驅除的事物。（Glesne & Peshkin, 1992, p. 104）

Anselm Strauss（1987）在討論他所稱「經驗性資料」——研究者的技術性知識、研究背景和個人的經驗——強調許多相同的觀點。他認為：

> 這些經驗性資料不應該因為一般主宰研究的標準（是個人的經驗和資料很可能使研究偏差）而將之忽略，因為這些標準將導致擠壓有價值的經驗性資料。我們反而說：「開挖你自己的經驗，那兒可有潛藏的金子啊！」（p. 11）

學生們的論文和研究計畫有時似乎都系統化地忽略了他們自己對環境或議題中已研究或計畫要研究的經驗；這會嚴重地損傷他們全盤了解的能力，還會危及研究計畫的可信度。在第二章討論過的 Carol Kaffenberger 關於幼年癌症對於癌症倖存者家人之影響的研究，就是高度受到她女兒癌症的家庭經驗所啟發。

然而 Peshkin（Glesne & Peshkin, 1992）和 Strauss（1987）都強調，不可毫無顧忌地施加個人的假設和價值於研究上。Reason（1988, 1994）用「批判的主觀性」一詞來述及：

> 它是一種覺察的品質，我們既不去壓抑我們主要的經驗，也不允許自己被它傾覆和壓倒；相反地，我們要意識到它，並且將它運用為探究過程的一部分。（1988, p. 12）

清晰明確地將你的認同和經驗納入你的研究中，近來已獲得更廣泛理論和哲學的支持（如 Berg & Smith, 1988; Denzin & Lincoln, 2000; Jansen & Peshkin, 1992）。哲學家 Hilary Putnam（1987, 1990）主張道，就算是原理，也不可能有所謂的上帝眼中的觀點，也就是唯一真正客觀的敘述。任何觀點都是來自某些看法的觀點，也因此是由地點（社會的與理論的）和觀察者的視角所塑造。

　　無論如何，哲學的爭辯並沒有解決如何去評量你的個人經驗在你研究上的影響，以及如何最有效地將這個經驗納入你的研究設計等問題。在第二章已討論過，Peshkin 陳述他是如何知覺到影響和啟發他研究的不同的「我」，而 Jansen 和 Peshkin（1992）及 Grady 和 Wallston（1988, pp. 40-43）對研究者運用自己主觀性和經驗在研究上也提供了重要的範例。不過，目前這方面只有極少數成熟發展和清晰明確的策略。

　　我運用的一項技巧是我所謂的「研究者經驗備忘錄」，這在第二章已介紹過，用來反思你的目標和它們與你的研究的關聯，也可用來探索你的假設和經驗知識。最初的想法是來自於 Robert Bogdan 的談話，他描述在他開始一項醫院初生嬰兒加護病房的研究前，嘗試寫下他對一般醫院以及特別是初生嬰兒照顧的所有期望、信念和假設，做為界定及考慮他帶到研究中的觀點的一個方式。這個習作對研究的任何階段都很有價值，而不僅僅是在一開始而已。範例 3.1 是我經驗備忘錄的一部分，這是我在撰寫一份有關多元、一致和社群的研究報告時所寫下的，試著發展能夠結合接觸與互動的理論，以及共享的特色，當作社群的基礎（這份研究報告比較新的版本見 Maxwell, 2011b，第四章）。範例 3.2 是一份研究者使用她的經驗來重新聚焦女性使用乳房自我檢查的研究。在前一章的範例 2.4 則處理作者部分先前的經驗，以及這些經驗如何影響她對玻利維亞教育改革的理解，以及她的目的。

範例 3.1　關於多元的經驗備忘錄

　　我無法回想起我何時第一次對多元感興趣；至少在過去的二十年裡，它是我的主要關切……。我確實記得我有意識地了解到我人生的任務是「確保世界是安全地看待多元性」的那一刻。1970 年代中期的一個夜晚，我在芝加哥大學的 Regenstein 圖書館，和另一位學生談論到為何我們要進入到人類學領域時，那個句子突然浮現在我的腦海裡。

　　然而，我從未想過更進一步地回溯這個立場。我記得在大學時代，參加一個有關政治的談話，並被兩位學生所提及有關特定族群保留其文化傳統之權利的議題所震撼，那是一個從未有意識地浮現在我心中的議題。我確定我虛度年輕時光在閱讀科幻小說而不是用功讀書，對我在容忍和了解多元重要性的意識上有強大的影響；我撰寫關於高中社會容忍力的論文來申請大學的入學許可，但我並沒有多去思考這些到底都從哪裡來。

　　我在 1991 年夏天和哲學家 Amelie Rorty 的談話，確實引發了我對於這些根源的覺察。她談論到柏拉圖對於道德多元的概念，我給她一份有關我對多元和一體（solidarity）看法的草稿。幾週之後我們一起吃午餐，討論這些議題，其間她詢問我對多元的關切是如何連結到我的背景和經驗。我對那問題感到驚訝，並且發現我真的無法回答。相反地，她倒是對這個問題思考了許多，並談及她的父母親自比利時移民到美國，決定他們要像「真正的美國人」一樣成為農民，並在沒有從事農事背景的情況下，他們在西維吉尼亞郊區買地，學習如何生存以及融入一個與他們非常不同的人們所組成的社群。

　　這使得我開始思考而且了解到，就我記憶所及，我總是感覺到與其他人不同，同時因為這些差異和我無力去「融入」同儕、親戚或其他人，為我帶來許多的困難。這全部是由於我自己害羞和孤立的傾向，以及成長過程中家庭頻繁搬遷所混合造成……。

　　這樣的經驗和我在多元方面的作法之連結方式，即是我在處理與其他人差異時的主要策略，就我記憶所及，我不是嘗試去更**像**他們（以相似為基礎），而是嘗試對他們有所**幫助**（以接近為基礎）。這樣比喻是有一些過於簡化，因為我也看到我自己有點像是一隻「社交的變色龍」，順應我所在的任何情境，這種適應比較像是一種**交互**影響的適應，而不是根本地變成與其他人相似。

　　對現在的我來說有點無法理解：我竟然從未看出這個背景和我學術工作的連結……。

〔這個備忘錄的其餘部分討論了我的經驗和我所發展的多元及社群的理論間之特定連結，其中看到相似（共享的特質）與接近（互動）都是一致的可能來源。〕

範例 3.2 一個研究者如何使用她個人的經驗來重新聚焦她的研究問題

我已經花了不知道多少時間在圖書館，閱讀關於女性做乳房自我檢查（BSE）的文獻。這些文章包括一些研究、一些刊登在重要醫學期刊的社論，以及一些散文。這些的研究基礎非常弱，主要是以問卷調查詢問某些女性是否做乳房自我檢查，如果沒有做自我檢查的話，原因為何。研究的群體常常不夠大也不夠具代表性；每個研究的問題和格式也差異甚大。在研究中不斷得知的是：大多數女性沒有做BSE是很明確的，她們不做的理由卻不全然清楚。我發展了長串的清單，關於女性不做自我檢查的可能理由，不外乎三種情況：(1)女性不知如何及為何要做乳房自我檢查；(2)女性太害羞而無法觸碰自己；(3)女性太害怕她們可能會發現什麼。這些理由看來都相當能被接受，但不夠令人滿意。問題不斷地重複：「為何女性**不做**乳房自我檢查？」然後我自問：「為何我不做乳房自我檢查？」我知道沒有任何理由能解釋我的行為。接著我改問自己：「什麼會讓我去做乳房自我檢查？」我想到如果有個朋友每月都打來問我做了沒，那我會做，不管是因為期待她的電話而先做，或是接到電話立刻做。把問題改成正面的提問完全改變了我思考這個問題的方式，「什麼會**鼓勵**女性去做乳房自我檢查？」新的問題因為把乳房自我檢查放入行為修正的情境中，而開啟了一連串的可能，也提供了多種可測試的行為改變技巧。（Grady & Wallston, 1988, p. 41）

現存的理論和研究

概念架構模組的第二項主要來源，是現存的理論和研究——不僅是出版過的著作，還有其他人一般的理論和實證研究。我將從理論開始，因為它對多數人而言，是兩者之中較有疑問而且較令人混淆的，然後再談到運用現存研究做為其他目的，而不僅是理論的來源而已。

我使用的「理論」（theory）這個用語，是較研究方法所討論的一般意義更為廣泛的事物（參見 Maxwell & Mittapalli, 2008a，有更多討論）。所謂「理論」，我指的是一套概念和想法，以及這些概念想法間可能有的關係，是一種想要代表或模式化世界上某些事物的架構。如同 LeCompte 和 Preissle（1993）所述：「理論化只是發現或操弄抽象的範疇，和這些範疇間關係的認知過程。」（p. 239）我對這個說法唯一的修正就是，要含括不僅是抽象的範疇，也要包含具體和特定的概念。

這個運用涵蓋了來自所謂鉅型理論裡的所有事物，像是行為主義、心理分析或理性選擇理論等等，以及具體如一個特定事件或狀態的日常解釋，像是「Dora（我大女兒）今天不願意去學校，因為她對昨天老師糾正她感到生氣」。也就是，我沒有運用「理論」一詞來表示特定程度的可解釋論點之複雜性、抽象性或推論性，而是去提到此一論點的**全部範圍**。這些解釋全部都有共同的基本特質，對我的目的而言，相似是比差異來得更加重要。③

因此，理論不是某些在你訓練當中，你要學習了解和精通的不可思議和神祕的實體。如同 Groucho Marx 常常在 1950 年代的電視遊戲節目 *You Bet Your Life* 中說的：「它是一個普通的日常用字，你每天都會用到的。」理論的最簡單形式包含兩種概念的結合及所提出的關係。這樣的理論可以是一般的如「正增強導致被增強行為的持續」，也可以是具體的如「隕石

的衝撞造成恐龍滅絕」。重點是什麼使得它成為一個理論：兩個概念被一個建議的關係所連結。

理論的主要功能是提供這個世界**為何**成為這個樣子的一個模式或圖解（Strauss, 1995）。它將世界簡單化，但是這個簡單化的目的在於闡明和解釋某些層面是如何運作的。理論是你想要去了解的現象裡所發生事物的陳述，雖然它可以提供架構，但它不僅是一個架構；它是一個有關你認為發生了什麼，以及為什麼會發生這些事情的**故事**。有用的理論可以告訴你一個有關某些現象的啟發性故事、能給你新的洞察，並擴展你對於那個現象的了解（見第二章關於因果過程的討論）。

Glaser 和 Strauss（1967）的「紮根理論」（grounded theory）一詞，對質性研究有重大影響，它並不是指任何理論的特定**層次**，而是指在研究（或一連串研究）當中歸納地發展，而且經常不斷地與來自研究的資料互動。這個理論是「紮根」於所蒐集的實際資料，對比於那些被概念性地發展出來、然後僅僅拿來與實證資料比對檢測的理論。在質性研究中，現存的理論和紮根理論都是正統且有價值的。

》》現存理論的運用

在質性研究中運用現存理論有其優點與風險，現存理論的優點如以下兩個隱喻所描述。

理論像是外套衣櫃。（我這個隱喻是得自於 Jane Margolis，個人通訊。她曾經描述馬克思主義像是一個外套衣櫃：「你可以將任何東西掛在裡面。」）一個有用的高層次理論提供你一個架構，讓你理解所看見的東西。特定的資料在其他方面可能看似與你的研究問題彼此不相關或沒有連結，但是若將它們套入理論，就彼此連接起來了。現存理論的概念是衣櫃中的「外套掛鉤」，它們提供空間來「掛」資料，展示它們與其他資料的關係。然而，沒有理論能夠把所有的資料都容納得很好；一個理論井然有序地將某些資料組織起來，必然將留下凌亂和散落在地板上的其他資料，因為沒

有空間可以放它們。

理論像是聚光燈。一個有用的理論照亮了你在研究中所看見的東西。它把你的注意力吸引到特定的事件或現象上，並且照射其他可能沒被注意到或是被誤解的關係。Bernd Heinrich（1984）在討論他調查毛毛蟲餵食習慣時，描述他看到地上被吃掉一部分的葉子的反應，那顯然是被一隻毛毛蟲從樹上咬下來的。他說：

> 被咬掉邊緣的葉子，就像是用紅燈打旗號般顯眼，因為它不符合我對事情的期望或理論。我立即的感受是有點驚奇，但這驚奇實際上是不同理論混合的結果，這些理論充塞在我腦中，並為了確認或排拒而彼此相爭……。要是我沒有任何理論，地面上那些被吃掉一部分的樹葉也就不會被注意到了。（pp. 133-134）

這就是 William James 所指的，（據稱）他說過你無法在田野中撿起一塊石頭，而不產生理論（Agar, 1980, p. 23）。要撿起石頭（而非其他東西），你需要理論來告訴你該撿何種石頭，以及它和其他東西相異之處。

相同的道理，一個照亮某一個地方的理論，將置其他地方於黑暗之中；沒有理論能夠照亮所有事物。一個運用現成理論相當成功的研究如範例 3.3 所述。

範例 3.3　運用現存的理論

Eliot Freidson（1975）的書《共同診療：專業的社會控制之研究》（*Doctoring Together: A Study of Professional Social Control*），是報導他在一個醫學團體執業的研究，嘗試去了解他所研究的醫師及行政人員如何界定和處理專業規範的違反。在概念化這個實務是怎麼一回事時，他運用了

三個社會組織和工作控制的廣泛理論。他將其稱為企業的醫師—商人模式，源自於 Adam Smith 的著作；官僚的醫師—公務員模式，大多源自於 Max Weber；以及專業的醫師—工匠模式，這個模式比較沒有被清楚概念化及界定。他顯示這三個理論都能闡明他所研究的團體的日常工作，並從結果引申出對於公共政策廣泛的啟示。

Freidson（1975）也以更集中焦點（及出其不意）的方式來運用現存的理論，闡釋他研究的結果。他主張他所研究的醫師所持有的社會規範，對於有關工作表現的技術標準和與病患應對的最佳方式，容許相當的意見差異。這些規範「限制了對同僚工作的嚴格評鑑，並阻止了批評的表達」（p. 241）。然而，規範也強烈反對任何對醫療實務的外部控制，將醫師界定為唯一有能力判定醫療工作的人。「只要他的工作表現沒有明顯或重大的不足，並且帶給同僚不便，專業人員是被視為可以自由地、毫無限制地依循自己判斷之個人」（p. 241）。Freidson 繼續說道：

> 這是一種非常特別的社群，不管是結構地或規範地，類似 Jesse R. Pitts 所描述的 20 世紀前半期，特別是某些法國學童和一般法國民眾所組成的「流氓社群」（delinquent community）……。它的規範和執業都是將所有的成員拉在一起，防禦地對抗外部的世界……而且，內部容許每一個人自由地如其所願地行動。（pp. 243-244）

他提出介於他所研究的醫療實務，和 Pitts 所界定的法國同僚團體結構間的高度相似性。他創造出「專業的流氓社群」一詞，來論及像他所描述的專業團體，他也運用 Pitts 的理論闡釋這種社群發展和持續的過程。

然而，Becker（2007）警告說，現存的文獻以及文獻中的假設，往往能夠使你的研究架構變形，導致你忽略如何概念化你的研究，或是研究結

果中的關鍵啟示。文獻中有他所謂的「意識型態的主導權」的優點，因此很難看到任何有異於文獻之現象。嘗試去使你的洞察符合已經建立好的架構，將使你的論證變形，不但弱化了它的邏輯，而且讓你更難看到以新的方式架構現象可能有的貢獻。他說明現存理論是如何導致他的「大麻使用」研究產生變形：

> 當我在 1951 年開始研究大麻的使用時，意識型態上最主宰的問題，也是唯一值得去看的問題是「為什麼人們會做那樣奇異的事情？」而且意識型態上偏好的回答是去找到一個心理特質或社會屬性，來區別使用和沒有使用大麻的人……。我急切地想要去展示這個文獻（由心理學家和犯罪學家所主導）是錯誤的，致使我忽略了我的研究真正關心的部分。我偶然發現（並持續忽略我研究的真正目的），一個更大更有趣的問題：人們如何學習界定他們自己內在的經驗？（Becker, 2007, pp. 147-148）

我在對北加拿大一個因紐特原住民聚落之親屬關係的論文研究中，也有過相同的經驗。在進行那項研究時，人類學中有關親屬關係的文獻是由兩種親屬關係意義理論的辯論所主宰，一方斷言在所有的社會中，親屬關係基本上是一種生物關係；另一方則主張生物學是親屬關係的一種可能的意義（另一種則是社會關聯）。我以這兩個理論架構我的論文（Maxwell, 1986），雖經過一些重要的修正，但我仍主張我的證據主要是支持第二個理論。就在幾年之後，我了解到我的研究可以用更基礎且更有趣的方式來形塑——什麼是小型傳統聚落內的關係和一致的本質？這些是否以相似性來做基礎，並加以概念化？（在這個個案中，是生物學的相似性或共享的基因物質）或是社會互動呢？（見範例 3.1）假如我在一開始架構這個研究時就緊抓住這個理論的方向，我的研究應該可以更豐碩。

Becker（2007）也主張，根本沒有辦法去確認何時這些主宰的取向是

錯誤的或是誤導的，或是你的替代方案何時是較優秀的。你所能做的就是試著去界定那些取向的意識型態要素，然後看看當你放棄這些假設時會發生什麼。他聲稱「一位認真的學者，應該要固定地去檢視談論相同主題的不同方式」（p. 149），而且他也警告：「是你去運用文獻，而不是讓它主導你」（p. 149）。明瞭你研究現象的概念和理論之其他替代來源——包含有別於文獻的來源——是一種平衡現存理論和研究的意識型態主導權的重要力量。

　　能夠辨明理論可以提供的洞察以及限制、扭曲和盲點是很重要的，寫作教師 Peter Elbow（1973, 2006）在他稱為「相信遊戲」與「懷疑遊戲」中掌握了這樣的精髓。在相信遊戲中，你接受理論並尋找它能深化你對所研究事物理解的方式；在懷疑遊戲中，你挑戰理論、尋找它的缺點。學生（以及其他研究者）使用理論的方式常會被感受到的文獻權威性所扭曲；他們很少挑戰他們套用的理論，而且通常會提出完全支持這些理論的結果（Dressman, 2008, p. 92）。Dressman（2008）主張這種對理論不批判的使用不僅威脅到這些研究的可信度，還使這些研究促進我們理解的能力受到質疑。

　　一個重要卻常被忽視的理論來源是你的研究對象所持的理論。與一些早期社會學研究著作中寫到（Berger, 1981，在 Becker, 2007, pp. 65-66 中提到）且在量化研究中完全忽略的理論相反的是，對於研究對象的觀點不再是揭穿的態度，研究對象的理論基於兩點理由而顯得重要。首先，這些理論是真實的現象，它們啟發研究對象的行動，因此任何想要嘗試詮釋或解釋研究對象的行為，卻沒有將他們的實際信念、價值觀與理論納入考量的話，可能都是徒勞無功的（Blumer, 1969; Menzel, 1978）。其次，研究對象有比你多更多關於所研究事物的經驗，而且可能對正在發生的事情有重要的洞見，你不認真看待他們的理論的話會有所錯失。

　　這兩個觀點可以用 Glesne（2011）所述，在她於墨西哥的研究裡的一個事件來說明，她的研究主題是一個原住民社區如何改善與環境的關係。一位研究對象在回應她關於年輕人對環境的態度時說：「在這裡我們談論

的不是環境，而是和諧。」（p. 215）他描述這和諧維繫所有事物；每塊田野、樹木、石頭或河流都有主人（dueno）或守護者，人們在砍樹或移除石塊時都需祭祀。Glesne 說道：

> 他的說詞……動搖了我預設的類別。雖然我以前有聽人們談論過自然神靈，雖然我也讀過在瓦哈卡（Oaxaca）和諧的重要……我還是一直將我所讀到、聽到以及經歷到的，包含人、動物、環境、宗教信仰等等列入我的西方類別。我知道我還沒有像許多瓦哈卡人那樣完全了解和諧的概念，但我比較了解一些我自己在覺知上的迷思了。（p. 215）

要真正做質性研究，必須考慮被研究者的理論和觀點，而非完全倚賴已建立的理論觀點或研究者觀點。這不代表研究對象的觀點不受批評，或其他觀點是不合理的（Menzel, 1978），這只是表示研究對象的理論需要被認真看待。

強加外在的、主流的理論可以是嚴重的道德問題，也是科學或實用上的問題（Lincoln, 1990）；它可能將研究對象的理解邊緣化或摒棄不用，而隱藏或促發了對被研究族群的壓抑或剝削（在一些案例中，主流的理論自己在道德上就有瑕疵，像那些會不正當地責備受害者的理論案例）。我將在第五章的研究關係裡討論這些議題。

質性研究者常常無法好好地運用現存理論的兩種主要方式是：沒有充分地運用它和過度地倚賴它。第一是沒有能夠明晰地應用**任何**分析的抽象概念或理論的架構在研究上，因而遺漏了現存理論提供的洞察。每一個研究設計都需要**某些**有關你正在研究現象的理論，就算僅是一個普通常識，以指引你其他設計的決策。第二個問題恰好相反：它**強加**理論到研究之上，將問題、方法和資料擠塞到事先設定的範疇，並且讓研究者看不到那些與理論不符的事件和關係。

在應用理論時，這兩種問題（用得不夠與過度地不謹慎使用）間緊繃的張力是研究中不可避免的，也不是經由某種技巧或洞察就能夠解決的問題。處理這個問題的關鍵策略就是利用科學的方法，以及像解釋學的詮釋方法：發展或使用理論並持續地測試它們，找出有矛盾的資料，和理解這些資料的替代方式（包含研究參與者的方式；我在第六章將進一步討論這點，做為效度的中心議題）。Bernd Heinrich（1984）描述尋找烏鴉的巢，過程中你對著天空透過樹叢找到黑暗的點，然後試著去看到一絲穿透它的微光（真正的烏鴉巢是不透光的）：「它就像是科學，一開始你尋找某些事物，然後當你認為已經找到它時，你盡可能地去證明你是錯誤的。」（p. 28）

》》》概念圖

對許多學生來說，發展與運用理論是質性研究中最讓人卻步的部分。所以，在這裡我要介紹一種用來發展和澄清理論的工具，稱為概念圖（concept maps）。它最早是由 Joseph Novak 所發展出來（Novak & Gowin, 1984），起初是用來了解學生如何學習科學，後來則是做為一種教授科學的工具。有一項類似的策略，稱作**概念架構**（conceptual framework），是由 Miles 和 Huberman（1994, pp. 18-22）所提出的。Anselm Strauss（1987, p. 170）提出第三種修正，他稱之為**整合圖解**（integrative diagram）。這些方法都有很多共同處，因此我將它們以一種一致的策略來呈現，暫且不提它們被運用時的某些重要差異。

概念圖是理論的視覺化呈現 —— 是理論認為你研究的現象**正**發生什麼的圖示。這些圖不描繪研究本身，也不是研究設計或計畫的特定部分。然而，概念圖可以被用來以視覺呈現一個研究的設計或操作 —— 我研究設計的模式就是這樣一個圖（圖 1.1）。更甚者，概念圖是為你的設計發展和呈現概念架構的工具。而且就像是理論一般，一個概念圖由兩樣東西所組成：概念和它們之間的關係。這些經常是分別由圓圈或方格，以及連結它們的

箭頭或線段所呈現出來。圖 3.1 到圖 3.6 提供不同的概念圖範例；進一步的範例可參見 Miles 和 Huberman（1994）、Ravitch 和 Riggan（2011），以及 Strauss（1987, pp. 170-183）。創造概念圖有幾個理由：

1. 將你隱含的理論聚攏在一起並使它們能被看得見，或澄清一個現存的理論。這使得你能見到理論的啟發、限制與和研究間的關聯。

2. **發展**理論。就像備忘錄一樣，概念圖是一種「在紙上思考」的方式；它們能幫助你看出未曾預期的連結，或界定你理論中的漏洞或矛盾，並且想出解決的方法。

為了要使概念圖達到對你最有助益的狀態，它常常需要相當多的修改；不要期望在你第一次嘗試時就能夠產生你最後的圖解。我的質性研究模式概念圖（圖 1.1）就經歷許多重複修正才有現在的樣式。此外，沒有一個圖能夠捕捉關於你所研究的每件重要事物；每個圖都是更複雜的真實之簡化與不完整的模式。

在黑板或白板上發展概念圖，是種很有幫助的方式，因為你能夠擦掉失敗的嘗試，或看似運作不妥的片段，並且操縱可能的安排與連結（這個的缺點是它不會自動製造出你嘗試的書面路徑；這種路徑可以協助你了解你的理論是如何變遷，並避免重複犯同樣的錯誤）。也有許多的電腦軟體能夠用來設計概念圖，我用了其中最熱門的——Inspiration，來創造本書許多的圖表。Strauss（1987, pp. 171-182）提供一份很有價值的範例，這是來自他為幫助一位學生 Leigh Star 的研究發展概念架構與概念圖時的課業諮詢。習作 3.1 建議了一些為你的概念架構開始發展概念圖的方式。

圖 3.6 是一個更加細緻的概念圖，由 Kate Zinsser 為了兒童社交情緒能力的研究所發展，範例 3.4 是這個概念圖詳細的備忘錄；我給 Kate 的意見在方括號中。

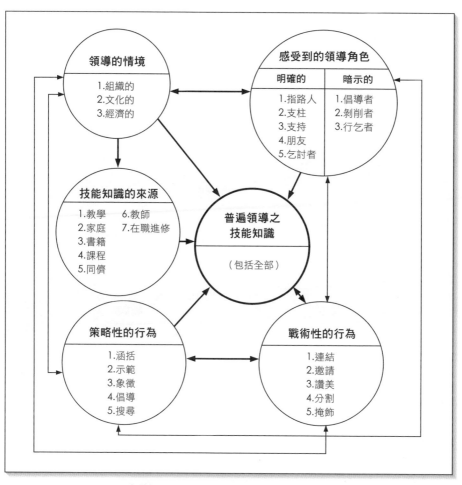

圖 3.1 紐芬蘭校長技能知識之研究

資料來源：取自 *Swamp Leadership: The Wisdom of the Craft*, by B. Croskery, 1995, unpublished doctoral dissertation, Harvard Graduate School of Education.

以下的因素將影響一位成年的家庭成員留在家中的決策，這位成人因殘障而需要扶助，而不是「寄養」或「收容」的成人小孩（adult child）。

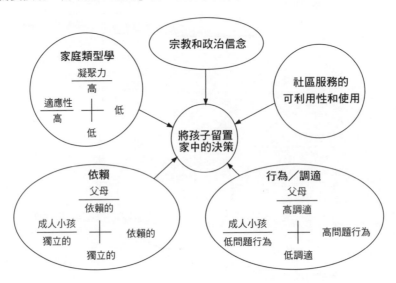

「家庭類型學」是 David Kantor 所發展，再經由 Larry Constantine 所擴充，一種有關家庭內部互動和家庭界限浸透性的模式。雖然我尚未蒐集有關家庭類型學的資料，但是我的直覺和現有的資料都傾向預測落在右上角（封閉式家庭系統）的家庭，以及右下角（同步式家庭系統）的家庭，比較容易將需要扶助的成人小孩留置家中；而落在左上方（開放式家庭）和左下方（隨機式家庭）的家庭，比較容易用寄養的方式來處理成人小孩。

在「依賴」格子裡，初步的資料顯示落在左上方（高度父母親依賴，低度孩童依賴）傾向做出留置成人小孩在家中的決策，而落在右下方（父母獨立，需要對孩童高度照應）的家庭則傾向於寄養成人小孩。

同理，在「行為／調適」格子裡，落在左上方（最少的行為問題，高度的父母調適）的家庭傾向做出將成人小孩留置家中的決策，而落在右下方（嚴重的行為問題，低度父母調適）的家庭則傾向做出寄養成人小孩的決策。

圖3.2 影響決定將一位需要扶助的成人小孩留置家中的因素

資料來源：改編自 *The Families of Dependent Handicapped Adults: A Working Paper*, by B. Guilbault, 1989, unpublished manuscript.

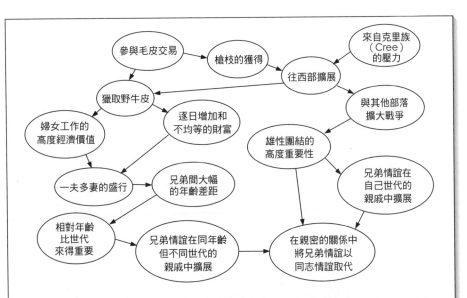

這個概念圖呈現 1800 年代末期美洲印第安人 Blackfeet 社會裡，導致廣泛使用「兄弟情誼」用語的一些事件和影響。比起任何平原的部落，Blackfeet 是最投入在毛皮交易的，這也致使財富（包括槍枝）增加、婦女準備野牛皮交易的工作具有高度價值、擁有許多馬匹可以獵野牛的男人享有多數財富而導致財富分配不均，以及一夫多妻制度盛行，因為富有的男人需要多位妻子來做毛皮加工。槍枝和馬匹的獲得，也使得 Blackfeet 向西進入平原地區，將原先居住在那裡的其他部落趕走。日漸增加的戰事以及野牛捕獵，醞釀了雄性團結的必要性，也導致兄弟情誼的用語盛行於同世代的男人之間，以提升內部的團結。不過，日漸增加的一夫多妻制，也使得男人同世代之間年齡差距大幅擴大，因此，所謂兄弟情誼的用語必須擴展至對話雙方相似年齡者。這種兄弟情誼用語的繁殖，終將稀釋沖淡團結的價值，因此產生「同志」（comrade）的新用語，經常用在男人間的親密關係。

圖 3.3　Blackfeet 家族術語變革之原因

資料來源：改編自 *The Development of Plains Kinship Systems*, by J. A. Maxwell, 1971, unpublished master's thesis, University of Chicago, and "The Evolution of Plains Indian Kin Terminologies: A Non-Reflectionist Account," by J. A. Maxwell, 1978, *Plains Anthropologist, 23*, 13-29.

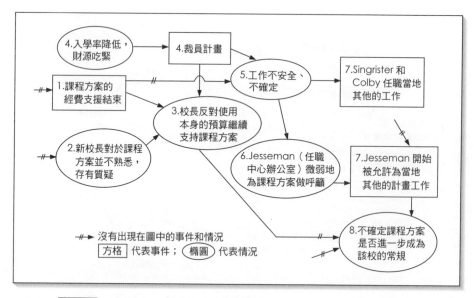

圖 3.4 摘錄自一個事件─情況網絡：Perry-Parkdale 學校

資料來源：取自 *Qualitative Data Analysis: An Expanded Sourcebook* (2nd ed.), by M. B. Miles and A. M. Huberman, 1994, Thousand Oaks, CA: Sage.

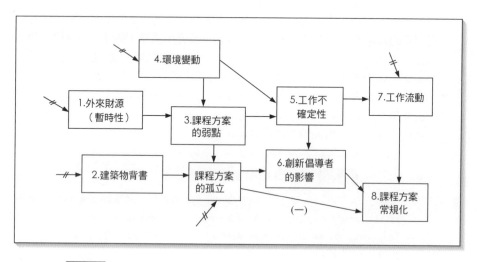

圖 3.5 摘錄自一個因果關係網絡：Perry-Parkdale 學校

資料來源：取自 *Qualitative Data Analysis: An Expanded Sourcebook* (2nd ed.), by M. B. Miles and A. M. Huberman, 1994, Thousand Oaks, CA: Sage.

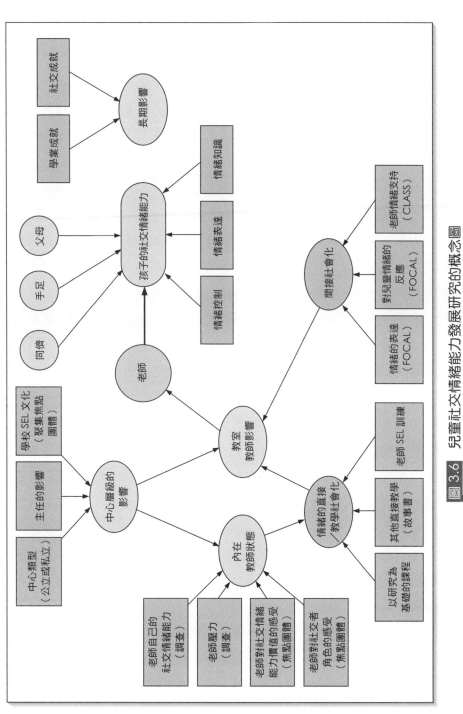

圖 3.6 兒童社交情緒能力發展研究的概念圖

範例 3.4　圖 3.6 的概念圖備忘錄

隨著在幼兒園 3 歲及 4 歲學童人數穩定的成長，全面性地探討他們與家裡之外的大人互動如何額外影響他們的發展就顯得重要。社交情緒能力（social emotional competence, SEC）與之後學業和社交的成就都有關聯，但形成能力的過程不是只是上上課、談談分享和對人和善這樣就做得到的。老師在一個複雜的情境下操作，他們和學生之間的互動，不論是直接計畫的或比較非正式的，都受到他們過往的經驗、個人信念與技能，以及中心層級的要求和文化所影響。TASSEL 計畫將使用多樣的方法來擷取所有具影響力的來源，以了解老師能怎樣幫助孩童的社交與情緒能力發展。

附上的概念圖（圖 3.6）描述我們最近進入 3 到 4 歲孩童的社交情緒世界。從右手邊開始，孩童的社交情緒能力被認為會同時且長期影響學業及社交成就。比較有能力的孩子被老師視為較多參與的學生，比較受到同儕的喜愛，也比較適應正式的教室環境。但形塑出社交與情緒能力佳的孩子的因素為何？我們將此能力定義成三種技能的結合，由孩童在幼兒前期建立與學習：情緒控制、情緒知識和情緒表達。〔概念圖常見的限制就是箭頭能表示許多不同事物，但在圖中卻常未區分清楚。例如情緒控制等是社交情緒能力的因素而非影響，但在圖中不清楚。以圖示表現這些因素也產生一些有趣的問題——例如，老師會主要影響其中一個因素，而勝過其他因素嗎？〕

社交情緒能力經由與其他在孩童世界的人互動所發展：父母、同儕、手足和老師。Susanne Denham 博士在之前的研究檢驗父母與同儕在社交情緒發展上的影響；這個研究計畫則著重在老師的角色。對老師而言，這個社會化過程（從老師到社交情緒能力的粗箭頭）不只是展示情緒閃示卡給學生，或教他不要咬東西。師生之間的過程對孩童社交情緒能力的助益可分為兩個類別：直接／教學的社會化，和間接／非正式的社會化。

　　直接社會化可能包含任何由老師在教室內實施（如 AI's Pals 或 PAT-HS）的社交情緒學習（social emotional learning, SEL）課程、任何之前她所接受到關於增加孩童社交情緒學習的訓練〔但這端賴是否**使用**這個；如果視為**對**課程的影響是否更合理？〕，以及每天在教學時間用來強調情緒的建構，例如辨別故事書中角色所感受到的情緒。大多數這種直接社會化過程的評量是使用對老師〔我不太能確定「大多數」，特別是每天教學時間（老師一直都覺察到這些嗎？）〕，及中心主任的問卷調查或列舉一個老師在描述一本沒有字的故事書圖片時，所使用情緒字眼的數目。

　　間接的情緒社會化，包含在教室中老師有目的／計畫的情緒教學之外的行為。這包括她在教室所表現的（快樂、悲傷、憤怒、沮喪、驕傲等）以及她對孩童情緒表達的反應（否定、認同、忽視等），我們使用文化情緒這種觀察編碼技巧（稱為 FOCAL）來評估這些行為。此外，間接的社會化包含老師整體在教室中情緒支援的提供：她能和學生互動嗎？她能了解學生需求或潛在挫折與衝突的原因？情緒支援也用稱為「教室評鑑分數系統」（CLASS）的教師自然行為觀察來編碼。

　　理解直接與間接社會化過程最重要的是了解發生的情境。我們把教師社會化情境分為兩個區塊：中心層級的影響和內在教師狀態。中心層級的影響包含學校環境可能影響老師如何直接或間接將孩童社交情緒能力社會化。中心類型的不同（公立、私立、蒙特梭利等）可能在老師與學生的互動方式上、教室裡實施的課程等，強加上商業的或聯邦的限制。同樣地，主任也對課堂過程、時間表以及課程選擇有所掌控。中心及主任層級的影響將以問卷調查來評估，也會檢驗方案的標準和手冊。最後，中心自身可能也有對於社交情緒學習之重要性的共同文化，而可能影響教師的內在感受與教室過程。一個學校的社交情緒學習文化將在中心層級，透過焦點團體的回應來進行檢驗。

　　最後，老師對於情緒的經驗也可能影響她在班上和學生的互動。可能最直接的內在因素是老師的社交情緒能力。比較沒有這種能力的老師可能

在教室裡難以規範負面的情緒（這可用 FOCAL 觀察出來），或有從學生互動之間切割壓力（個人或學校相關的）的困難。此外，老師對於社交情緒能力之價值的感受與她覺得誰應該負責教導學生情緒的信念，也會影響她對學生情緒的互動（也可用 FOCAL 觀察）和她實施任何必要課程或忠實使用她的訓練的能力。老師的感受和信念將透過焦點團體、一對一的後續訪談，以及問卷調查來取得。〔這兩個社交情境類別看起來忽略了一個潛在重要情境的影響——老師與學生的**關係**，或與特定學生的關係。我不認為這可以簡化成內在狀態，因為這因師生而異。〕

習作 3.1　為你的研究發展概念圖

　　你要如何發展一個概念圖呢？首先，你需要有一套可供運作的概念。這些可能來自現存的理論、你自己的經驗，或你所研究的對象——他們**本身**對發生事物的概念。必須記在心裡的要事是，此時你是試著去呈現你對正在研究的現象**已有的**理論，而非發明一項新理論。

　　如果你還沒有一個清楚的概念架構，你可以使用以下幾個策略來發展你的概念圖。

1. 思考你在談論這個主題時所運用的關鍵用語，這些或許代表你理論中的重要概念。你可以直接從已經寫下的研究報告中拉出某些概念。

2. 從你已經寫下來的事物中，試著將其中隱含的（或明晰的）理論標示出來（這對於不能以視覺化來思考而偏好寫作的人來說，通常是最好的方法）。

3. 拿一個關鍵概念、想法或用語，腦力激盪所有與此有關的事物，然後回去選擇那些看起來和你的研究最直接相關的。

4. 要求某人來訪談你的主題，追問你的想法和原因，然後聽錄音寫下你提及的那些主要詞彙。不要忽略依據你經驗而來、而非文獻中的概

念；這些可能是你概念架構的中心。

Strauss（1987, pp. 182-183）以及 Miles 和 Huberman（1994, p. 22）對如何為你的研究發展概念圖提供了額外的建議。

一旦你已經產生出某些概念可供運用時，問你自己，這些是如何地相互關聯？你在它們之間看到什麼關聯？Leigh Star（引述自 Strauss, 1987, p. 179）建議從一個歸類或概念開始，並畫出「觸鬚」到其他的歸類或概念。你認為什麼是你所運用的概念之間的重要連結？概念圖中的關鍵部分不是圓圈，而是箭頭；因為箭頭呈現出概念或事件之間的**關係**。問你自己以下幾個問題：我用這個特定的箭頭表示什麼意思呢？它**代表**什麼？想想一些**具體的**範例，而不只是操作一些抽象的概念而已。不要把自己鎖在你所選的第一套歸類，或你所嘗試的第一項安排。使用不同的方式腦力激盪，將這些概念放在一起；四處移動這些歸類來看看哪一種安排最好。問一問有關圖表的問題，畫出可能的連結，再思考它們是否合理。

最後，就這個概念圖對你正在研究的現象表達些什麼，撰寫一段**敘述或備忘**。試著以文字捕捉具體表現在圖表中的想法。圖 3.2 和圖 3.3 呈現附有敘述的概念圖；Miles 和 Huberman（1994, pp. 135-136, 159-161）以及 Strauss（1987, pp. 203-209）提供了額外的範例。這是習作中一項很重要的部分，且可以建議發展你的理論的方式。例如，它能夠指出在你的概念圖中，什麼事物只是一個佔位符（placeholder），用來放置真實的概念或需要的關係；Becker（2007）描述這種佔位符「它們自己不具備任何意義，（但）卻標示了需要真正想法的地方」（p. 83；他也在 pp. 52-53 舉了很好的例子）。

研究者應該避免停陷在 Miles 和 Huberman（1994, p. 22）所稱的「無風險」概念圖裡，其中所有的概念都是廣泛和抽象的，而且到處都有雙向的箭頭。像這樣的圖表，在一開始做腦力激盪時可能是有用的，它提供你一

個研究裡重要事情的概念檢核表，但到了某些時刻，你就需要**聚焦**於理論上了。在某些時刻，窄化你的概念圖到兩個概念和其間的關係，是很有助益的，就像是一種對焦練習。**致力**在那些你認為是研究中最重要和最相關的概念上。

　　一個初步的架構，若是以較大的歸類容納一大堆你尚未釐清的事情，通常最能發揮作用。不過，你需要去區別這些歸類，使你對這些事情的關係有明晰的想法。有一種開始的方式，就是分析每一種歸類到次要歸類，並界定其中每一種不同**類型**（kinds）的事物（圖 3.1 就是將外圍的歸類連結到核心的歸類）。另一個方式是**面向化**（dimensionalize）歸類（Strauss & Corbin, 1990），試著去分出它們不同的屬性（圖 3.2 就是做了許多的分類）。

　　你如何知道某些事物是一種歸類或是一種關係呢？這不是一個容易的問題；我通常都是靠直覺。事實上，許多事情可以被看成兩者都是；對你所研究的現象而言，並沒有一個所謂正確的概念圖，因為不同的概念圖納入對發生事物的不同理解。你應該為你發展的理論嘗試多種替代概念圖，而不要一味地執著於一種圖式。不同**類型**的概念圖具有不同的目的，包含：

1. 一個抽象的架構，用來繪製概念間的關係。
2. 一個像流程圖的敘述，說明一些事件和你認為這些事件是如何連結的。
3. 變項或影響的因果關係網絡。
4. 一個有文字意義的樹狀圖（如 Miles & Huberman, 1994, p. 133）。
5. 一個文氏圖（Venn diagram），呈現概念有如重疊的圓圈（如 Miles & Huberman, 1994, p. 249）。

　　你可以在一個研究中運用不只一種圖表，底線是它對於提升你了解所發生之事的**效用**有多大。大多數 Miles 和 Huberman（1994）的範例最適合於社會歷程的研究；但是它們對探究意義和彼此間關係的研究卻未必是最有用的模式。記得概念圖本身不是一個目的，它只是一種**工具**，用來發展

理論並使理論更為明晰。另外也要記得，概念圖不是一個你曾經做過就結束的事情，當你對研究現象的了解有所發展時，應該要回頭並重新修改概念圖。不要試著做出一種過分優美精緻的概念圖；這可能是視覺上等同於 Becker（2007）所稱的「別緻漂亮的寫作」（p. 28），也就是你試著讓人印象深刻，而非發展與溝通你真正的想法。

　　不同的作者使用不同的方式來運用概念圖。Novak 和 Gowin（1984）採取一種全包的方式──他們的概念和關係幾乎是無所不包，而且標示它們的連結來使這些概念的關聯保持清晰。Miles 和 Huberman（1994）則比較集中焦點──他們的連結通常都代表因果關係或影響。我的建議是採取介於二者之間的方式，你可以從全包的概念圖開始，但應該使它集中焦點，並使它成為一個代表發生事物的真正**理論**的概念圖。

　　有一項關鍵的區別是**變異**概念圖和**過程**概念圖不同（見第二章變異理論和過程理論的區別），但是你可能要等到已經發展出一個初步的概念圖**之後**才會去思考。有一個方法可以分辨這個差別，那就是變異概念圖通常是處理抽象的、一般的概念，帶著不同的屬性（也就是**變項**），而且基本上是沒有時間限制的；它描述事物之間的某些因素或特質的一般因果或關聯關係。而另一方面，過程概念圖則是訴說一個故事，會有起點和終點，而且概念常是特定的事件或情況，而非變項。④許多學生在初次嘗試概念圖時創造了變異概念圖，因為這是他們覺得理論「應該」要怎樣的想法，即使他們的研究問題是「如何」的問題，而需要過程理論。圖 3.2 和圖 3.5 是變異概念圖，而圖 3.3 和圖 3.4 則是過程概念圖。

現存研究的其他運用

　　回顧相關的先前研究除了可以提供你現存的理論外，在你的研究設計中還有幾個其他目的（參照 Strauss, 1987, pp. 48-56）。Locke、Silverman 和 Spirduso（2009）提供一個清楚又仔細的解釋，關於如何閱讀研究報告來尋找多種有用的工具和資源，也就是他們所謂「在研究報告中找寶藏」（p.

3）。這些寶藏包含新的詞彙，包括可以用來搜尋的關鍵字；其他研究報告和研究者的參考資料；修改研究問題的方式、敘述研究，或者呈現出的理論、結果或結論；確認效度議題與處理方式。學生常在文獻探討中忽略了這樣的資訊，沒有看到這對他們研究的價值。你需要閱讀所有類型的資訊，而且使用它們來設計你的研究。

我想要強調四件事情，除了理論之外，之前的研究能對你的研究設計有所貢獻。第一，它能夠用來**論證**你的研究——以顯示你的研究將說明一項重要的需求或未被回答的問題；Martha Regan-Smith（1991）就是以這個方式運用醫學院教學的先前研究在她的研究計畫中（見附錄 A），顯示為何她計畫研究的題目是重要的，且展現之前的研究並未回答她提出的特定問題。這種論證連結了你做研究所計畫的目的（第二章），我將在第七章深入討論，這是為你的研究計畫提出爭議點的一部分。

第二，之前的研究能夠告知你研究決策的**方法**、建議替代方案，或辨認潛在的方法論的問題或解決之道。不要跳過論文裡方法的章節；看看作者是不是有道理，或是他們的研究中有無問題，而需要對結果存疑，還有你是否能使用任何他們的策略或方法在你的研究中。如果你需要更多關於他們研究的資訊，和作者聯絡，他們通常會樂意協助你。

第三，之前的研究可以是一種用來測試或修正你的理論的**資料來源**。你能夠看到現存的理論、前導性的研究，或你的經驗性理解是否被先前研究的結果所支持或挑戰。這樣做常常需要由你的理論**啟發**（implications）或理解來思考，看看這些是否和別人的發現吻合。這就是**思維實驗**的一個例子，我將在本章稍後討論。

最後，先前研究能幫助你**產生理論**。Bernd Heinrich（1984, pp. 55-68）在他有關天蛾體溫調節的碩士論文研究中，發現他實驗的結果顯示這些天蛾在飛行時是維持恆常的體溫，這個發現和其他人的研究正好相反。他描述他的反應：

我決定要進行的第一個步驟是，我花了幾個月在圖書館中閱讀有關一般昆蟲生理學和特別與天蛾有關的所有資料。在著名的生理學和形態學中可能會提供某些線索。直到我能夠極貼近地想像它像是一顆放在我手掌心的石頭之前，蒐集有關這個問題更多更詳盡的資料是必需的。我想找出天蛾是**如何**調節體溫……。

我偶然看見一篇並不出名的法國報告，是由 Franz Brocher 在 1919 年撰寫有關天蛾血液循環系統的組織構造。這些天蛾非常奇特的是，牠們的主動脈穿越胸廓的肌肉形成一個循環。許多或大多數的昆蟲，主動脈是自這些肌肉**下面**經過的。（Heinrich, 1984, pp. 63-64）

這篇報告提供 Heinrich 關於天蛾是如何調節體溫的重要線索：牠們透過血液繞過胸廓肌（天蛾用來揮動翅膀的肌肉）來冷卻這些肌肉以免過熱，同時從腹部排除過多的熱度，這與汽車的水幫浦和散熱器冷卻引擎是相同的方式。這個理論被後續的實驗所證實。

當然，也有可能**太過**沉浸在文獻中，如同 C. Wright Mills（1959）警告的：「你可能會溺死在其中……或許重點是你知道何時應該閱讀，以及何時不應該閱讀。」（p. 214）Mills 處理這類問題的主要方式之一，是在閱讀時時常要想到實證研究，它能夠測試這些獲自文獻的想法，既像是在準備真正的研究，也像是想像力的練習（p. 205）。這兩個策略連結到你概念架構的最後兩項來源：前導研究和思維實驗。

前導及探索性研究

前導研究與先前研究有相同的功能，但前導研究可以更精確地著眼於

你自己的關切和理論。你可以設計前導研究來測試你的想法或方法，並且探索它們的啟示，或歸納地發展紮根理論。Light、Singer和Willett（1990）例證式量化研究的主張，對質性研究來說也同樣成立：「如果沒有先前探索性的研究，許多研究設計的屬性就不能決定。」（p. 212）而且他們主張：

> 沒有設計是如此完整的，以致不能被一個先前的、小規模的探索性研究所改進。前導研究幾乎永遠是值得花時間和精力的。假如你有**任何**設計方面的問題需要澄清，就去執行一項前導研究。（p. 213）

範例 3.5 敘述 Carol Kaffenberger（1991）（在範例 2.1 中呈現了她決定研究青少年癌症倖存者和其手足），使用了前導研究來協助她設計她的論文研究。

範例 3.5 一個學生如何使用前導研究來協助她設計論文研究

　　決定更改論文題目之後，Carol Kaffenberger 對新題目做了文獻探討，也決定進行前導研究來規劃她的論文。她有幾個理由選擇用她的家人來做前導研究。第一，她想練習訪談，且相信她的家人對於她的方法以及擔任她的研究對象會是什麼樣子能提供好的回饋和建議。第二，她想要更加了解癌症經驗對她家人的意義（她研究的一個個人目標），並且去測試她關於這個經驗的假設。第三，為了個人理由，她希望她的孩子有她即將開始進行之研究的第一手資訊。最後，她的家人是便利的選擇，且不需要她去尋找和取得其他家庭的同意。

　　Carol 在這個前導研究學到幾件重要的事，第一，她發現需要修改訪

談大綱，加入一些之前未曾理解到其重要性的問題，例如診斷之前的家庭關係、在診斷與治療時手足獲得的支持，以及他們覺得這經驗會如何影響未來。她也發現其他有用的問題，例如要求研究對象描述特定事件，以說明他們一直提及的事情。第二，她對孩子的經驗也有更深的理解，並修正她的概念架構。之前的研究和信念導致她低估了癌症經驗對她家庭的長期結果。她發現她必須後退一步，以新的方法傾聽研究對象的經驗。最後她發現孩子的回應有某種防衛心且可以預測，由於他們是談家庭關係，他們傾向將負面感覺或責難縮小。雖然這個前導研究是有價值的，但還無法完全回答她提出的問題（**Kaffenberger, 1999**）。

　　前導研究在質性研究中有一項重要用途，就是對你的研究對象所持有的概念和理論產生一種了解——也就是之前敘述過的理論潛在來源。你若沒有做前導研究，通常不會獲得這樣的資訊，要不然就要等到實際開始研究才可能——這也是為什麼你的概念架構必須常常回應你的學習而有所改變。對你的理論而言，這不僅是一個額外或是從研究對象的語言所擷取而來的術語或概念來源；而是一種 Strauss（1987, pp. 33-34）所謂以研究對象的語言做為「實境編碼」（in-vivo codes）的概念。更重要的是它提供你了解這些事物、行動和事件對牽涉其中的主角的**意義**，和啟發他們行動的觀點。這些意義和觀點不是理論的抽象化；它們是真實的，如同人們行為般真實，雖然不直接看得見（Maxwell, 2011b）。人們的概念、想法和價值是你所研究情況與活動的本質，而且如果你不了解這些，你對於究竟是怎麼回事的理論常常會是不完整或錯誤的（Maxwell, 2004a; Menzel, 1978）。在一項質性研究中，這些意義和觀點應該構成你理論的關鍵要素；如同第二章所討論的，它們是你理論內涵的一部分，不僅是理論洞察的來源而為後續研究建立基石而已。範例 3.2 中，醫生的規範與價值是 Freidson（1975）研究「探討醫療實務的現狀」的主要部分，並且是他理論的基礎。這種意義和觀點也是所有之前概念圖範例（圖 3.1 到圖 3.6）的關鍵要素。即便在

概念都以行為或情境的用語來呈現的圖 3.5 中，「工作的不確定性」指的是**覺知到**不安全；如果研究對象沒有感受到他們會被裁員，他們的行為就不會受到影響。

思維實驗

　　思維實驗在物理科學上已有長久且受敬重的傳統；許多愛因斯坦的著作就是根據思維實驗而來，伽利略對亞里斯多德認為物體掉落的速度和其質量相關之觀點的經典反證，以從比薩斜塔頂端丟下兩個重量不同的球的方式來呈現，實際上就是一個簡單的思維實驗（Galilei, 1628/2008；參見 "Galileo's Leaning Tower of Pisa Experiment", n.d.），完全說服人而不需任何實證上的展示。思維實驗在生物學也很常見，例如 Bernd Heinrich（1979, pp. 252-254）提供了一個詳細的思維實驗，報告了烏鴉已經演化的「引導」行為如何帶領愛斯基摩獵人找到獵物。思維實驗在如經濟學的社會科學也常使用，但在研究設計中當做一種技巧的討論上卻獲得很少的關注，特別是質性研究設計。

　　我所知道社會科學中有關思維實驗最好的指引是 Lave 和 March（1975）所提出的「推想模式建立」（speculative model building）一詞的概念。不要被「模式」一詞給嚇到了；它沒有比理論更奧祕，如同 Lave 和 March 將**模式**定義為「部分真實世界的一個簡化圖像」（p. 3）。他們敘述他們的書是「推想的實務指引」，而且提供了對於發展與使用推想模式的一些過程，能夠產生可觀察的結果。雖然他們在後來幾個章節的導向主要是量化，前面的三個章節則非常好讀，且對質性研究者極有幫助。Lave 和 March 敘述道：

我們將人類行為的模式看成是一種藝術的形式，而且它們的發展就像是一種藝術工作室中的練習。就像所有的藝術，模式的建立需要結合修練及趣味。它是一種可學習的藝術，它有明晰的技巧，只要練習就能改進。（p. 4）

思維實驗挑戰你去對你的和其他人的觀察提出合理的解釋，同時思考如何支持或反對這些。它們靠理論和經驗來回答「假使……如何」的問題，發現對你計畫要研究的事物之模式、假設與期待的邏輯啟發。思維實驗既能產生新的理論性模式與洞察，也能測試你現有理論的問題；事實上，所有的理論建立都牽涉某種程度的思維實驗。它們鼓勵創意及探究意識，而且能協助你，使你已擁有的經驗知識更為明晰。Ursula LeGuin 這位科學小說思維實驗（如 2003）的專家曾說：「思維實驗的目標，如同 Schröedinger 與其他物理學家用的詞語，不在預測未來……而是描述現狀，這個現在的世界。」（LeGuin, 2000, p. xi）

範例 3.6 是這種推想思考的說明，而習作 3.2〔以 Lave 和 March（1975）的一個範例為例〕提供一個簡單的問題，讓你練習你的推想技能。根據 Lave 和 March（1975），「學習模式建立的最佳方式就是去做」（p. 10）。

範例 3.6　使用思維實驗來發展文盲持續情形的理論

我的一位學生 Dixie Hallaj 正在做中東地區文盲的研究，使用了「文盲的循環」（cycle of illiteracy）這個概念在備忘錄裡，解釋這個區域文盲的持續情形。這個概念有某種立即的可能性——文盲的父母比識字的父母更可能有文盲的孩子。然而，我對這個備忘錄的第一個反應就是做一個思維實驗——試著思考一代的文盲會產生下一代的文盲的**過程**。家裡缺乏閱讀素材會有一些影響，如同父母對讀寫能力的價值觀。然而，在這個大多數孩童都能上學的時代，這些理由沒有一個看起來夠強大到能複製文盲。另

一方面，我**可以**輕易想像一個**貧窮**的循環（也從這個學生提出的資料獲得支持），貧窮（常常也是文盲）的家庭會有很大的壓力，是孩子未上學而在家裡或農場工作，剝奪了孩子們學習讀跟寫的主要機會。因此，這些失學的孩子也會更難取得能讓他們脫離貧窮的工作，複製了導致他們文盲的條件。這個理論顯示減少貧窮對文盲有主要影響，它也啟示了對於文盲成因的研究需要處理經濟因素所扮演的角色。Dixie 使用這個思維實驗來發展更複雜的模式，她稱之為「文盲的螺旋」（spiral of illiteracy），結合了貧窮與其他因素，以及社會對於讀寫能力日增的需求（Hallaj, 2006）。

習作 3.2 創造一個友誼發展模式

假設我們對大學生的友誼模式有興趣。為何有些人是朋友，有些不是？我們可能從沿著特定宿舍走廊詢問單人房學生開始，請他們列出他們的朋友清單。這些朋友清單是我們初步的資料，結果則是我們所希望了解的。

如果我們盯著這些清單一陣子，最後會發現它們的模式。朋友傾向相互住得近；他們傾向住鄰近的房間。怎樣的過程會造成這種友誼的模式呢？

■ **停下來思考**：花一分鐘思考一個可能的過程，可能造成這個觀察到的結果。

一個**可能**導致這個結果的過程是學生可以選擇他們的宿舍房間，而那群朋友傾向選擇臨近的房間。這個過程是對世界的推想。**如果**真實世界就像我們的模擬世界，觀察到的事實應該符合模擬世界的預測。因此，我們已經發現一個模式、一個過程，能解釋我們的結果。

然而我們不停頓在這。我們接下來詢問這個模式帶來何種其他啟發。有一個意涵是在每個宿舍朋友群中的學生一定之前得先認識彼此；因此，

他們在前一年必先進大學；所以，在大一新鮮人中會有比較少的朋友群。

一份針對大一新鮮人宿舍與大三、大四宿舍的調查顯示，大一與大三、大四有一樣多的友誼團體。除非這些學生在高中就認識，否則這無法用我們的模式來預測，然而，檢視這些新鮮人的背景顯示他們幾乎全都來自不同的中學。

所以我們的模式無法完全解釋我們所觀察到的。除了朋友間的互相選擇，必定還有某個過程牽涉其中。所以我們試著想像其他也能導致這些結果的過程。我們新的猜想是大多數的大學生來自類似的背景，因此有足夠的相似度讓他們成為朋友。住得比較近的學生會有比較多互動的機會，而比較可能發現這些共同的興趣和價值觀，因此成為朋友。這個新猜想解釋了新鮮人宿舍朋友群的存在，如同大三、大四宿舍一般。

■ **停下來思考**：這個模式有沒有其他的啟發，而能讓你測試它？你會「如何」測試它？

有一個啟發是既然接觸的機會隨著時間而增加，朋友群應該隨著學年推進而增廣。你可以用調查同年不同時間點的學生來測試這件事。如果你這樣做且發現這個預測是正確的，這模式就會看起來更有說服力。（你能想到其他可測試的啟發嗎？）

——改編自 Lave 和 March（1975, pp. 10-12）

Lave 和 March 的例子**沒能**處理的一個議題是替代模式的可能性，這模式和你發展的模式一樣，**也能**預測大部分你預測到的相同事情。這是形成模式最具挑戰的其中一個面向，也是理論形成的一個常見缺失來源——接受一個成功預測大部分事情的模式，而沒有認真嘗試產出其他可以做出一樣（或更好）的模式。例如，Lave 和 March 做了個廣泛被接受的假設，在現代西方社會中，友誼必須以共同的特質為基礎——也就是共享的興趣和價值觀。一個替代的模式會摒棄這樣的假設，而假定友誼可以由互動本身來創造，且不一定要透過共同的特質（參見範例 3.1 與 Maxwell, 2011b,

第四章）。

■ **停下來思考**：何種測試能區分這兩種模式？

一個可能的測試是調查大一新鮮人住宿生在學年開始與結束時的信念、興趣與價值觀，看看成對的朋友比那些在同一宿舍、卻**沒有**成為朋友的成對學生在學年開始時是否一致地有較多共通之處（這個在學年初決定的共同性處理了一個可能的替代解釋，也就是在成對朋友群中有比較多相同的信念和興趣——這樣的共同性是友誼的**結果**，而非原因）。如果你發現成對的朋友們**沒有**比不是朋友者一致地有更多共通之處，那 Lave 和 March 的模式看來就比較不合理（至少不需修改），因為它預測朋友會比非朋友有更多共通之處。我替代的模式**確實**預測了這個結果，因此值得進一步的考量與測試。終究，你可能發展出更複雜的模式，能同時含括兩種過程。

所有之前敘述的測試（以及一般標準的模式測試方法）是奠基在變異理論之上——測量選擇的變項，看看它們是否符合模式的預測。然而，有更直接的方式來測試模式——**探究實際的過程**，而非只是它的預測結果（Menzel, 1978, pp. 163-168）。例如，你可能在學年初做學生互動的參與觀察，看看友誼如何開始，或訪談學生詢問他們如何成為其他同學的朋友。這個真實、過程取向的模式測試方法，比起只預測結果及蒐集資料看是否這些能被確認，更加適合質性研究（Maxwell, 2004a, 2004c, 2011b）。

經驗、先前的理論和研究、前導研究，以及思維實驗是你研究概念架構的四項主要可能來源。對每一個研究而言，從這些來源組合起概念架構，是一項獨特的過程，至於如何進行的明確指引並沒有太大的用處；你應該參考其他研究的概念架構，看看別人是怎麼做的（如 Ravitch & Riggan, 2011）。要牢記的事，就是需要將這些要素彼此都整合起來，連同你的研究目的以及研究問題。概念架構和研究問題之間的連結將在下一章中論及。

①關於概念架構做為僅僅是你理論的主要概念之視覺模式，常常在為你的研究
明確形塑真正的概念架構——你對打算要研究的事情真正的理解上造成困
難。如同我在概念圖討論中的解釋，這種簡化的視覺呈現在表現你的想法上
是有用的，但這不可避免地省略一個關鍵的成分：你所見到概念之間的連結
的本質，即在你圖上的箭頭。

②關於這點更詳細的解釋，參見 Locke、Spirduso 和 Silverman（2007, pp. 68-70）
以及 Maxwell（2006）。

③有關研究者能夠運用理論來構想出他們的目的、研究問題和方法的詳細陳
述，參見 Dressman（2008）以及 LeCompte 和 Preissle（1993, pp. 115-157）。

④Miles 和 Huberman（1994）傾向於將變異概念圖叫做「因果關係網絡」（causal
networks），而過程概念圖叫做「事件—情況網絡」（event-state networks）
（pp. 101-171）。這是將因果分析和變異分析不當地等同；過程分析其實也
可以是因果關係的，如同第二章所討論（亦參見 Maxwell, 2004a, 2011b）。

Chapter 4

研究問題：

你想要了解什麼？

　　你的研究問題——也就是在研究中你特定想要了解的——是你研究設計的核心，它們是最直接連結到所有其他設計元素的部分。比起研究設計的其他面向，你的研究問題對研究的其他部分有更直接的影響，且應有所對應。

　　在研究設計的許多著作中，研究問題都被當作**起始點**（starting point），以及研究設計主要的決定依據。然而這樣的方法並無法合適地抓住質性研究互動（interactive）與歸納（inductive）的本質。當然，**如果**你已經有基礎良好且可行性高的研究問題**值得**回答（且這也暗示目的和知識能支持這些問題），你的設計的其餘部分（特別是方法和概念架構）應該一開始就要被建構來回答這些問題。然而，在質性研究中，你通常無法不利用研究設計的其他部分來產出這樣的問題。在你尚未清楚你的理論與方法的使用（commitment）和選擇是什麼，以及對這些問題的意涵有足夠了解之前就鎖定研究問題的話，將產生量化研究者所稱的「第三類型錯誤」（Type III error），也就是回答了錯誤的問題。

　　因此，質性研究者通常直到蒐集與分析了足夠的資料之後，才發展最後的研究問題（參見範例 4.1 與 Weiss, 1994, pp. 52-53）。這不表示質性研究者不帶問題就開始做研究，而是以開放的心胸來看待被研究的一切。如

同前兩章所言，每一位研究者都帶著某種目的以及夠分量的經驗和理論知識基礎來著手進行研究，而這些無疑地突顯某些問題（problems）或議題（issues），並產出問題（questions）。這些初步的、也是暫時的問題形塑整個研究，引導方法如何決定，並且影響（或被影響）概念架構、初步的結果，以及潛在的效度考量。我的重點是架構良好且聚焦的問題常常是互動設計過程的結果，而非發展一個研究設計的起點。

範例 4.1　研究問題的歸納式發展

　　Suman Bhattacharjea（1994）的論文處理在巴基斯坦學區辦公室的女性行政人員，處於性別隔離與男性主導的社會中，如何定義、實施與控制她們的專業任務與工作環境。她以一個大的問題開始：在這辦公室的行政人員每天的工作是什麼，而且由誰來做什麼？她身為電腦實施計畫（computer implementation project）的顧問，使得她花費許多時間與這辦公室的女性行政人員互動，由於她本身也是女性、說著實質上一樣的語言，以及來自印度這些相似的背景，因此能讓她被接受和信任。開始進行研究的一年之後她提出研究計畫，聚焦在兩個特定的問題：

1. 影響女性行政人員行動的期待的本質為何？
2. 女性行政人員採取何種策略來因應在這性別隔離與男性主導的社會所產生的這些限制？

　　根據她已經做的研究基礎，她形成了三個推想（或假設），當做這些問題的暫定答案。

1. 女性行政人員的行動反映出她們想要在性別隔離社會的女性角色以及在官僚機構的公務員角色中**取得和諧**。
2. 女性行政人員在此方面使用的主要策略是在工作上創造如家庭般的環

境，來與她們的同事以居家情境（domestic setting）般的方式來互動，因此模糊了「公眾」與「私人」的分別。

3. 這樣的策略顯示出女性行政人員的行為取決於和她們進行互動的**情境**（context），特別是此情境落在公眾／私人連續線（continuum）上的何處。女性與其他有私交或熟如家人般的女性互動時、和辦公室的男性同事互動時、和其他不熟的男性互動時，都使用不同的策略。

在本章，我將討論研究問題在研究設計能達到的目標、考量質性研究能探究的最佳問題類型，並建議如何發展適宜且有意義（productive）的研究問題。

研究問題的功能

在研究提案或發表的文章中，研究問題的功能在於特定解釋你的研究想要學習或了解的東西。在你的研究設計中，研究問題有兩個重大的功用：一個是幫助你聚焦在研究上（研究問題與你的研究目的及概念架構的關係），以及指引你如何進行研究（研究問題與方法及效度的關係）（參照Miles & Huberman, 1994, pp. 22-25）。

一個研究問題太廣泛或太分散的研究設計將在兩方面造成困難，一是尋找適合的研究對象或場所、蒐集何種資料，以及如何分析這些資料；二是如何明確地將研究結果連結到你的研究目的和概念架構。如果你的研究問題都處於「這裡發生了什麼事？」的階段，你就沒有明確的指引來決定蒐集何種資料、選擇或產生何種相關理論，或預期與處理重要的效度議題。相對的，比較精準地修改過的研究問題能指引你找到可利用當作模組（module）的理論的特定部分，來理解正在發生的事情，以及提供進行研究的建議。

　　另一方面，研究問題也有可能太過聚焦，而陷入隧道景象（tunnel vision）中，忽略了其他對於研究目的（包括智識的與實務的）重要的事，以及你對於研究中正在發生的事情與其原因的理解。研究問題在研究中太早被精準地設定則可能導致你忽略理論的相關部分或之前的經驗，或導致你不夠注意那些能顯示重要以及沒有預期到的現象或關係的相關資料。

　　第三個潛在的問題是，你可能偷偷帶入未經驗證的假設到你的研究問題中，產生一個不符合研究現實的概念架構。例如「教師們如何處理在教室中被他們同事孤立的經驗？」這樣的研究問題假定教師確實體驗過此種孤立。這種假設需要被仔細檢視與辨證，而且這樣的問題最好是較廣問題（關於教師在工作上以及與同事之間的經驗本質）之下的次問題。

　　第四，可能出現一個不幸但並不陌生的情況，也就是學生開始寫論文計畫時所陳述的研究問題與他真正的目的與信念沒什麼關係，學生建構這些研究問題只滿足他們自己覺得研究問題應該有的樣子，或他們覺得論文委員想要在計畫中看到的問題。這樣的問題可能跟設計的其他部分是不一致的（請見第七章關於「普提金村落」的討論）。這樣設定問題的方式常是採取量化研究傳統的結果，對質性研究來說並不適當。

　　綜上所述，沒有小心地將研究問題與研究設計的其他部分連結是很危險的。你的研究問題必須要依據你想要做這個研究的理由（你的目的）、跟研究派典的關聯，以及你研究標的的已知部分和你對於這些現象的暫定理論（概念架構）。你不會想提出那種已經知道答案的問題，或是那種沒有清楚地跟你覺得的實況連結的問題，或是那種即使你回答，也無法對研究目的有所進展的問題。

　　同樣地，你的研究問題必須能被你實際進行的那種研究所回答。你不會想提出沒有可行的研究可以回答的問題，不論是可以回答的資料難以取得，或是因為你能下的結論得承擔嚴重的效度問題。這些議題的細節將在後兩章詳述。

　　為了幫你的研究發展合適的研究問題，你需要清楚了解研究問題的本

質，與你可能建構的不同研究問題。我將首先討論研究問題的一般本質，其次介紹對質性研究很重要的一些研究問題的特定不同之處。

研究問題與其他類問題

在發展研究問題時常見的問題是研究問題與你的研究目的的混淆，以及在研究目的中如何釐清「智識目的」（intellectual goals）（做這個研究你想要了解什麼？）與「實務目的」（practical goals）（你想要完成什麼？）。LeCompte 和 Preissle（1993）就提出「分辨目的與研究問題是第一個問題」（p. 37），以產生可行的研究問題。如在第二章所討論的，實務的考量常常無法直接用研究問題來處理。這些實務目的應該能夠啟發研究問題，但是通常不該直接結合到這些問題內。反之，你應該形塑你的研究問題，直到這些問題能為你指出將可幫助你完成實務目的的資訊和理解，或發展對於你所知的實際啟示。

例如，像「如何改善少數族裔的學生在進入大學之後的支援服務？」這樣的研究問題對於要「改善」的內容含有明顯的價值判斷，而無法直接被你蒐集的資料所回答（這和問以下這個問題有所不同：「這個單位中的行政人員相信可以如何改善少數族裔的學生在進入大學之後的支援服務？」這就是一個非常易於回答的質性研究問題，且有直接改善這個方案的啟示）。前面那個問題最好是當做研究的目的（改善少數族裔的學生在進入大學之後的支援服務），要為這樣的目的設定相關研究問題的話，你必須捫心自問：「我能蒐集到怎樣的資料，以及能從這些資料下什麼結論，而能幫助我達成這個目的？」你在這研究的研究目的的功能是當做你實務目的和研究問題的連結：為了改善這些服務你需要知道什麼？ 你的實務目的、智識目的，以及研究問題的一貫性是最需要反覆大量思考的。

第二個區別則對於訪談研究（interview studies）很重要，就是**研究問**

題和訪談問題之間的區別。你的研究問題辨別出你想要了解的事情，你的訪談問題則產生出你需要了解的那些事情的資料。這些問題很少一模一樣，在第五章將進一步討論其差異。

》》在質性研究中的研究假設

　　研究問題不等同於研究假設。研究問題陳述你想了解的事情，而研究假設相對而言，是你對這些問題暫定的答案，也就是你認為發生了什麼事情。這些答案通常根據你正在研究的理論或經驗而來（見範例4.1）。

　　使用明確的研究假設常被視為與質性研究不相容。我的觀點反而是設定質性研究的假設並無根本的問題；困難之處部分在於詞彙（terminology）的問題，部分在於不當地應用量化標準在質性研究的假設上。

　　許多質性研究者在理論化與資料分析的過程中明確陳述他們的想法，而這些想法可稱之為推想（propositions）而非假設（hypotheses）（Miles & Huberman, 1994, p. 75），但它們提供一樣的功能。質性研究的假設最不同的特色就是它們通常在研究者開始研究*之後*才設定，也就是假設是紮根（grounded）於資料之上（Glaser & Strauss, 1967），然後在與資料互動的過程中逐步發展與測試，而不是僅僅把一些先前的想法拿來測試與資料相符與否。

　　這與量化研究中廣泛流傳認為假設應在資料蒐集前就先建立，否則就無法合理地被資料驗證的觀點相反。這個條件對於假設的統計考驗來說是必需的，如果假設是在看見資料之後才設定，那就違反統計考驗的預設。白話一點就是所謂「審訊前的非法調查」（fishing expedition）——在資料中搜尋看起來像是重要的關係。然而，質性研究者很少參與統計顯著性的考驗，因此這樣的爭論大多與質性研究無關。此外，統計顯著性的考驗已廣泛地被許多重要的統計學家及研究者所批評，請見第二章的章後註釋②。為你的問題而「釣出」可能的答案在質性研究中是非常合適的，只要這些答案之後會經過額外的證據與可能的效度威脅的驗證（請見第六章）。

　　如同現存的理論，明確設定假設的風險是可能會造成遮蔽，阻止你看清楚發生的事。你應該常常重新檢視這些假設，捫心自問是否有其他方式讓你的資料更有意義，思維實驗（參見第三章）就是不錯的方式。

　　接下來我想討論研究問題的三個獨特之處，這些是為你的研究發展研究問題時必須考量的重要議題。這些獨特之處包含：一般問題與特定問題的區隔、工具性（instrumentalist）與現實性（realist）問題的不同，以及區分變異（variance）和過程（process）的問題。

一般問題與特定問題

　　研究問題應該要以一般的語言寫成，然後要能以特定的抽樣與資料蒐集方法來進行「操作」，這是一般廣為流傳、但常常是隱性的預設，尤其是對於量化研究而言。例如，陳述關於學校中種族與族群差異的研究問題時，傾向陳述為「學生如何在多元種族的學校中處理種族與族群差異？」然後從這樣的學校群體中研究一個特定的學校來回答；而非陳述為「北方高中的學生如何處理種族與族群差異？」這兩種問題分別就是一般和特定的問題。

　　研究問題應該要以一般語言陳述的預設可能部分來自於邏輯實證主義（logical positivism），因果關係的解釋在此被視為本質上牽涉一般的法則，而科學的目的就在發現這樣的法則。然而，這種預設已被一些質性研究者（如 Miles & Huberman, 1994; Schwandt, 1997, p. 14）與現實主義哲學家（參見 Maxwell, 2004a）挑戰，他們認為研究者的能力難以在單一的個案中觀察出因果關係，並且也不符合許多社會科學及像是教育領域的研究，在這些領域，特定問題比較合適且合理。特別是應用研究容易受到誤導，因為其重點通常在理解與改善一些特別的方案、情況或實務。

　　這兩種類別的問題也和抽樣研究方法及個案研究方法的不同有關。在

抽樣研究方法中，研究者陳述一個關於較大群體的一般性問題，然後從這個群體選擇特定的樣本來回答這個問題。抽樣研究使用抽樣策略來使特定蒐集的資料在母群體中取得代表性。另一方面，個案研究方法則依照研究目的與現存的理論和研究來選取特殊個案〔這被稱為「立意取樣」（purposeful selection），第五章將詳述〕，並且需要不同的論據方式來支持其結論的推論性（見第六章）。

這兩種方法在質性研究中都是合理的。特別是訪談研究有時也運用「抽樣」（sampling）的邏輯，選擇受訪者以推論至一些特定的族群。此外，研究越大，抽樣方法就越可行與合適；在大型的多場域研究中，推論就相當重要（如 Miles & Huberman, 1994 所敘述的），而需特別注意抽樣與代表性的問題。

然而，質性研究常常採用不確定代表性的小型樣本，這通常表示研究只能提供建議性的答案給概括性的問題，例如「幼兒園老師如何評估孩子是否準備好要上一年級？」對於這個一般問題的可能答案通常需要對整體的幼兒園老師做某種比例的抽樣，比多數質性研究處理的樣本大得多。此外，「幼兒園老師」這個詞也需要更進一步的定義，是專指美國的老師？還是專指公立學校的老師？還是專指有執照的老師？這些考量與類似的問題在任何概括形成的研究問題上都預定了抽樣的架構，而有可能將研究推向量化的方向。

另一方面，一個質性研究可以有信心地回答以特定語言形成的問題，如「**這所學校**的幼兒園老師如何評估孩子是否準備好要上一年級？」這種陳述問題的方式雖然沒有完全避免抽樣的問題，卻比較以「個案」（case）的方式來塑造研究。老師們不被視為更大型的老師群體中的**樣本**以進行推論，而是一群在特定情境（特定的學校和社群）下的**個案**。**選取**這樣一個特殊的個案可能考慮到代表性的問題（當然任何想要去推論結論的研究都要考慮這點），如同在第五章所討論的，但是主要的研究考量不是在推論性，而是發展對個案適切的描述、詮釋與說明。

在質性研究中，針對特定情境或參與者來塑造你的問題有幾個好處。首先，這能幫助你避免不當的推論——也就是以為其他人或情境和你所研究的類似。其次，能幫助你了解個人或情境中的多樣性——而不會認為你忽略或小看這些差異才得出這樣的結論或理論（參見 Maxwell, 2011b，第四章）。最後，特定的問題能幫助你專注在你所觀察或想知道的特定信念、行動或事件，以及它們所在的真實情境，而非只是將這些視為抽象且無情境的類別。如 Marshall 和 Rossman（1999）所言，一個特定場域的研究是「由該場域所定義，且與該處緊密連結的」（p. 68）。

工具性問題與現實性問題

如同在第二章所討論的，社會科學長久以來受到實證主義者的主導，其觀點認為理論的語言中只有那些意義能被研究操作準確測量的（也就是操作型定義），才合適存在於科學中（如「智力就是智力測驗所測量出來的任何東西」這種敘述就是此種觀點的經典範例）。雖然此種立場（常稱為「工具主義」）已經被幾乎所有的科學哲學家摒棄，它仍然影響許多研究者思考研究問題的方式。指導教授和審查者通常建議以研究對象說了什麼或指陳了什麼，或可以直接觀察的事物來設定研究問題，而非推論的信念、行為或因果關係的影響。

例如，Gail Lenehan 在她的論文中提出要訪談那些專門處理性侵受害者的護理人員，聚焦在他們對這種工作的認知、行為與情感反應。雖然已有可觀的軼事證據指出這些護理人員有著和那些受害者類似的反應，卻沒有人曾經有系統地研究這樣的現象。她的研究問題如下：

1. 照顧性侵受害者造成護理人員什麼效應？（如果有的話）
2. 與性侵受害者分享經驗以及目睹受害者在性攻擊之後的痛苦，有造成

護理人員認知、心理與行為上的反應嗎？

她的論文計畫未獲通過，論文委員會解釋這個決定時說道（包含其他考量）：

> 這個研究僅依賴自陳報告（self-report）的資料，但妳的研究問題沒有反映這樣的限制。每個問題都需要再重新設定，來反映這樣的限制。例如「護理人員如何感受與顯示……照顧性侵受害者的效應？」或「護理人員顯示何種認知、心理（情緒？）與行為反應？」

這個不同意的決定顯示出工具主義者和現實主義者對待研究問題的差別（Norris, 1983）。工具主義者以可觀察或可測量的資料來擬定問題。他們擔心研究者對無法觀察的現象進行推論時會遭受效度的威脅（例如自陳報告的偏見），因而傾向執著於他們可以直接驗證的事物。相對的，現實主義者並不認為關於感受、信念、意念、先前行為、效應等等的研究問題與結論，需要被降格或重新塑造以符合真正蒐集得到的資料。反之，他們認為這些無法觀察的現象是**真實的**，而且他們的資料就是**證據**，將被審慎用來發展與測試現象存在與其本質的意義（Campbell, 1988; Cook & Campbell, 1979; Maxwell, 1992, 2011b）。

這非僅是哲學上的吹毛求疵，這對於你要如何進行研究有著重要啟示，且這兩種方法都有它的風險。工具性問題其主要風險在於你會看不見你真的有興趣的事物，而且因為排除你想要探索的實際現象而窄化了你的研究，結果產生嚴謹但無趣的結論。如同那個掉了鑰匙卻只在較亮的街燈下尋找，而不在掉鑰匙的地方尋找的笑話一般（Kaplan, 1964, p. 11），你可能永遠都找不到你一開始要找的東西。工具性的方法用在研究問題上也可能使你要處理你研究的重要目標更加困難（例如發展一些方案來處理護理人員因

與性侵受害者接觸而產生的真實影響），而且可能讓你無法將不能直接觀察的事物理論化。

另一方面，現實性問題其主要風險在於對推論越來越依賴的話，將導致你做出不可確信的結論，忽略潛在的效度威脅，如研究對象刻意扭曲在他們身上真實的影響，或你推論這些影響時潛在的偏見。我的偏好是使用現實性問題，並且盡可能要有系統且嚴謹地處理這個方法所牽涉的效度威脅。我的理由如下：首先這些效度威脅（如自陳報告的偏見）的嚴重性端視研究的主題、目的與方法而定，而且需要在特定研究的情境中加以評估；這些威脅常不如工具性問題提出的那樣嚴重。其次，在質性研究設計中也常有有效的方式來處理這樣的威脅，在第五章與第六章都會加以討論。最後，我接受現實主義的立場，認為不可觀察的現象〔如黑洞、夸克（一種假設的素粒子，被認為可能是所有原子粒的組成部分）、恐龍滅絕〕都和可觀察的事物一樣真實，且能合理做為科學研究的對象。

因此，我認為把你的研究問題只侷限在可以觀察的對象上，比做出無效的結論有更嚴重的風險。統計學家 John Tukey（1962）對於「精準」的看法也適用於真實性：「對一個對的問題提出約略的答案，雖然通常是模糊的，都遠比對一個錯的問題給確定的答案好，而後者常是比較精準的。」（p. 13；引自 Light & Pillemer, 1984, p. 105）對於處在和 Lenehan 相似處境的學生，我的建議是用現實性的語言來寫你的問題（而她成功做到了）。即使你被要求以工具性問題來限縮你的**論文計畫**，也應該確定你實際的研究**設計**有包含任何你的研究想處理的現實性的考量。

有一個不完全是選擇現實性或工具性的議題是，在訪談研究中的研究問題是否應以訪談對象對於所發生的事情之**感知**或信念來設定，而非實際發生的事情。這對之前提到 Lenehan 的研究來說的確是個議題；論文委員會的其中一個建議是，將問題聚焦在護理人員如何**感受**與性侵受害者共事的影響，而非實際上的影響。這些在原則上都是現實性的問題，因為從現實主義的角度，感知和信念都是真實的現象，且研究對象的感受和實際的

影響都無法從訪談資料中確實地推論出來。

　　因此應該以你實際想了解的來做決定，而不是僅僅從兩方風險的嚴重性與效度威脅來評估而已。在許多質性研究中，真正有趣的是研究對象如何詮釋發生的事情（也是真實的現象）且這個觀點如何影響行動，而非精準地決定發生了什麼或做了什麼事。此外，在某些情況下你可能對研究對象如何組織與溝通他們的經驗（其他的真實現象）更有興趣，而非他們陳述中的「事實」（如 Linde, 1993）。Jackson（1987, pp. 292-294）在完成他對死刑犯的研究後被問到他怎麼知道他訪談的對象有說實話，或甚至他們相信自己說的話。他最後決定事實上他對這些人如何建構自我的表述比較有興趣，也就是他們生命的述說。如同他所說：

　　　　關於這些在書頁上跟你說話的瀕死之人是否相信他們自己的表述是有趣的，但終究不是重要的。重要的是，首先他們感到有這樣的需求來組織他們自己的文字表述以顯示自己的理性，其次則是他們知道如何做這樣的事。（p. 293）

變異問題與過程問題

　　最後，我要回到我曾經在第二章所介紹過的，「變異理論」和「過程理論」的區別，並談談這和研究問題之間的關聯。變異問題聚焦在差異性與相關性，常以「是否」（does）、「多少」（how much）、「到何種程度」（to what extent）與「……有關係嗎？」（is there a relationship）開始。過程問題則相對地聚焦在事情**如何**發生，而不是**是否**有特別的關係或由其他的變項解釋「多少」的問題。在這裡基本的分辨是聚焦在變項與差異性的問題，或是聚焦在過程上，這也緊密地和實證主義與現實主義對待因果關係的方法息息相關。

例如，問說「以教職為第二份工作的老師是否比以教職做為第一份工作的老師任教得久，是的話，哪些因素可能導致這樣的現象？」是一個變異問題，因為它暗示要找尋不同之處以及特別的變項來解釋這樣的不同。如果是過程問題會像是「以教職為第二份工作的老師如何決定要留下來繼續任教或是離開？」這個問題的焦點就不是以一些獨立變項來解釋差異性（依變項），而是要了解這些老師的想法及決定是否繼續任教。

在質性研究中，以差異性及其解釋來設定你的研究問題是有風險的。這可能導致你以變異的角度來思考，來辨別出那些能解釋觀察得到或能設定假設的差異性，而忽略了質性研究的真實力量，也就是了解發生了什麼事情的過程。變異問題通常最好以量化研究來回答，是決定一個特定結果**是否**與一個或其他的變項相關，以及相關達到**何種程度**。然而，質性研究往往最能表現這是**如何發生的**（請見第二章關於因果關係的討論）。在我入門的質性研究課堂，我非常不鼓勵學生嘗試回答變異問題，因為回答變異問題常常干擾質性研究最基礎的部分。變異問題在質性研究中可以是適當的，但它們最好是紮根在先前的過程問題上。

質性研究者傾向聚焦在更適合過程理論、而非變異理論的三類問題上：(1)對參與在事件與活動中的人們，這些事件和活動的**意義**（meaning）的問題；(2)自然與社會**情境**（context）如何影響這些事件與活動的問題；(3)這些事件與活動與它們的結果如何發生的**過程**問題（請見第二章關於質性研究目的之討論）。因為這些類型的問題都牽涉特定情境的現象，並不適合變異理論所需的比較與控制。反之，它們一般牽涉開放性的、歸納性的方法，以發掘這些意義與影響為何，以及它們**如何**牽涉在這些事件與活動中——一種本質上就是過程的取向。

有一位學生 Bruce Wahl，在分析他的論文資料時寫信給我說他改了研究問題，他的論文是關於評估社區大學學生在數學方案中不同的學習風格：

我不知道您是否記得兩年前當我在寫論文計畫時，您強調我應該以「如何」、「什麼」與「為什麼」，而非是否的問句來撰寫我的研究問題。例如，我第一個研究問題是：「這些方案有幫助學生抓住數學概念嗎？」當我在撰寫訪談結果時，我終於明瞭您那時的建議。我真正想要知道的是：「這些方案如何幫助（或無法幫助）學生抓住數學概念？」現在看來很清楚，而在那時我並不了解這個疑惑。我把這放在心上，並已重寫這五個研究問題，我會在下週要寄送給您的論文中，放入這些新的、且我希望是改良過的問題。

發展研究問題

Light、Singer 和 Willett（1990）指出設定研究問題不是一個簡單或直線思考的事情：

> 不要期待坐下來一個小時就能寫出一連串特定的問題。雖然你必須花時間來做這件事，你一開始的問題清單不會是你最後的清單，要預期會反覆做這件事。一套好的研究問題會隨著時間進化，在你反覆思量你主要的研究主題之後。（p. 19）

而且他們提醒「要小心不要沒有走完這個程序，就急著決定研究問題」（p. 19）。

以下是你發展研究問題時的練習。這個練習不只能產生研究問題，而且能幫助你將這些問題連結至你研究設計的其他四個要素，讓這些問題盡量相關且實用。這些關聯是雙向道，試著不只看問題是什麼，或問題裡的改變，或另外四個要素的建議，還要看你的研究問題中這些要素的改變代表了什麼意義。

習作 **4.1** 發展你的研究問題

　　就像本書中其他的習作，這個習作把以下這些你研究的議題都寫在備忘錄上。試著把你的研究問題和研究的其他四個要素連結起來。在現在這個階段你對 5 和 6 兩項的答案可能還是很暫定的，那沒關係。你可以等到對你的研究更加了解的時候，再回來重複做這個習作。

1. 一開始先將你已經有的任何研究問題放在一旁，然後以你的概念圖開始著手（第三章）。在這張圖中你哪些地方**不**完全了解，或哪裡有你需要測試的想法？你的經驗知識和現存理論之間有哪些間隙或衝突？你在一個研究中可以學到哪些能幫助你更加了解這些現象的事情？試著把你能從這張圖中產出的所有潛在問題寫下來。

2. 再來，把你原來的研究問題和概念圖以及你產出的問題做個比較，有什麼可以回答這些你還**不**了解的問題？你的概念圖顯示你的問題需要怎樣的改變或增修？反之，你的問題是否顯示你的概念圖還有不足之處？你的概念圖需要怎樣的改變？

3. 現在以同樣的程序對你的研究者經驗備忘錄（第二章）進行一次，你在一個研究中可以學到哪些能幫助你完成這些目的的事情？這又暗示了哪些問題？反之，你原始的研究問題如何連結進行這個研究的理由？回答這些**特定**問題能如何幫助你完成你的目的？哪些問題是你個人、實務或智識上最**感興趣**的？

4. 現在，**集中焦點**。你的研究中哪些問題是最**核心**的問題？這些問題如何形成一致的系統來導引你的研究？你無法研究在這主題上所有有趣的事情，所以必須開始選擇。三或四個問題通常已是質性研究合理的最大量，雖然你對每個主要問題都還可以設定額外的次要問題。

5. 此外，你還需要將你的研究問題與你可能使用的方法做連結。你的問題**能**被這些方法及它們所提供的資料回答嗎？你**需要**使用哪些方法來

蒐集資料以回答這些問題？反之，什麼樣的問題能被你計畫中的那種質性研究充分地回答？在當前你計畫的階段，這主要牽涉你對於研究進行方式的思維實驗、你要如何蒐集資料、你要蒐集何種資料，以及你對這些資料要如何分析。這部分的練習是你可以在發展方法與效度的考量之後再充分反覆進行的；在下一章的習作 5.2 也同樣處理這樣的議題。

6. 以效度來評估你問題的潛在答案。你需要排除哪些看似有理的效度威脅與替代性解釋？你將可能如何犯錯？這些錯誤對你架構問題的方式有何啟示？

不要卡在試圖精準架構你的研究問題，或想要詳細了解如何測量與獲得那些能回答你問題的資料。試著發展一些有意義、重要且**值得**回答的問題。可行性顯然是做研究的重要議題，但一開始就專注在此可能會中斷一個有潛在價值的研究。我的經驗是大多數重要的問題都能被研究所回答。

一個極度有價值的額外步驟是，和一小群同學或同事分享你的問題與你的反思。問他們是否了解這些問題以及為何這些問題值得回答、他們會建議問題可做何修正或增加哪些其他問題，以及他們覺得要回答這些問題會有何種困難？可能的話把這些討論錄下來，反覆聆聽並做筆記。

你的研究問題通常會隨著研究的進程而有所演化。然而，你可能沒有察覺到你的思考有細微的改變，或你的資料其實建議你應該修改研究問題。為了幫助我的學生，我發展了稱之為「風險練習」（Jeopardy exercise）的策略，是以電視節目來命名，節目中競賽者拿到答案，但必須要猜出問題。這個練習的基本想法是讓你拿你暫定的結果或結論，甚至是你資料的初步分析，來問你自己：「如果這些是我的答案，那它們回答了哪些問題？」這使得你必須將原始的問題放在一邊，以新的眼光檢視你的資料和結果，試著看出它們要告訴你的事情。

　　你也許會問：「我沒事為何要修改我的研究問題？我為何不能就這樣產出結果並發表？」我認為明確地再結合你的研究問題和你所學有兩個理由。首先，你的研究問題不是僅只（如同研究設計的線性模型）幫助你計畫你的研究方法，然後就去度假而沒有進一步的責任。它們必須在整個研究過程中，活躍地參與在你**實際的**研究設計。你修改過的研究問題應該幫助你進一步聚焦你的分析，建議你在概念架構中可能需要的改變，且讓你更能預測潛在的效度威脅。其次，你的研究問題在與他人**溝通**你研究所撰寫的東西時扮演重要的角色，幫助你的讀者了解你的結果回答了怎樣的問題，以及為何這些問題是重要的。

　　範例 4.2 顯示一位學生 Jennifer Buxton 如何在她資料分析時使用風險練習。

範例 4.2 修改你的研究問題

　　當 Jennifer Buxton 開始分析她先前的小學學生的訪談，關於他們對小學到中學回家作業改變的感受時，她之前對於這個研究的興奮也隨風而逝。她開始以她最初發展的組織類別進行資料歸類，並為自己在筆記本寫下她從資料裡得到的想法。然而，如她在最後的研究報告裡所述：

　　　我用這個方法很快感到挫折與困惑，因為有那麼多資料都相互連結，且都可歸類在一些我最初設定的類別裡，而有些資料卻哪裡都不符合。我知道這種想法與意義的糾結終究將能有價值地連結我的資料，但那個時候我非常焦慮且擔心無法將資料有意義地呈現……。

　　　與其忽視這種焦慮，我知道我必須面對它來弄清楚讓我焦慮的原因。當我反思我在研究過程的所作所為，我的錯誤就很明顯了。我發現我犯了生手的錯誤，也就是我在閱讀時與在課堂上都

被提醒的，那就是試著要將資料放入我先入為主的想法裡，而非傾聽它們想要說的事。

我記得要決定那些資料能回答的問題的忠告。我把逐字稿印出來做資料的風險練習。我初始的想法仍在腦海中，我用這個練習來發展我的資料能回答的清單。我發現藉此能夠更妥適且更有邏輯地將資料分類放入類別中，在這樣的過程中我的焦慮感也消逝了。

Chapter 5

研究方法：

如何著手進行？

在本章中，我會討論一些如何決定規劃研究實施的重要議題——人、地、時，以及如何蒐集資料並將意義呈現出來。這些議題不只侷限在質性的資料蒐集（特別是如參與觀察和訪談），也包括與你的研究對象建立研究關係、選擇研究場域與對象，以及分析你蒐集的資料。重點是在質性研究中如何設計使用特定的方法，而不是如何實際去做質性研究；我假設你已經知道（或正在學）後者。

我要強調的是，進行質性研究並沒有一本像「食譜」一般逐步示範的參考書。有關如何運用質性研究方法，最合適的答案應該就是「視情況而定」。關於研究方法的決定端看你要研究的主題，和你研究的特殊情境，以及你研究設計的其他部分。任何關於研究方法的決策底線就是在你的研究中使用這些方法的實際結果，在某個研究中很棒的決定可能在另一個研究中是個嚴重的錯誤。我在這裡要討論的是選擇研究方法時要考量的依據，以及你在設計研究方法時需要再三思考的議題。

首先是關於資料的觀點。在質性研究中的資料應該包含幾乎所有你所見所聞，或在進行研究時所接觸到的一切。如同 Barney Glaser（2001）所言：

　　　　所有東西都是資料，在研究場景中出現的都是資料，無論
　　其來源，是不是訪談、觀察、文件，也不論其形式組合。也不
　　是只有被告知的內容、被告知的方式和被告知的條件才是資料，
　　而是所有圍繞在被告知事物周圍的東西都是資料。（p. 145）

　　在試著了解你所研究的議題與情境時，沒有什麼叫做「不夠格的證據」
（inadmissible evidence）。（然而的確可能有證據是你在道德上不能引用
的，例如會洩漏機密、違反隱私權，或者對特定個人或團體有潛在傷害。）
質性資料不應被所採取方法的結果而侷限，如我之前所述，你**就是**質性研
究的研究工具，你的眼耳就是讓你用來蒐集資訊與產生意義的。在規劃你
研究方法的同時，你常常也應該加入任何非正式但可行的資料蒐集策略，
包括聚會、隨意的談話，或偶發性的觀察。這在訪談研究特別重要，因為
資訊可以提供重要的情境訊息、不同於訪談的觀點，以及訪談資料的檢核。
如 Dexter（1970）所強調的：

　　　　沒有人應該預先計畫或資助一整個主要只倚賴訪談資料的
　　研究，除非訪談者有足夠的相關背景知識確定能在言談間擷取
　　出意義，或除非有合理的期待能藉由接觸及觀察來得知有意義
　　與重要的訪談問題。（p. 17）

像這樣比較不正式蒐集而來的資料應該在備忘錄或田野訪查上有系統地記
錄。此外，**所有**資料應該慎重檢視，而不是只看重表面價值。任何資料都
可以用不同的方法詮釋，你需要針對你從資料中做出的特殊詮釋評估其效
度威脅（如第六章所討論）。

結構性與非結構性的方法

在設計質性研究時，最重要的考量因素之一就是在預先設計研究方法時，到底要建構到什麼程度，而不是在研究時才來發展或修改方法。由於質性研究是歸納性的，所以很多質性研究者都相信，任何特定的預先架構都可能造成對於突發的覺察缺乏彈性反應，進而在解釋資料時產生方法上的盲點。這樣的考量是有其哲學性、道德性或實務性基礎的，就如同結構式的方法常被界定為量化研究與實證主義，或是被比喻為研究者與被研究者之間權力的不對等，究竟要採取結構性或非結構性的方法，探討兩者之間優缺點的文獻其實並不多（這幾篇為特例：Miles & Huberman, 1994; Robson, 2011; Sayer, 1992）。

結構性的研究方法有助於比較來自個人、時間、場域與研究者等的跨界資料，而且對於回答人與場域之間**差異**的問題特別有用。相對地，非結構性的研究方法則有助於研究者專注在個人或場域之間有所不同的**特殊現象**，因此需要個別化的方法。非結構性的方法犧牲了概括性與比較性，來換取內在效度以及對情境更為深入的理解，尤其在了解導致某種特殊結果的過程時特別有用，也就是 Miles 和 Huberman（1994）所稱「本土的因果關係」（local causality）（參照 Maxwell, 2004a, 2011b）。

然而，Miles 和 Huberman（1994）也告誡：

> 對有經驗且時間充沛的研究者而言，當他們研究異國文化、觀察特殊現象或複雜社會現象時，歸納性高且設計不那麼嚴謹的研究是有意義的。但對於一個質性研究的新手而言，如果研究的是本身熟悉的文化或次文化內所發生的現象，則使用設計鬆散的歸納性研究即是浪費時間。因為耗費數月的田野調查以

及長篇大論的案例研究，恐怕得到的只是陳腔濫調罷了。（p. 17）

　　他們也指出，預先建構的研究方法可以減少你要處理的資料數量，簡化了必要的分析工作（Miles & Huberman, 1994, p. 16）。

　　大致上我同意 Miles 和 Huberman（1994）的意見，不過我認為，由於他們參與複合場域的研究經驗，使得他們對於單一場域的研究也偏好提倡預先建構的研究方法。然而，幾乎就像其他人一樣，他們把預先建構的方法看成是單一面向的，並且認為可以用硬和軟、緊和鬆的比喻方式來做比較。這種比喻，除了是單一面向的比喻外，還有其他更有價值的言外之意（儘管對不同人來說有不同的意義），在你進行特殊的研究設計時，對於研究方式或是如何以最佳的方式結合不同的結構性研究方法是有所影響的。這些比喻可能使你忽略研究的多樣性，不只是預先建構的**程度**，還有**如何**預先建構等等變化。[①]

　　舉例而言，Festinger、Riecker 和 Schachter（1956）進行了一項主題為世界末日狂熱的經典研究。他們運用一種極其開放的方式來蒐集資料，主要的資料來源，是來自於他們事先安排潛伏在這些狂熱信徒中的參與者所做的敘述性實地紀錄。然而，他們主要使用這些資料來測試依據先前的理論所產生的假設，而不是歸納地發展新的研究問題或理論（Maxwell & Loomis, 2002, pp. 260-263）。相對而言，人種科學或認知人類學的研究方法（Spradley, 1979; Werner & Schoepfle, 1987），就運用高度結構性的資料蒐集技巧，預先建立少數的分類目錄後，再以歸納性的方式解讀這些資料。因此，你所面對的抉擇並不主要在於你**是否**預先建構你的研究到**什麼程度**，而是你要**如何**做，還有**為什麼**要這樣做。

　　最後請記得，針對你的研究，你可以在某些方面安排**試驗性**的計畫，詳列細節同時考慮視需要大幅修改的可能性（參見本書第一章關於田野考古學的討論，以及在範例 1.1 中 Maria Broderick 研究設計的發展）。在研

究進行的過程中，決定預先建構研究方法的程度，與決定預留多少修改計畫的彈性是不同的。新的洞見可能不只需要新的研究問題，如同在第四章所討論的，也需要新的研究對象選擇決策、未預期的關係、不同種類的資料，以及不同的分析策略。就如前面曾經提過的，所有的研究都應該要有一定程度的研究設計，即使不明確。逃避這些研究設計的決策，只是表示你沒有檢查這些在腦海中與行動中尚未詳盡的設計，也未察覺模糊的決策所可能造成的結果。仔細考慮這些結果有助於建構一個能夠協助你回答研究問題的設計，擴展你的研究目的，也可能幫助你避免許多麻煩。

我認為質性研究方法 —— 也就是在實際進行質性研究時所要做的工作 —— 包括四個要件：

1. 與被研究者建立研究關係。
2. 取樣：你決定觀察或訪談怎樣的場域或個人，以及你決定使用哪些其他資訊的來源。
3. 資料蒐集：如何蒐集你要使用的資訊。
4. 資料分析：如何合理地呈現這些資訊所代表的意義。

這樣的定義比起一般研究設計的討論，範圍要廣泛得多。我之所以這樣界定，是由於這些要件對於研究資料的蒐集與解釋都很重要，而且它們對於研究結論的價值與效度也都會產生影響。因此有必要將這些視為研究設計的決策要件，在你計畫研究時或是在進行研究時，都需要再三思考。在本章接下來的內容中，我將會針對這些要件來說明它們的重要性，以及對你的研究決策可能產生的影響。

協商研究關係

與研究對象建立研究關係〔也和通常稱為守門人（gatekeepers）的其他

人建立關係，這些是可能協助或干擾你研究的人〕是你的方法的基本部分，而且你如何引發與協調這些關係是關鍵的**設計決策**。Bosk（1979, p. ix）提到田野工作是「身體接觸」的運動；幾乎很少有例外，通常你需要實際和他人互動（包括網路互動）來蒐集資料，且你的研究關係創造也架構了這種互動。反之，你與研究對象的持續接觸，包括資料蒐集，也持續重構這些關係。這些就是 Hammersley 和 Atkinson（2007, pp. 14-18）所稱的「反身性」（reflexivity）——事實上研究者是他或她所研究的社交世界的一部分，無可避免會影響它以及被它所影響。

在一些質性研究方法的書籍裡，這種關係被概念化成為進入場域的「門票」（如 Bogdan & Biklen, 2003, pp. 75-80），或「協商的入門」（如 Marshall & Rossman, 1999, p. 82）。雖然這一個重要的**目的**在於協商一段關係，這樣的用詞可能引導你認為這是某種一旦達到，就不需要進一步關注的事情。協商關係的過程遠比這些詞語複雜；不只是因為它通常需要持續地協商與再協商你和研究對象之間的關係，也因為它很少牽涉很適宜的全面性接觸。而全面性接觸通常對成功的研究來說也不需要；你需要的關係是能允許你有道德地取得能回答你研究問題的資訊。

如果將這種關係完全用建立投契關係（rapport）來代表它的概念，也是有問題的，因為它以單一的連續性變項來代表這種關係，而未強調這種關係的**本質**。Seidman（1998, pp. 80-82；參照 McGinn, 2008）提出重要的觀點，建立很密切或是很疏離的關係都是可能的；但我想對此做附加的說明，到底是**什麼樣**的投契關係，以及有多投契的關係，都是很重要的。研究對象在訪談中可能是非常知性的，但卻不見得揭露任何個人的私事，這對某些研究來說可能是比較理想的關係。相反地，有的人也許不吝於向以後不會再見面的陌生人說出自己的私事，但他們卻不願意做進一步較為批判性的反思。

因此，你與被研究者所建立的關係是複雜而多變的。在質性研究中，研究者本身即為研究工具，而與被研究者所建立的關係就是完成研究的方

法。這些關係不僅對於研究對象會產生影響，也會影響你（身為研究者與一個人），以及研究設計的其他部分（見 Alan Peshkin 在範例 2.2 研究關係的討論）。 特別是你建立的研究關係可以幫助或阻礙研究設計的其他面向，例如研究對象選擇與資料蒐集。

　　舉例來說，在我關於因紐特人聚落的博士論文研究中，我初步和這個聚落協商的結果是至少每隔一個月，就會搬到不同的家庭去住。這樣可以讓我接觸更多更廣的家庭，接觸更為詳細的資訊（不同於人類學者的做法，他們通常只與少數個人或是家庭建立緊密的關係）。然而，這種協商後的安排，使我很難與那些未居住在一起的家庭發展研究工作的關係（Maxwell, 1986）。Rabinow（1977）以內行人的觀點說明他與摩洛哥的受訪者之間關係的變化，是如何影響他的研究計畫；Bosk（1979）與 Abu-Lughod（1986）也解釋他們和研究對象之間的關係，是如何同時幫助了也限制了研究。其他許多質性研究者也提供了類似的經驗，在此我不是想用短短數語就做出概括性或是部分片斷的結論，而是想敦促你多讀一些與這個主題相關的文獻，這樣你可以藉由許多其他研究者的經驗來做出研究決策。

　　我要強調這些是**設計**的決策，而不是和設計分離的實務議題。你需要對你研究關係中所做的特定決策（有意識或無意識地）進行反思，也要對你執行研究要面對的關係議題進行反思，還要對以上這些將對你的研究產生的效應進行反思。如何做這些決定是質性研究方法的深層議題，也超出本書範圍，但 Weiss（1994）對訪談研究提出的原則對質性研究一般來說也是適用的：

　　　　在訪談中的基本要素是維持有效的研究夥伴關係。你能避免怪異地敘述問題，還有各種其他的錯誤，這些都是你稍後聽錄音帶的時候會皺起眉頭的事情。你無法避免的是，要是沒有成功和訪談對象建立夥伴關係的話，就無法產生有用的資料。
（p. 119）

　　除了這些考量以外，其他像哲學、道德以及政治的議題都會影響你想建立的各種關係。近年來，主流的傳統式研究關係已經受到其他研究方法的挑戰，牽涉研究者與被研究者之間相當不同的關係類型，而且在一些例子中完全顛覆了研究者與被研究者之間的區別。例如 Tolman 和 Brydon-Miller（2001）提倡在質性研究中的詮釋性與參與式的行動方法，這種方法是「有關聯性的，因為認可與主動參與研究者和研究對象的關係，以及他們個別的主體性」（p. 5）。他們相信質性研究應該是參與性的，其意義在與研究對象合作，來產生對研究對象和研究者有用的知識，對個人與社會變革有所貢獻（pp. 3-4）。同樣地，Lawrence-Lightfoot 和 Hoffman Davis（1997）批評即使在質性研究中，有一個將關係視為工具或策略而非連結，以取得資料的傾向（p. 135）。他們論證道「關係是複雜的、流動的、均衡的與相互的——由研究者及行動者共同來塑造——反映了一種比較負責任的道德立場及可能性，來產生更深刻的資料與更佳的社會科學」（pp. 137-138），而且他們重視對於信任、親密感和相互性持續的創造與協商。

　　然而 Burman（2001）警告，質性研究主流的人道主義與民主取向，包含了如平等與參與的目標，很容易內化到現存的權力關係中，而且她主張，「研究的進步……特質常常最終而言是政治的產物，而不是技術」（pp. 270-271）。我支持將研究關係包含到你的研究設計中，但不是支持任何特定的關係。雖然我大多同意 Burman（2001）、Tolman 和 Brydon-Miller（2001），以及 Lawrence-Lightfoot 和 Hoffman Davis（1997）的觀點，關係的類型（與目標）是否在道德上與政治上正確則因特定情境而異（包括研究對象的觀點），且應該要常常受到如 Burman 所提出之批評來檢驗（關於這些議題更深入的討論請見 Cannella & Lincoln, 2011; Christians, 2011; Glesne, 2011; McGinn, 2008）。

　　無論你的方法論與政治觀點為何，別忘了對你來說，一項「研究計畫」總在某種程度上侵入了你研究對象的生命中。因此，一個主要的道德責任就是試著了解研究對象會如何感受你的行動，並有何回應。第一步就是把

你自己放在他們的位子上，然後問問你自己如果有人這樣對待你，你會有
什麼感覺。然而，你不該假定你的研究對象和你自己理解這個研究計畫的
方式都是一樣的。在我對因紐特聚落的論文研究田野工作中，當我發展有
效的關係時，許多初期的困難就是因為我幾乎完全忽略了這個聚落的居民
如何定義這個研究情境和我的出現，以及他們為何這樣回應關於我所協調
出兩造都可接受的研究安排。只有當我開始抓到他們行動的定義和理由時，
我才能夠改善我和他們的關係（Maxwell, 1986; 2011b, pp. 166-167）。因此，
你需要**知曉**你研究對象對你和你的研究的感受和理解，才能和他們發展有
用及道德合宜的關係。

　　此外，你從協商這些關係所獲得的研究對象的觀點，對你來說是有價
值的，能幫助你獲得對研究的理解。Becker（2007）提到：

> 當人類學家和社會學家進行田野研究之時……他們通常難
> 以和那些能讓他們觀察到他們想知道的事情的人建立與保持關
> 係……。但是有經驗的田野工作者明白這些困難提供了關於他
> 們想要了解的社會組織有價值的情報。人們如何回應想研究他
> 們的陌生人的方式，有組織地顯示了他們生活的方式。如果你
> 想研究在城市周遭的窮人，但他們對你抱持懷疑態度，又不肯
> 和你說話，那就是個真正的問題了。你可能最終會發現他們冷
> 淡是因為他們覺得你可能是個調查員，要去抓那些違反社會福
> 利規定的人。這樣的麻煩對個人來說是惱人的，卻將教你一些
> 值得了解的事情。（p. 64）

我將在第六章討論把介入當作效度的策略時，進一步說明此事。

　　當你處理一個和你自己不同的文化，或一群你並不熟悉其標準的人時，
要獲致這些理解是最重要的。然而，即使在你認為你完全了解的情境中，
這些也還是很重要。我有好幾個學生跟他們很熟的訪談對象曾有非常不舒

服且無效的訪談經驗，有些他們根本沒預料到會發生問題（儘管我已表達關切）。學生們沒有料到這些研究對象對訪談的感受是和他們非常不同的。這些感受包括其他許多議題，但主要是害怕他們說出來的話可能帶來的後果（特別是訪談被錄音）、學生和受訪者之間的權力差異、缺乏對研究目的或學生會如何處理訪談資料的了解，以及甚至是訪談本身的情境問題。你需要盡可能預測研究對象可能會有的潛在考量，並且計畫如何去處理這些議題，如果這些議題有出現，不論是事前的解釋或研究時的協商，或是在訪談進行本身，都要同時加以考量。

最後，你需要知道你帶給研究關係的目的和假設，而這可能是你一開始沒有意識到的。你在意是否以有能力的研究者形象來表現自己嗎？你想要顯示你自己觀點的正確性嗎？你對研究對象持有未經檢驗的刻板印象嗎？這種目的和假設對你的研究會有負面的結果；研究者經驗備忘錄（習作2.1）就可以用來幫助你覺察並處理這些。

我不想誇大這些問題的相似度；在許多情況中，人們都會很樂意幫助你，同意接受訪談，他們甚至可能享受這樣的訪談，且覺得對他們是有價值的。然而，你需要對潛在問題保持警覺，並小心清楚地解釋你的研究目的、你要研究對象做什麼，還有資料會怎樣呈現。這樣做可以幫助你避免一些因為誤會而產生的困難，但這也不是萬靈丹，而且不會自動處理你和研究對象之間狀態與權力差異的議題。②

最後，想想你能給花了時間和克服不便來參與研究的研究對象怎樣的回報。你能做什麼來幫助人們感受到這是值得的經驗，他們不是被利用而已？這包括了可以在研究現場中提供協助、提供一些禮物或服務，也可以只是簡單當個有同理心的傾聽者。在我的博士論文田野研究中，藉由表演班卓琴（banjo）、為當地社區的青少年開設吉他課、為社區民眾上英語課，也送了禮物給和我一起進行研究的人，使得我的研究關係有大幅改善。提供什麼才合適主要依情況和個人而定，以及你要人家做些什麼，但聊表感謝的致謝是永遠合適的。如我的一個學生 Caroline Linse 提醒我的：「直

到你寄出感謝函之時，訪談才算是結束。」

範例 5.1 在實務工作者研究中與被研究者協商建立關係

　　Bobby Starnes 是一個博士班學生，她擁有豐富的教師與行政經驗，且長期以來對於合作決策的議題抱持很投入的政治興趣，因此她進入哈佛教育學院就讀，想知道她對孩童的教學知識是否也能在面對成人的工作時提供任何幫助。當她在尋找能夠讓她運用並測試她想法的博士論文題目時，她被聘為一家以低收入戶為服務對象的日托中心主管，這家日托中心長久以來都是採用上對下而又缺乏效率的管理方式。她的博士論文主題是想要探討，嘗試在這個情境之下運用共享決策的制度，會有什麼樣的結果——這種制度會如何變化，以及這種制度如何對員工的士氣、能力和績效表現產生影響。

　　Bobby 的研究使得她必須要和她研究的參與者建立與過去多數的研究很不同的研究關係；她既是員工的上司，又是一個想要了解員工對於組織變革意見的研究者。除此之外，她的政治信念使得她想要做一個實務性的研究，那就是在真實世界中建立一個能夠改善員工生活的制度，而不只是象牙塔內的研究。這種多重關係和考量使得她面臨資料偏差或扭曲解讀的風險，但同時也提供她特別的機會來觀察與了解組織變革的過程。因此，確保她的受訪者能夠相信她不會運用所蒐集到的資料傷害他們，並且願意坦白地表示意見與感想，對她的研究來說是絕對重要的。

　　Bobby 要達到這樣的要求，必須建立一種員工不怕表示自己的意見與主管意見相左的組織氣氛，讓員工相信 Bobby 不會背叛他們對她的信任，也不會在她完成研究後採取任何對員工不利的行動（顯然這是一項很艱鉅的工作，而且要運用她所有的技術和經驗來實行。有關她如何完成這項工作的細節，參見 Starnes, 1990）。如果缺乏這層關係，她的研究結論就不可靠了。不論如何，她並沒有假設她與員工所建立的關係能夠自動消除可

能產生的偏頗與隱瞞。因此，她藉由匿名的問卷調查來蒐集部分的資料，並在最後的訪談中，請另一位研究者來進行半數的訪談內容。

　　因為這些議題的影響對每個研究來說是獨特的，所以處理這些議題最好的策略就是在你的研究情境中思考它們。以下的習作能幫助你達到這個目標。

習作 5.1　反思你的研究關係

　　這個練習是要幫助你寫個備忘錄，來反思你和研究對象以及其他你計畫在研究中牽涉到的重要人士之間的研究關係（實際的或計畫中的），你將如何說明你在此的目的和你的研究，以及你期待在進行研究與結論報告時要協調做哪些安排。當你開始撰寫備忘錄時，以下問題要隨時記住：

1. 你計畫或已經和在你研究或場域中的人們建立何種關係？這些關係如何發展，或你計畫如何開啟與協商這些關係？你**為何**計畫這樣做？你覺得這些關係能如何（或已經）幫助或阻礙你的研究？你能建立何種其他替代性的關係？優缺點又是什麼？

2. 在你的研究中，這些和你互動的人可能會對你有何看法？這些看法可能如何在你和這些人之間的狀態及權力差異間受到影響？這些看法又會如何影響你與這些人之間的關係？你要怎麼做，才能更了解或（如果需要）試著修正他們的看法呢？

3. 在你的研究中，針對如何進行研究以及如何報告研究結果的問題，你要與研究對象協商達成什麼樣明確的協議？你覺得研究對象（以及你本身）對這些議題所**隱含的**理解為何？而這些研究中明確或是隱含的字眼，會對你的關係與研究造成何種影響？這些需要討論或修改嗎？

4. 以上的考量是否引發研究倫理的議題或問題？你打算要如何解決

處理？

配合研究問題的備忘錄（習作 4.1），在與同僚或同學討論時，這會成為非常有用的備忘錄。

研究地點與研究對象的選擇

要決定在哪裡進行你的研究，還有含括誰在其中（也就是傳統所稱的**抽樣**），是你研究方法的基礎部分。即便是單一個案研究，也牽涉為何選擇這個個案，而不是其他的，在個案之中也需要這樣的決策。Miles 和 Huberman（1984）問了這樣的問題：「就算是在單一的個案研究中，當我們知道一個人不可能研究每個人在每個地方所做的每件事情時，那麼又要如何來設定研究的界限呢？」（p. 36）他們又繼續提出以下的見解：

> 在設計抽樣架構時，**思考**是一帖有益研究方法的良藥。如果你要與某一類型的受訪者對談，你必須考慮**為什麼**這類型的受訪者很重要？除了他之外，還需要與哪些**其他**類型的人進行訪談？這是避免偏頗的一個很好的練習方式。
>
> 請記得你不只是在抽樣人，同時也在抽樣不同的**場域、事件和過程**。針對研究問題將這些變數做個整理，想想看以回答你的研究問題而言，這些變數的抉擇是否最具有代表性、是否最有效率。在研究初始，這些很快出現在腦子裡的場域、事件或過程可能並不一定是最中肯或最能提供豐富的資訊。系統化的檢驗卻可逐步修正研究初期或接續的研究抉擇。（p. 41）

LeCompte 和 Preissle（1993, pp. 56-85）、Miles 和 Huberman（1994, pp. 27-34）以及 Morgan（2008b）曾經針對抽樣決策的問題，提供相當具有價值的意見，我在此不重複他們所有的建議。我要說明的是不同取樣策略的目的以及和這些決策相關的一些考量。

首先，我覺得「抽樣」一詞對質性研究來說是有問題的，因為它隱喻了「代表」母群體的目的，這是量化研究普遍的目標。量化研究的文章通常只認可兩種主要的抽樣類別：機率抽樣（例如隨機抽樣）和便利抽樣（如 Light et al., 1990, pp. 56-57）。在機率抽樣中，每個母群體的成員都有已知的、非零的機率被選上，而能允許從樣本到研究興趣所在的母群體之統計推論。Light 等人陳述道：「機率抽樣是高品質研究的模範」（p. 56），這種觀點非常普遍。因此，任何非機率抽樣的策略都被視為便利抽樣，而我們強烈不鼓勵這樣做。

對質性研究而言，以上的觀點忽略了一個事實，那就是大部分質性研究的取樣方式既非隨機抽樣，也不是便利抽樣，而是屬於第三種抽樣法：**立意取樣**（purposeful selection）（Light et al., 1990, p. 53）；**立意抽樣**（purposive sampling）（Palys, 2008）是另一同義詞。這種策略特意選擇特定的場域、人物及活動，以便獲取其他取樣方法無法得到的重要資訊，這資訊特別和你的研究問題與目的相關。例如：Weiss（1994）指出，很多質性訪談研究，根本就沒有使用任何「樣本」，而是「小組成員」（panels），也就是「某個領域的專家，或者某些人士有特權見證到某個事件，而足以提供有利研究的消息來源」（p. 17）；這就是一種立意取樣的方式。刻意選擇某些時間、場域及受訪者，以便針對你的研究問題來提供答案，這是進行質性研究時考量取樣決策的最重要因素。

Patton（1990, pp. 169-186）以及 Miles 和 Huberman（1994, pp. 27-29）描述了多種質性研究可以運用的抽樣方式，其中絕大部分都是立意取樣的形式。他並指出在使用便利抽樣時，必須特別注意：

經過策略性地考量如何從為數有限的樣本中獲取最大的使用度、最多的資料後，應該最後才考量便利性與花費這兩個因素，雖然它們也是實際的考量因素……。**因為，便利抽樣既非「目的性的」，也不是「策略性的」。**（p. 181，粗體為原作者強調）

然而，Weiss（1994, pp. 24-29）也質疑，在某些情況下便利抽樣是唯一可行的取樣方法，例如：想要試著由一群很難接近的人身上獲得資料，或者是在母群體中很少見的少數族群，以及那些沒有現存資料可利用的人，如「家庭主夫」。他列出幾種策略來使這些便利抽樣得來的樣本發揮最大的效用。

在質性研究中，如果推論是很重要的目標的話，那麼就需要大量的樣本（如 Huberman, 1989/1993），而隨機抽樣的方式可以達到這個目的，也是很合適的方法。然而，如果只抽取少數幾個人為樣本，利用單純的隨機抽樣方式來抽樣，就是個不恰當的方式，因為少數的樣本之間可能差異性很大；Morgan（2008a）提供了一個清楚的量化表格，呈現隨機抽樣不同數量的變異性結果。要使隨機抽樣發揮最大的功效，樣本數目必須要夠大，以避免過大的樣本變異性。Light 等人（1990）在探討**地點**的選擇時，指出「如果可供選擇的地點有限，**立意取樣**會比依賴特殊的機會來得好」（p. 53）；在選擇受訪者和觀察場域時，我們也可以運用同樣的邏輯。

在某些特殊的狀況下，針對規模較小的質性研究，運用隨機抽樣一樣有效用。回到 Bobby Starnes（1990）在日托中心員工參與決策的研究中（範例 5.1），當自願者的數目比她要訪談的數目多時，她便使用分層隨機抽樣選出受訪者，主要能避免因個人喜好而選擇樣本。然而，其中有一個受訪者，是她改變隨機取樣的方式而得來的，因為她相信這個受訪者可以代表沒機會表達意見的少數人（p. 33）。

立意取樣至少有五種可能的目的，Creswell（2002, pp. 194-196）列出更

多目的，但我認為這五個最重要。首先是希望所選擇的場域、受訪者或是活動具有代表性或典範性。因為，誠如前述，利用隨機抽樣想要達到效果，樣本數目必須要很大，刻意選擇某些已知具有代表性的案例、受訪者或情況，是比較合理的抽樣方式；比起同樣數量，卻有大量的隨機或意外的變異樣本，立意取樣所得到的結論較足以代表母群體平均的成員。

　　立意取樣的第二個目的與第一個剛好相反——要妥適地表現母群體的異質性。這是為了確保所得的結論足夠代表母群體中各種不同變異的**範圍**，而不只是抽取某一個典範類型或是這範圍某些子領域的平均樣本而已；Guba 和 Lincoln（1989, p. 178）指出這是「最大變異性」（maximum variation）的取樣方式。最好的做法是根據你的研究，先將母群體可能包含的各種變異狀況界定好，再利用系統化的取樣方式，根據所界定的分類來選擇足以代表這些面向最重要的可能變異之受訪者或是場域。[3]至於要選擇這種方式，還是選擇同質性較高的樣本，其中的取捨在於你的研究中某個**特殊**案例、受訪者或是場域的資料是否較缺乏，以至於無法深入討論典型的例子。

　　第三個目的是所選擇的樣本是故意要用來測試你所研究的理論，或是正在成形中的理論。[4]在測試理論時，使用一些極端的案例，通常比那些具有代表性的一般案例，還更能夠提供具有決定性或是特別顯著的測試結果。例如，Wievorka（1992）描述了一個研究，研究者為了測試勞工階級未被中產階級的社會吸收同化的理論，故意選了一些很極端的勞工階級受訪者，這些都是非常富裕的勞工。結果發現，這些有錢的勞工仍然很明顯地被標上勞工階級的標籤，這樣的結果比起一般「典型的」勞工所提供的資料，對於研究者的理論更有支持力。範例 3.3 也說明了這種選擇目標。Freidson（1975）所研究的團體實務是非典型的；由醫師組成的工作人員是訓練比較良好、觀點比常人進步，以及準確地組成要來處理他所遭遇的議題的一群人——這是一個理想的個案，來測試他的理論：用社會控制來處理這些議題是不可行的。

　　立意取樣的第四個目的，是要能夠清楚比較不同場域或受訪者。雖然這種比較性的研究方法在量化研究較多，在質性研究中並不常見，但比較性的研究設計常用在多重案例的質性研究，以及混合式的研究方法中（Maxwell & Loomis, 2002）。然而，刻意的比較通常在小範圍的質性研究中不太有效，因為在任何團體中，數量太少的案例都限制了你能做出關於團體間差異之紮實結論的能力。此外，強調比較會扭曲你的研究，朝向分析不同處（變異理論），如第四章所述，而導致你忽略質性研究的主要強項，也就是能闡釋特定場域或案例中之**在地**過程、意義，以及情境影響的能力。

　　最後，第五個目的是可以選擇你能建立最有效關係的群體和對象，這些人最能夠讓你來回答研究問題。這常常被視為是便利抽樣，但事實上這是立意取樣很廣泛被使用、卻很少被刻意討論的一種形式。因為它刻意要提供你研究的最好資料，雖然需要處理缺乏樣本代表性的潛在問題。這也是能啟發你的研究問題，並且也被你的研究問題所啟發的議題。例如，在研究教師（或其他實務工作者）的知識和實務時，你非常可能和優秀的老師發展良好的關係，這些老師在討論他們教學時不太會保持防衛的心態，甚至還很渴望分享他們做的事；那些相較之下沒那麼優秀的老師，可能就會擔心顯露了自己的教學缺點。這可以是其中一個原因（雖然不是唯一可能的原因），導致你的研究聚焦於成功的個人與實務，而非不成功的，除非你能規劃出策略以發展和後者對象之間的有效關係（見附錄 A，Martha Regan-Smith 對醫學院模範教師的論文研究計畫）。

　　在很多狀況下，取樣的決策需要對研究的場域有一定的知識。在 Jane Margolis（1990）對於學院系所中教室對話的規範的研究裡，她只能訪談少數的學生，因此必須建立選擇樣本的標準。她的口試委員（我是其中一位）建議她訪談大二與大四的學生，因為他們認為這兩個年級學生的言論最可以呈現較多元的意見與觀點。當她與系裡的成員諮詢討論後，他們卻告訴她，大二的學生經驗還不夠，還不可能全盤了解教室內對話的規範，而大四的學生又忙著準備畢業和畢業論文的事情，很難成為理想的資訊提供者，

結果，大三的學生只好成為唯一適合的選擇了。

取樣的決策也應該要考量你與受訪者之間的關係、資料蒐集的可行性、研究的效度，以及研究倫理等因素。例如，在 Martha Regan-Smith（1991）針對醫學院的教師如何幫助學生學習基礎科學的研究中（請見附錄 A），她選擇了四位得過獎的教師，而選擇他們的原因，是因為針對她的研究問題，這些老師是最能夠提供相關現象的人（立意取樣）；而且自己身為其中一位得獎的教師，她與這些老師有密切的同事情誼，有助於從事這樣的研究。除此之外，身為模範教師，他們比較願意忠實地呈現自己的教學內容，在她的研究發現裡對這些老師比較不會有任何不利的資訊，所以也不至於產生任何研究倫理的問題。

在質性研究中，有一個較為特殊的取樣問題，稱為「關鍵受訪者的偏頗」（key informant bias）（Pelto & Pelto, 1975, p. 7）。質性研究者的主要資料來源，有時候只依賴為數甚少的受訪者提供（即使是針對研究目的來選擇的受訪者），而他們提供的資訊好像也具有足夠的效度，但無法保證這些受訪者的意見是典型的觀點。除此之外，Poggie（1972）也證明，關鍵受訪者常會假設自己的意見是大部分人的意見。因此越來越多研究者同意，文化族群其實是高度多元的，不可能還保有同質性（Hannerz, 1992; Maxwell, 2011b）。因此，你需要利用系統化的抽樣方式，來確保關鍵受訪者的陳述是足以代表整體的意見（Heider, 1972; Sankoff, 1971）。

資料蒐集的決策

對於各種資料蒐集方法的優點與限制，大部分質性研究方法的教科書都做了許多說明與討論（特別是 Bogdan & Biklen, 2003; Patton, 2001），在此我不再重複這些討論的內容。有關選擇以及運用各種不同的資料蒐集方法，我要強調兩個很重要的觀念：研究問題與資料蒐集方法之間的關係，

以及不同資料蒐集方法的三角驗證（之前討論過的結構式與非結構式研究
方法的優點，在規劃資料蒐集方法時也是一個很重要的考量）。

》》研究問題與資料蒐集方法之間的關係

我要強調的一點就是，研究問題與蒐集資料（包括訪談的問題）的方
法之間並沒有任何必要的演繹推理的關係存在，在你的研究設計中，這兩
者是各自獨立的。這部分可能會產生一些混淆，因為研究者嘴上常掛著：
「操作」研究問題，或者是將研究問題「轉換」成訪談的問題。以邏輯實
證學家對於理論與資料之間關係的觀點來看，這種語言早就是遺跡了，也
早已被哲學家幾乎完全摒棄（Phillips, 1987）。沒有任何方法可以機械式的
將研究問題轉變為研究方法；研究方法是用來回答研究問題的**手段**，而不
是研究問題的邏輯性轉換。研究方法的選擇不僅要根據研究問題，還要考
量研究的實際情境，以及如何配合情境找出最有效的方法來提供你需要的
資料（同樣的觀點也存在於方法和效度之間，我在第六章會處理這個議
題）。

Kirk 和 Miller（1986, pp. 25-26）就提供了一個關於訪談問題很特別的
例子。他們研究的是秘魯古柯葉的使用狀況，相當直接地從研究問題中設
計了一連串有關使用古柯葉的開放式問題，然而所得到的結果是很一致的、
受限的信念與實務，也不過是再次證實他們已知古柯葉的使用情形而已。
在沮喪失望之餘，他們決定開始問一些較無邏輯的問題，例如：「你什麼
時候會把古柯葉拿給動物吃？」或「你如何發現自己不再喜歡用古柯葉
了？」之類的問題。卸下武裝之後，受訪者開始談起自己使用古柯葉的親
身經驗，而這些結果比他們之前所得到的結論來得豐富太多了。

這是個很極端的例子，但是它卻保有了進行任何研究的原則。你的研
究問題以及訪談策略是用來系統化地闡述你想要理解的事物；而**訪談**的問
題是用來詢問受訪者，以便幫助你理解這些事物。要發展一份好的訪談題
目，需要創意與洞察力，而不是機械化地將研究問題轉化成訪談指引或觀

察進度而已，而這基本上建立在你對研究情境的理解（包含你的研究對象如何定義它），以及考量這些訪談問題和觀察策略實際上的可行性。

這並不是說不能讓研究對象知道你的研究問題，或者只是視他們為可以操弄以產生你所需資料的對象，如同之前在協商研究關係的章節中所討論的。Carol Gilligan（個人通訊）強調，要向受訪者問**真正**的問題，這些問題要能夠獲得你真正想知道的答案，而不是故意設計一些問題來誘使受訪者說出一些特殊的資料。如此一來能與研究對象營造平衡且合作的關係，研究對象才能將他們的知識以你未曾預期的方式帶到你的問題上。

研究問題與訪談問題有所差別，其實是有兩個很重要的意涵。第一，你要事先盡可能先行設想，怎麼樣的特殊訪談問題在現實中會有什麼樣的結果，受訪者如何解讀這些問題，又可能會如何回答。試著設身處地將自己設想為受訪者，想想看你對這些問題會有什麼樣的反應（這是另一種思維實驗的運用），並從他人處得到他們如何思考這些問題的回饋（還有整體對訪談大綱的意見）。第二，盡可能先**小規模試行**（pilot-test）你的訪談大綱，找一些與理想中的受訪者類似的人物來詢問這些問題，再決定這些問題是否能夠達到預期的效果，並做適時的修訂（見範例 3.4）。

此外，在有些文化、情境或關係中，就是不適合進行訪談，或甚至以問問題的方式來獲得資訊。Charles Briggs（1986）描述在他對新墨西哥州北部西語社區的傳統宗教木雕研究中，該社區的文化規範如何使得他規劃要做的訪談完全派不上用場，而且他堅持要執行的話會使得大部分訪談無效。這種情況迫使他發現，探索這個主題所需、合適該文化的方式，就是學徒制。類似的還有 Mike Agar 進行使用海洛因的研究，他發現在街上是不能問問題的。首先，問問題會讓人懷疑你會將資訊洩漏給警察，或用它來訛詐或搶劫你問的人。其次，問問題顯示你不是熟客，因此不屬於那個圈子（Hammersley & Atkinson, 1995, p. 128）。Hammersley 和 Atkinson（1995）提供許多其他關於傳統訪談可能不合適或沒有效果的例子（pp. 127-130），且 Charles Briggs（1986）更提到訪談強加了特殊的美國盎格魯

言談的規範在受訪者身上，這可能破壞了關係，或減少你所獲得有用資訊
的數量。

這種研究問題和方法之間演繹關係的缺乏，在觀察法或其他資料蒐集
方法之間更為明顯。運用觀察或其他方法就如同做訪談，你需要設想在某
種研究的場域之下，可能會蒐集到的資料是什麼，且如果可能，你應該要
事先試行研究方法來決定這些方法是否能確實地提供研究的資訊。即使是
事前嚴謹設計的研究，你所使用的資料蒐集策略可能還是會歷經一段時間
的修訂工作，以確保它們不但能針對你的研究問題來提供所需要的資料，
並且能顧及任何可能對答案產生的效度威脅。

》》使用多重資料蒐集方法

在質性研究中使用多種方法來蒐集資料是常見的，但把這個視為**設計**
的議題來討論則相當少（唯一的例外是 Flick, 2007）。使用多重方法在所
謂**混合式研究**（mixed-methods research，在單一研究中綜合使用質性和量化
方法）中是比較有系統化的討論的（Greene, 2007; Tashakkori & Teddlie, 2003,
2010）。文獻中已經指出合併方法的幾個目的；這裡我將強調其中三個目
的。

第一個目的，也是最早在研究方法文獻中受到系統化關注的是**三角驗
證**（triangulation）（Fielding & Fielding, 1986）。這牽涉使用不同的方法來
進行互相檢核，看看有不同強項和限制的方法是不是全都支持單一的結論。
這種策略減少了你的結論只反映某種特定方法的偏見的風險，並可以讓你
獲得對你正在研究議題比較牢靠的理解（我會在第六章討論如何使用三角
驗證的方法來處理效度威脅的問題）。

Bobby Starnes（1990）的研究（範例 5.1）對於三角驗證法的使用提供
了一個很好的示範。她使用四種資料的來源（中心的員工、她的行政團隊、
她自己的筆記與日誌、中心的紀錄），並利用數種不同的方法來蒐集這些
資料。例如：員工的資料來自於日誌的紀錄、正式與非正式的訪談、中心

活動的參與，以及匿名的問卷調查。這些多重的資料來源及研究方法，使得她的結論比起運用單一資料來源或方法來得更為可信。

第二個使用多重方法的目的在於獲得你所研究之現象不同**層面**的資訊，或不同的現象。這個目的包括 Greene（2007, pp. 101-104）所稱的**互補**（complementarity）與**延展**（expansion）。在此取向中，不同的方法是用來拓展你所關注之現象的層面範圍，而不是只有強化對於某些現象的特定結論。例如，觀察法就常用於描述情境、行為和事件，而訪談法則用來了解行動者的觀點和目的。

然而，就如同觀察法的立即結果是敘述，訪談法也是一樣；訪談給你受訪者**說**了什麼的敘述，而非對受訪者觀點的直接理解。由受訪者行為的描述（包括口語的行為）可以用來推斷、解釋受訪者的觀點，無論這些資料是由觀察、訪談或其他方式（如書面文件）所得來的（Maxwell, 1992）。雖然訪談通常是用來了解某人觀點有效率又有效果的方式，但觀察則能使你從此觀點進行推論，這是你無法單從訪談資料獲得的。特別是在有些心照不宣的意會或是「理論在實際情況的運用」，或是受訪者不願在訪談中直接表達觀點的時候，是可以用觀察得知的。例如：觀察老師對於男學生或女學生在科學課發問時的反應，可能比老師在訪談中自我陳述自己對於性別與科學的實際觀點來得更好。

相反地，雖然觀察提供直接有力的方式來了解人們之行為和所發生之情境，但訪談在獲取行為與事件的描述時，卻是非常好用的——針對過去所發生的事件，或無法觀察的情況下，訪談常是**唯一**的方式。如 Weiss（1994）所言：「訪談給了我們觀察他人的入口，透過訪談我們可以了解沒去過的地方、沒法去的地方，或無法生活在其中的場景。」（p. 1）訪談所得的資料可以提供一些額外的資訊，彌補在使用觀察法時可能的漏失，也可以用以檢驗觀察結果的正確性。

要讓訪談法針對這個目的發揮效用，你需要向受訪者詢問一些**特定的**事件及行為，而不是只有一般性或抽象的意見而已（Weiss, 1994, pp. 72-76）。

要人們去描述特定的事件或事件的順序需要好好利用「情節記憶」（episodic memory），這是個重要且獨特的神經認知系統（Dere, Easton, Nadel, & Huston, 2008; Tulving, 2002）。在這個記憶系統中，資訊是由時間的順序和空間的連結而組成的，而非抽象的語意關係（我在資料分析的段落會進一步討論）。Tulving（2002）提出這種記憶系統使心智上的「時光旅行」成真，而能獨特地讓人們汲取過往的經驗，Flick（2000）也應用這種獨特性在質性訪談上，發展了他稱之為**情節訪談**（episodic interviewing）的特定過程，以進入情節記憶。⑤

Weiss（1994）提供了對於訪談的指引，雖然沒有特指情節記憶，卻和這個概念非常一致。他談到以現在式的時態來問問題〔如「你（在法院的情境）等待被傳喚時發生什麼事（what happens）？」〕導引出**一般性**的解釋，而且當受訪者提出解釋，對這樣的情境「他們的敘述表現了一種最典型或幾乎最基本的論說」（pp. 72-73），而非對於單一事件的具體描述。這可能是有用的資訊，但和導引出在特定時地所真正發生的事物還是不同，這比較能由過去式的時態來獲得。如用「在你等待被傳喚那時發生了什麼事（what happened）？」來指出特定的情況，或用「你能帶我了解整個事件嗎？」這種問題。

然而，Weiss（1994）也提出，一般性的解釋能允許受訪者縮小他們感到缺乏自信的資訊，並避免潛在尷尬的細節、比較難在現實經驗裡回顧的事情。因此，你應該要合理地確認你和研究對象的關係能支持你要求對於某個特殊事件的敘述，而且有想過如果研究對象看起來不自在的時候要如何回應。

在這種情況中，運用一般、現在式的與特定、過去式的問題，加上綜合運用觀察與訪談，能從不同的觀點處理**相同**的議題和問題。多元方法的使用和Greene（2007）所提互補的類別相同，但目標是獲得更**深入**的理解，而非僅是單純更廣泛的理解，或對於單一方法結果的確認而已。結合不同方法是Greene所稱**辯證**立場的中心思想。這個策略促成不同方法之間結果

的對話，投入其中以發現差異之處，來驅使你重新檢驗你對發生了什麼事的理解（pp. 79-82）。Greene 提出在混合式研究中，使用三角驗證來確認結論已經被過度強調也評價過高了，使用不同方法才最能提供**多元觀點**的價值，因而能開創對所研究現象更複雜的理解（pp. 79-83）。

資料分析的決策

　　資料分析與研究設計通常在概念上是分開來看的，尤其是對於那些認為設計必須在蒐集資料**之前**完成的作者而言更是如此。在此，我將分析視為設計的一部分（Coffey & Atkinson, 1996, p. 6），而且分析本身必須要單獨來設計。在任何質性研究都需要決定如何進行分析，而且這些決定應該會影響其餘的設計，也會被其餘的設計影響。而對於資料分析的討論，在質性研究計畫裡，通常都是最弱的一環；在極端的案例中，它由整個概論性和「樣板化」（boilerplate）的方法論語言組成，而沒有意識到分析將如何實際進行，更不用談這些策略是為何而選擇的。

　　在質性研究裡，最常見的問題之一就是將未分析的田野紀錄與文字紀錄不斷地堆放，使得最後的分析工作相當困難而又令人氣餒。登山者有一句格言，有經驗的登山者，在吃完早餐後會馬上接著吃午餐，只要他是清醒的，就不斷地吃，稍停一會兒，又會再吃晚餐（Manning, 1960, p. 54）。同樣地，有經驗的質性研究者，在完成第一次訪談或觀察後，會馬上接著進行資料分析，只要研究者仍然持續研究工作，就不斷地進行，稍停一會兒，又會馬上接著撰寫報告和文章。Bernd Heinrich（1984）說明立刻進行生物研究資料分析的原因，也同樣適用於社會科學：

　　　　在研究計畫中，我通常會試著在蒐集資料的同一天將資料

圖表化。日復一日，這些圖表的變化會幫助我了解我的進度。
就像狐狸追逐野兔一樣，圖表就像野兔的小徑，我也必須要緊
守著野兔。我必須要能夠時常做出應變並修正方法。（p. 71）

如同 Coffey 和 Atkinson（1996）說的：「我們應該永遠將蒐集資料與
分析資料同時並行。」（p. 2）我再次強調，這是一個**設計**的決策，而要如
何實施則應該有系統地規劃（並在你的論文計畫中解釋）。

⟩⟩⟩質性資料的分析策略

對於新手來說，資料分析可能是質性研究最神祕的部分。關於資料蒐
集方法，我以下的討論無意完全解釋如何做質性資料分析；關於這個有一
些不錯的資源，如 Bogdan 和 Biklen（2003，第五章）、Coffey 和 Atkinson
（1996）、Emerson、Fretz 和 Shaw（1995）、Miles 和 Huberman（1994）、
Strauss（1987; Corbin & Strauss, 2007），以及 Weiss（1994，第六章）。反
之，我想提供可用做質性分析的不同策略與概念工具的概述，然後再討論
一些關於決定分析方法的特定議題。以下的呈現是根據 Maxwell 和 Miller
（2008）中較為詳盡的說明〔Maxwell（2011b）修正後再版〕。

質性研究資料分析的第一步就是要**閱讀**訪談的紀錄、觀察筆記或是其
他要分析的文件（Emerson et al., 1995, pp. 142-143）。先聽一遍錄音再進行
記錄的工作，以及將訪談錄音資料謄寫在紙上，或是重新整理觀察紀錄的
初稿等等，都是給予你進行分析的機會。在閱讀或聆聽的過程中，你要將
所看到的或聽到的想法或概念記錄下來，並且發展一些對於分類和關聯的
暫時性想法。

這個時候，在分析工作上你有很多不同的選擇。這些選擇大略可以分
為三類：(1)備忘錄；(2)分類（categorizing）策略（如編碼與語意分析）；
(3)關聯（connecting）策略（如敘事分析）。遺憾的是大部分的質性研究文
本和出版文章只明確處理編碼的部分，將這視為分析的基本動作，而讓人

有編碼就是質性分析的印象。事實上，許多研究者也非正式地使用其他的策略；他們只是不常說這些方法是分析的一部分。我想強調：閱讀和思考你的訪談稿和觀察札記、寫下備忘錄、發展編碼類別應用在資料上、分析敘事架構與情境關係，還有建立矩陣及其他展現方式等，**全都是**資料分析的重要形式。如同之前在一般方法所討論的，沒有「食譜或單一正確的方式來進行質性分析」；你對策略的運用必須是有計畫的（必要時也須修正），這樣才能符合你的資料、回答你的研究問題，以及處理影響你結論的任何潛在嚴重的效度威脅。

正如之前所提的，備忘錄可以有跟資料分析無關的其他功能，例如可以記錄對於研究方法、理論或研究目的的反思，或是你之前的經驗，以及你和研究對象的關係。然而，備忘錄也是質性研究資料分析的一種主要技巧（Groenewald, 2008; Miles & Huberman, 1994, pp. 72-75; Strauss, 1987），你在做資料分析時，應該要按時撰寫備忘錄；備忘錄不只能幫助你捕捉資料分析時所產生的想法，也能**促發**思考，刺激分析的洞察。

分辨分類策略和關聯策略對了解質性資料分析而言是基本的。雖然這種分辨在實務上廣泛被接受，卻很少被理論化分析。這種不同在 L. Smith（1979）有特別清楚的陳述：

> 我通常從……著手寫筆記開始。我細讀且看起來參與在兩種過程中──比較與對照，然後尋找前因後果……。

> 形成概念〔首要過程〕的精髓是……「它們如何相似與如何不同？」相似的放在一起，貼上標籤以顯示其相同……。慢慢地，這些異同之處代表了概念群，而能組織成更抽象的類別，最終形成等級分類。

> 同時，一個相關但不同的過程也產生……。刻意搜尋社交項目的結果……看來能擴充成一個複雜的系統觀點與對過程的關注，也就是時間之中的事件流動。此外，在具體的層次產生

一個更整體的、系統化的、相互關聯的事件網絡，在抽象的層
次則產生概念及推想……。在實際的層面，在田野之中，所有
的思考、搜尋和筆記紀錄都不只反映出明顯的異同之處，並且
在流動的項目中嘗試尋找未曾預料到的關係、前例與結果。（p.
338）

　　我視這種分辨內含兩種不同模式的關係：相似（similarity）與接近（con-
tiguity）（Maxwell & Miller, 2008）。相似關係指的是類似或有共同的特
色；它們的認定是根據比較，可自外於時間和空間。在質性資料分析中，
相似與相異之處通常被用來定義出類型，然後依照類型來分類及比較資料。
我所提到聚焦在相似關係的分析策略就是指**分類**策略，編碼就是在質性研
究中典型的分類策略。

　　相對地，接近關係牽涉到時間和空間的並列、彼此之間的影響，或文
本之間各部分的關聯；它們的辨別方式包括事物之間的實際**連結**，而非相
似與相異之處。在質性資料分析中，接近關係以在實際情境的資料來辨別
（例如訪談稿或田野觀察紀錄）。接近關係也可能在抽象概念與類別中來
辨別，做為資料分類分析的下一步。我將關注接近關係的策略命名為**關聯**
策略；在之前的著作（如Maxwell, 1996），我曾稱這些為「情境化」（con-
textualizing）策略。有些訪談分析的敘事方法範例主要就是關聯策略，對
觀察資料來說也是小型的俗民誌方法（Erickson, 1992）。這些策略無法互
相融入；它們都是以你資料中的不同形式關係為基礎，雖然要將這兩種策
略結合是有可能的。

　　在質性研究中，編碼是主要的分類策略。這種編碼與量化研究中的編
碼是不一樣的，量化研究的編碼是指運用詳盡、明確的規則，將資料預先
建立類別，主要的目的是要歸納出每一類資料裡某些項目發生的次數頻率。
在質性研究中，編碼的目的不是要計算資料出現的次數，而是要「打破」
（fracture）（Strauss, 1987, p. 29）資料重新分類，以便在相同類別的資料

間進行比較，從而協助發展理論的概念。另一種分類分析法，則是將資料依照較為概括式的主題或議題來呈現。

　　分類分析法始於辨認資料在某方面看起來重要或有意義的單元或段落；Seidman（1998, p. 100）敘述這個是「標註文本中有興趣之處」。這種辨認可以是根據你之前覺得何者為重的想法，或是歸納性的嘗試來捕捉新的洞察。後面這種策略常被稱為開放編碼（open coding）（Corbin & Strauss, 2007, pp. 195-204）；這包含閱讀資料與發展編碼類別，根據何種資料（包含研究對象的術語和類別）看起來最重要。編碼標記了這些資料段落，並以類別來歸類；然後資料在類別內與類別之間被檢視與比較。類別編碼「是將你所蒐集到的敘述性資料歸類的方法……以至於在某個主題上的材料能具體地從其他資料分離出來」（Bogdan & Biklen, 2003, p. 161）。

　　在規劃你的分類分析時，「組織」（organizational）、「實質」（substantive）與「理論」（theoretical）三類別的區分是重要的。雖然這些類別在實務上不完全分離，且進階的形式也相同，但我認為概念性的區分仍有其價值。

　　「組織類別」是你想探究的廣泛領域或議題，或是能當作排列你資料的有用方式。這些常常在你訪談或觀察之前就建立（不論是刻意或非刻意地在你思考你的研究時）。McMillan 和 Schumacher（2001）稱這些為「主題」（topics），而非類別，他們說「一個主題是對一個片段內容的敘述性名稱。你不會在這個時候問說『說了什麼』，這能辨別出該片段的意義」（p. 469）。在一個小學校長將某年級學生留級的研究中，這種類別的例子包括「留級」、「政策」、「目標」、「選擇」與「結果」（p. 470）。組織類別的主要功用像是分類資料的桶子一般，以進行進一步分析。它們可當作章節或段落的標題，來展示你的結果，但它們無法直接幫助你理解發生的事情（參照 Coffey & Atkinson, 1996, pp. 34-35），因為它們並未明確辨認出人們真正說的或做的事，它們只是人們所說所做相關的類別而已。

　　後面這個任務則需要實質類別或理論類別，這些明確地區分出人們說

的和行動的**內容**——他們實際上做的或意指的事情。這兩個類別常可以被視為組織類別的次類別，但它們一般來說**不是**你能預先知道其重要性的次類別，除非你已經相當熟悉你正在研究的對象和情境，或正使用發展完整的理論。它們隱含某些對於所研究主題的**宣稱**，也就是它們可能是**錯誤的**，而非僅為存放資料的概念箱。

「**實質類別**」主要是**敘述性質的**，廣義來說包括敘述研究對象的概念和信念；它們接近被分類的資料，但本質上不暗含更抽象的理論。在之前提過將某年級學生留級的研究中，實質類別的例子會是「留級等於失敗」、「留級是最後不得已的手段」、「以自信當作目標」、「家長願意嘗試其他選擇」，或「就是無法控制（其決定）」（節錄自 McMillan & Schumacher, 2001, p. 472）。從研究對象的言語和觀念得來的類別〔一般稱為「局內人」（emic）類別，代表研究對象本身擁有的意義和理解；參見 Fetterman, 2008〕通常是實質的，但許多實質類別不是局內人的，而是基於**研究者**對於發生了什麼事的理解。實質類別通常由資料的準確「開放編碼」所歸納產生。它們可以用來**發展**一個對於所發生事物更一般的理論，但它們不**依賴**這個理論。

相對地，「**理論類別**」是把編碼過的資料放在比較一般或抽象的架構中。這些類別可能從之前的理論或從一個歸納出來的已發展理論而來（在這種情況，概念和理論通常是一起發展的）。它們典型地代表了**研究者**的概念〔也被稱為「局外人」（etic）類別〕，而非意指研究對象的概念。例如，「先天論者」、「補救者」和「互動者」這些類別被用來以之前的分析面向歸類教師關於留級的信念（Smith & Shepard, 1988），這就是理論類別。

區分組織類別、實質類別或理論類別是重要的，因為質性研究的新手通常大都使用組織類別來正式分析他們的資料，而非系統化地創造與運用實質和理論類別來發展他們的結論。你的資料越多，發展實質和理論類別就越重要；隨著資料數量的增加，你不能把所有和特定實質或理論的焦點

都留存心中，而是需要一個正式的組織和擷取系統來明確定義它們。此外，發展實質類別對於捕捉那些不符合現存組織或理論類別的想法（包括研究對象的想法）特別重要；那種實質的想法可能會迷失，或從未發展，直到它們可以在這樣的類別中被捕捉到。

　　一個可用來展現與進一步發展資料類別分析結果的工具是矩陣，矩陣以你的主要研究問題、類別，或者處理或支持這些的相關主題和資料做為架構。表 5.1 就是這種矩陣（我稱為「主題×資料」矩陣）的例子，由 Sarah Daily 為她關於教師如何理解孩童後設認知能力的研究所設計，列出她所發展的主要主題，與針對這些主題每個研究對象的訪談摘要。

　　使用矩陣來做資料分析有許多其他方式（參見 Miles & Huberman, 1994），而且你可以自行修改欄位的類別，來符合你的特定需求。這些矩陣會非常有用，但它們無法替代發展你編碼類別的工作，以及使用這些編碼來進行資料分類。反之，矩陣是以這種之前的分析為本的；它們視覺化呈現了這個分析的結果，使你看到某些研究對象不符合某個特定的主題（空白格子）、進一步發展你的分析，並修改你的結論。

　　以分類做為分析策略有一個重大的限制：它取代了訪談逐字稿或田野觀察札記裡原本的情境關係架構，另以一個不同的分類關係架構取代。這可能造成分析盲點，使得你忽略在真實情境中事物的真實關係。Paul Atkinson（1992）敘述他在一般藥物學的教學札記中，一開始的分類分析如何影響他後續對於手術札記的分析：

　　　　重讀手術札記的時候，我首先發現很難跳脫那些我一開始（為藥物學）建立的類別。可理解的是，它們完成了一個強大的概念網。更甚者，它們運作了一個強大的具體限制。我要處理的札記已經被片段式地放置到組成的主題中。（pp. 458-459）

回到他原本的札記，Atkinson 發現：

表 5.1 教師對孩童後設認知能力觀點的資料分析矩陣

類別編碼矩陣 7/20/09			
1. *這些老師對於學習的信念，以及他們為教室鋪陳的氣氛，在培養孩童獨立上扮演重要角色。*			
	Grace	**Elaine**	**Abby**
教室規範可以賦權學生。	我喜歡「有回應的教室」……因為它能轉化成學面的問題解決和思考表達……它確實需要孩子使用特定語言，並要他們相互聆聽、相互回應來顯示他們有在聽，且轉化成你如何解決數學的問題，而不是只在遊戲中解決問題而已。	我是「有回應的教室」的忠實信仰者……這全都有關你如何開始這學年與營造氣氛，怎樣讓我們的教室成為我們的，我們將要做些什麼。你應該以一塊空白板開始，然後他們一起決定我們要放些什麼在牆上，因為這是他們的教室，且學生參與每件事情。	你已經聽我提到「選擇」很多次了，而我相信年紀小的學生可以真正擔負那種責任，他們也能控制教室。
信念引導實務。	我試著教孩童……自己去解決問題。	……它的重要性在於你（學生）知道什麼對你有用。	我的目標是盡可能讓他們獨立。
教師相信應培養學生獨立。	我試著給孩童許多機會自己去嘗試（一個有挑戰性的學習任務），然後鼓勵那些堅持弄清楚規則或模式的孩童談談他們如何嘗試、用了怎樣的範例、做了怎樣的試誤、發現了怎樣的規則、他們想到什麼，以及連結到之前學習	我發現這個表格幫助他理解他是能控制的，這幫助他好好思考他能做什麼。 　　＊　　＊　　＊ 回到我還是一年級老師時，其他老師會在學生們升到他們班後告訴我關於我的學生是問題解決者的故事，學生會這樣說：	我第一年的教學以做很多事作結。就像小孩會說的，我們的面紙用完啦、削鉛筆機卡住啦，或我的鉛筆斷掉啦，我花了一整天在解決問題，像是我需要膠帶、剪刀在哪裡之類的。我想你知道其中荒謬之處，孩子完全能夠去拿

表 5.1 教師對孩童後設認知能力觀點的資料分析矩陣（續）

類別編碼矩陣 7/20/09			
	過的什麼內容。	「不，不，我是個問題解決者」，然後老師們就會說：「你從哪學來這個詞的？」	剪刀或膠帶，只需知道它們在哪裡……我們談論很多把紙弄破的不同方式，我們也談論你能做什麼來修好它，我們也談論你可以因為紙破掉或蠟筆斷掉而沮喪，但你需要找出解決之道。
2. *這些老師看到孩童以不同方式使用後設認知：當投入閱讀或數學任務時、問題解決時，以及解決同儕衝突時。*			
	Grace	**Elaine**	**Abby**
孩童能展現後設認知能力。	我在執行一個行為改變計畫，這計畫是給一個有許多專注力和情緒問題的小女孩……她很了解如何評估她的行為。所以那種活動對她有用。我不認為每個小孩都需要。但一張圖表、一個視覺記錄展示給孩子看是很有效的。	他的字都寫對了，但他一直在「it」和「at」兩個字間猶豫不決，然後他跑去拿了張紙，要我等他一會兒，我開始擔心他要去打某人。但是他只是在紙的兩面寫下「it」和「at」，然後像閃示卡般折了起來。他說道：「我必須學這個，因為我真的不懂。」所以即使他都全部答對，他還是說：「不，我需要學習。」然後那天我像被他吸引住般，帶	思考如何思考是個高階技能，所以如果你難以把字寫對，你可能無法寫下你要怎樣改變你的故事。所以不是他們沒有參與在後設認知中，而是我給他們的任務在認知上更加挑戰，所以他們沒空做後設認知。因為他們在想我要把「a」放在哪裡，或他們在想他們的圖片，或他們只是試著要寫一個連貫的故事，把開頭和中間串在一起。

表 5.1 教師對孩童後設認知能力觀點的資料分析矩陣（續）

		類別編碼矩陣 7/20/09	
		他到校長室，「看看 David 有多聰明」，之後他會拿出他的紙，給我看他寫的「it」、「at」，他說：「寫下來能幫助我。」我從未告訴他這個，這都是他自己發想的。	
當學生使用學習策略時，可以展現後設認知。	我今年參加的一個專業成長訓練是關於用四個不同的類別來組織閱讀，然後在每個類別之下教幾個策略，接著展示出來……在牆上的標語就是孩子們稱之為（閱讀策略）……。另一個例子是預測……我試著幫助他們發展他們正在練習的策略。	我的學校的確很強調策略，教他們策略對我來說基本上就是後設認知。	你看（後設認知）跟策略很有關，閱讀就是非常策略導向的。當你遇到一個不認識的字，你會怎麼做？

　　我現在沒那麼想要把札記切割成相對小的段落。反之，我只是有興趣閱讀較長篇幅的事件和段落，以相對不同的態度來閱讀，然後分析。我想要對整塊布料來工作，而非如拼貼布般建構我的解釋……。更精準地說，現在我關注的是這些產物的文本本質。（p. 460）

　　我所指的關聯策略就是要處理這樣的缺陷。關聯策略的運用方式，與如編碼的分類策略大為不同。編碼法是要將原始資料打散以便進行分類，並重新排入不同的類目中；而關聯策略的分析法，則是要**根據情境**來了解

這些資料（通常，但不一定是指訪談紀錄或其他的文字資料），使用不同的方法來界定文字中各種不同的要素的關聯性（Atkinson, 1992; Coffey & Atkinson, 1996; Mishler, 1986）。因此這常被視為整體性的策略，因為它關切訪談稿或田野札記不同部分之間的關係，而非片段切割它們，來將資料分類在類目之中。

關聯策略的方法範例，包括某些類型的個案研究（如 Stake, 1995）、概況描述（Seidman, 1998）、某些類型的言談分析（Gee, 2005; Gee, Michaels, & O'Connor, 1992）和敘事分析（Coffey & Atkinson, 1996; Josselson, Lieblich, & McAdams, 2007; Riessman, 1993）、「意見」的閱讀中的「傾聽指引」策略（Brown, 1988；Gilligan, Spencer, Weinberg, & Bertsch, 2003），以及人種誌的互動微觀分析（Erickson, 1992）。這些策略的相同之處，在於它們不是將分類資料間的**類似關係**列為重點，且獨立於情境之外來分析；而是將各種情境中的敘述及事件緊密**連結**為一個整體，來尋找其間的關係〔在 Maxwell 和 Miller（2008）的文中有更多關聯策略的範例〕。

界定不同類別與主題的連結，也可以被視為是關聯分析的步驟之一（Dey, 1993），不過它是屬於較廣泛的方法，是用來處理先前所做分類分析的結果。這個步驟在建立理論時是必要的，也是分析的首要目的。不過，在原來的分類分析中所漏失的情境資料，並無法使用這種步驟來還原。另一方面，純粹的關聯分析法只能了解特定的個人或情況，且受限於沒有發展這些個人或情況的類別，也無法建立一般性的理論。這兩種策略需要互相運用，來提供更為完美無缺的分析解釋（Maxwell & Miller, 2008；見範例 5.2）。

> （範例 5.2） **結合分類分析與關聯分析**
>
> Barbara Miller 在質性研究的課程中，做了一個關於青少年友誼的研究計畫，訪談青少年關於他們與朋友之間的關係，以及這些關係對他們而言

的意義。她描述她的資料分析方式如下：

　　若要和青少年訪談來了解他們的友誼，看來重要的是審視友誼的特色，以特定的術語來了解青少年。簡言之，看起來需要分類分析，以進一步探究組成友誼的要素，來達成研究不同青少年友誼相似部分的目標。

　　因此，我以編碼類別來發展我的分析，進行資料編碼，並建立矩陣（見表 5.1 這種矩陣的範例）。我以一些要素來做資料編碼，如親近度、朋友間的交談，以及依賴性。在每一個訪談中，這些編碼都被蒐集在矩陣中，使我可以跨訪談來審視每一個概念。這幫助我專注在資料的特定特色上，而能因為我的研究大綱以及青少年自己的回應而有所啟示。然而，在完成矩陣之時，浮現了兩個急迫的議題。

　　首先，在矩陣的格子中充滿了重複的資料。例如，許多青少年表示和朋友表現親近的一部分就是要和他們說話。然而，親近感的那個矩陣卻沒有抓到這類說話的複雜性，這種複雜性反而牽涉其他格子裡的資訊。這些矩陣看來對我感覺我所擁有的複雜又相關聯的資料而言似乎太過簡約。

　　第二個議題是資料的一個基本部分不見了；也就是青少年敘說他們友誼的部分。在他們的訪談中，青少年不是提供關於他們朋友片段的資訊，反之，我聽到的都是他們友誼關係的故事。當青少年談論他們的朋友，並解釋為何他們的友誼是重要的時候，他們敘述共有的過往，並開創了一個情境來讓人了解他們的關係。這種敘事本質的資料，以及它對理解青少年友誼關係的啟發，在編碼和設置矩陣的過程中遺失了。

　　為了要處理矩陣的限制，而且要捕捉資料的敘事本質，我進到分析的第二階段：建立敘事摘要。這些摘要是敘事，保存了情境與關係的故事，但也是摘要，它們是我所聽到敘事內容的分析用摘錄。這些敘事摘要廣泛引述資料，但是常常牽涉資料的重整，以達到我，作為一個讀者，所感覺一個精要的友誼敘說。

　　這些敘事摘要對於保持情境與友誼的故事來說是有效的。然而，它們

並未直接幫助我更了解這些青少年友誼經驗的意義。因此，我需要按照我對那樣的友誼更大的情境理解來更仔細審視他們的關係。因此下一個分析階段是結合我的分類和情境策略的結果。這帶出矩陣中概念的深度；以朋友之間的親近感為例，就情境化了。拿敘事摘要和矩陣對照，我能經由某個青少年或青少年之間的不同友誼，來追溯親近感的意義，或經由特定的友誼來追溯親近感的重要性。

　　資料分析對我來說，已成為從分類到情境策略來回的反覆過程。我對於友誼的敘說情境的理解，啟發了我在這些青少年友誼中已經找出來的重要特定觀念和類別。同時，這些我在分類分析中重視的特定觀念使得我以新的方式來看敘說，並且看到情境關係是比敘說中的事件時間順序更為複雜的。我對於這些青少年友誼經驗和意義的理解不是與青少年所提供的情境分割的，也不是鎖在或限制在個人的友誼故事裡。編碼與矩陣和敘事摘要的結合能達到對於訪談前所未有的理解。

　　分類策略與關聯策略之間的不同，對你的整體研究設計有很重要的影響。假設一個研究問題，所想要了解的是在特殊情境下發生的某些事件之間的關係，那麼只靠分類分析的策略，是無法回答這個研究問題的（見範例 5.3）；相反地，假設研究問題是想了解個人或情境間的相同點或相異點，此時光靠關聯策略的分析法是無法回答研究問題的。你所使用的分析策略，必須要適合你的研究問題。

範例 5.3 　研究問題與分析法的錯誤搭配

　　一個基金會曾經要求 Mike Agar（1991）審核一篇訪談研究的報告，這份報告是受基金會委託，對歷史學家進行訪談，想要了解他們的工作狀況。研究者使用了一個名為「人種誌」（The Ethnograph）的電腦軟體來將訪談內容依照主題編碼，並且將同一主題的各項資料片斷蒐集在一起；

這份報告先討論每一種主題的內容，也提供各個歷史學家對於該主題意見的例子。然而，基金會覺得這份報告並沒有針對他們的問題提供答案。研究問題是希望了解個別的歷史學家對於自己工作的想法——他們依據什麼理論來看各個主題之間的關係？以及他們如何看待思考、行動及結果的關係？

要回答後者，需用能從每個歷史學家的訪談內容中找出其間關聯的分析法。然而，這份報告使用的分類分析法，不但將這些關聯切碎，也破壞了歷史學家對所處情境完整性的看法，結果只呈現了大家對於某個主題的共同觀點而已。Agar 質疑這樣的錯誤並不是「人種誌」軟體所造成的，這個軟體在進行分類工作時其實非常有用，問題是運用不當。他批評說：「人種誌軟體呈現了人種誌研究的**部分**過程，但是如果把部分當成是全部，就會得到不合理的解釋，也會將研究者由正確的答案引導到錯誤的研究問題上。」（p. 181）

》》電腦與質性資料分析

特別為質性資料分析設計的軟體（常稱為 CAQDAS，是 computer-assisted qualitative data analysis software 的縮寫）目前廣泛地被運用，而且幾乎是大型研究案必備，因為這些軟體在儲存與擷取大量資料，以及歸類和分析方面的便利性。越精細的軟體能夠連結備忘錄與特定的節點或文本的片段，並允許你針對你所產生的類別創造概念圖，而對你的理論發展有助益。既然這樣的軟體還在繼續發展，我對特定軟體做的任何介紹都會很快不適用；當前 NVivo 有最大的市場占有率，但也有許多競爭者，網際網路和 Amazon 網站就是關於目前有哪些可用的軟體和書籍最好的來源。

這種軟體的最主要強項在於分類分析，而且許多目前電腦輔助質性資料分析的書幾乎都將重點放在編碼上。唯一一本我知道有談到關聯策略的書是 Pat Bazeley（2007）的《以 NVivo 進行質性資料分析》（*Qualitative*

Data Analysis with NVivo），而且即使這本也只有一些建議，沒有太多關於 NVivo 在這方面可能有用的資訊。因此，如範例 5.3 所表示，這種軟體會逐步將你的分析推向分類策略，而忽略敘事及其他關聯方法。這就是 Kaplan（1964, p. 28）所稱的「工具法則」（The Law of the Instrument）：如果你給小男孩一個槌子，所有的東西看起來都像釘子。如 Pfaffenberger（1988）說的：

> 科技就像殖民者的權力一般——它告訴你你的最佳利益是什麼，同時暗地裡運作來使你對這個世界的批判覺察慢慢消退。只要你沒有妥適覺察這點，你就一直會是它的受害者。（p. 20）

研究方法與研究問題的連結

　　要設計可行有效的研究，而且能和他人溝通研究設計，你需要建立一致性的設計，也就是不同的研究方法要能夠相結合，並且能夠與研究設計的其他部分整合起來。最重要的連結處，就是與研究問題之間的關係。不過正如前文所述，基本上這是實證式的連結，並不是邏輯式的連結；如果你的研究方法沒有辦法針對研究問題來找出答案，那你不是要改變研究方法，就是要改變研究問題。

　　在評估這種一致性和相符性時，矩陣是有用的工具，你可以用來列出研究問題，並用以判斷研究方法的各個要素能如何幫助你回答這些問題。我在第一章討論過這種矩陣，也提供一個結合許多研究要素的範例（表 1.1），包括目的和效度議題。在本章中，我增加了另一個這種矩陣的範例（表 5.2），這是由 Mittie Quinn 為了她的研究所發展的，主題是學校心理師對於在特殊教育評估過程中如何處理「文化」的觀點，還包括其備忘錄（範例 5.4），裡頭她解釋了一些對於這個矩陣的想法。在這之後，我提供

一個習作讓你來發展你自己研究的矩陣（習作 5.2）。這種矩陣展示了你方法決策的**邏輯**，對研究計畫也是很有價值的一部分；Elizabeth Riddle 的研究計畫（附錄 B）也包含這種矩陣。

表 5.2 學校心理師對於在特殊教育評估過程中如何處理「文化」的觀點矩陣

研究問題：我需要知道什麼？	為什麼我需要知道這個？	抽樣決策：哪裡可以找到這樣的資料？	資料蒐集方法：何種資料能回答這些問題？	我要接觸誰才能進入現場？	資料分析
＿＿郡僱用的專業學校心理師對特殊教育評估過程中，文化的影響遭到「排除」有何感受？	這些人在特殊教育的決策中扮演主要角色，因此了解他們對這些影響和過程的感受是重要的。	學校心理師	訪談 田野札記 備忘錄	督導 心理師	錄音 轉譯 編碼 重讀／ 其他讀者
＿＿郡僱用的專業學校心理師如何評估文化在孩童學校行為上的影響？	為了能更了解文化如何被這些關鍵專業人士評估與了解。	學校心理師 重閱紀錄 樣本報告	訪談 個案範例 委員會議觀察	督導 學校心理師	編碼 立即的田野紀錄 備忘錄
專業學校心理師在診斷孩童學校困難時，會考慮文化的何種面向？	為了了解文化對這些關鍵專業人士的意義，與這如何影響孩子的適應性。	學校心理師 重閱紀錄 個案史	訪談 報告	督導 學校心理師 學生事務主管	持續分析 類別 敘事分析
學校心理師覺得特殊教育的立法（PL 94-142）代表何種「文化」模式？	為了了解學校心理師對立法語言影響特殊教育過程的感受。		訪談「專家」		

範例 5.4 解釋表 5.2 的備忘錄

1. 研究問題

　　我的研究問題根據 Joe 給我的回饋有些許的進化，特別是第三個問題（在診斷上文化的影響）已經改成介紹不同面向的文化概念。我真的對了解這些專家對「文化」的理解有興趣。我最終會希望能夠把他們的觀點放入對文化的定義中，不論有無連結一些目前的理論觀（文化再製、文化差異、文化產物等）。因此，我修改了問題三來處理這樣的興趣和目的。

　　其次，我已經增加一個最後的問題，關於他們對立法的感受。我想知道他們的感受是否和立法的要求不同。我覺得我對於立法語言的感受是它代表文化的「文化差異」取向。因此，在這種立法基礎上的過程和架構**無法**融入現今人類學的文化觀點。最後，我提出學校心理師因此與學校都被限制在一個過時的模式中，來與非主流文化背景的學生共事。

2. 與 3. 取樣及理由

　　我決定我要訪談_____郡的學校心理師。這個郡有代表性，和全美許多郡一樣，在過去十年都面臨人口結構的重大變遷。像許多別的郡一樣，它也被強迫要改變過程與結構，來解決這些變動。本研究將嘗試了解那個過程與架構的一個面向。我之所以選擇學校心理師是因為我在這個領域的專業能力，以及我對於他們角色的熟悉，但也基於他們是在特殊教育的決策過程中有著受到認可的具影響力的角色（Mehan, 1986; Dana, 1991）。

　　我將訪談學校心理師專家，因為我試著發展最好的案例故事。這對實務工作者、訓練、未來以及臨床學校心理師都有用，並利於發展新的過程，更能回應非主流文化學生的特殊需求和特色。我針對我在這領域的優秀同事尋求學校心理師的口袋名單。這些同事也是對此議題敏銳的人，曾

經在過去的訓練工作坊中展現領導力，有處理過這個議題。

我做了這些決定，也充分了解因為我對於這個系統的熟悉所帶來的潛在效度威脅。我認為這是好處多過壞處的。因為我對系統的熟悉，較容易建立關係，希望能因此取得一般拿不到的豐富資料。此外，我的專長也提供一個較佳的架構，來理解怎樣的問題可能會帶出我正尋求的資訊。我對這個職業的語言及術語的熟悉，因此能有效理出隱喻，這種隱喻可能在詢問貼切的後續問題時出現。我很清楚我會在我的解釋上有所偏差，為了處理這個議題，我會將所有訪談錄音。我在訪談之後立刻聽錄音、做筆記並記錄備忘錄。我也會招募第二個讀者來協助評估資料中出現的主題（Joe：應該合理地期待第二個讀者做什麼？）

4. 與 5. 方法和理由

我主要會從訪談來蒐集資料。我問題的本質自然帶到質性、訪談的資料，這不是那種可以馬上從問卷或測驗蒐集到的資訊。問卷可能可以處理能用在這個過程特定的、已發表的評鑑工具的議題，但無法開始取得非量化的豐富資料。此外，我對過程有興趣，因而難以用典型量化方法的封閉式問題來進行測量或探究。

我也對這種方法論感興趣，也因為它對心理學而言代表了一個新的境界。許多在心理學中的問題未獲解答，而且無法只透過量化、實證的方法來解答。我從我們的閱讀材料中了解這對這種方法論來說是不夠充分的論證，但我相信在心理學領域中這特別是對的。我已參加過數個量化研究計畫，這些研究縱然有其地位，但我會建議它們假設人類大腦有「黑盒子」的概念。認知心理學正在此點上提出量化模式的不當性。研究對象與其想法可以是重要的資料來源。這就是我的研究要嘗試接觸的資料來源。

（習作 5.2） **研究問題與研究方法的矩陣**

　　這個練習有兩個目的。第一個目的是要你學習將研究問題與研究方法連結起來——將研究問題與樣本、資料蒐集與資料分析等決策之間的邏輯關係表示出來。第二個目的是練習使用矩陣為工具；矩陣不僅有益研究設計，在持續檢視樣本與資料蒐集（參見 Miles & Huberman, 1994, p. 94），以及資料分析上也是有用的。

　　進行這個練習並不是機械式的過程；你需要思考所使用的研究方法對於研究問題能夠提供什麼樣的答案。有一個方式可以幫助你，首先從你的研究問題開始，問問自己需要什麼樣的資料、如何得到這些資料、如何分析資料，以便回答研究問題。你也可以由另一個方向來進行：問問自己**為什麼**要用你所選擇的方法來蒐集與分析資料——從中可以學到什麼？然後檢測研究問題與研究方法之間的連結關係，並利用矩陣來呈現（這是應用第四章的「風險練習」）。這種做法可能會使你需要修改研究問題或研究方法。也許兩者都要修改。請記住，這個練習只是要協助你**做出**研究方法的決策，但並不是做決策的最後公式（雖然這也是已完成的矩陣的一個可能用途）。

　　本項練習包括兩個部分：

1. 建立矩陣。矩陣的欄位部分要包含研究問題、取樣決策、資料蒐集方法、分析的方法等，不過，為了幫助你解釋研究的邏輯關係，也可以再增加更多的欄位。

2. 寫下簡短的理由，說明你在矩陣中所做的抉擇。有個方法是當作個別的備忘錄，依照研究問題分別討論你在各列裡所做決策的理由；另一個方式（雖然篇幅較受限）是將這些理由填入矩陣的欄位裡（如同表1.1）。

①正如我們之前曾討論過的，這又是另一個變異性與過程性之間的區別。我認
　為應該要考慮的是在真實的研究中，如何運用事前架構，而它又會**如何影響**
　研究設計的其他面向，而不是去考慮事前架構的**程度**以及結果（例如：把事
　前架構當成一個會影響其他變項的變項）。

②這些差異包括研究比你更有權力和地位的人，雖然這樣對你研究上的道德問
　題會比當你研究比較沒有權力的人時來得較不嚴重。對於前者的經典討論請
　參閱 Dexter（1970）的《菁英與特殊訪談》（*Elite and Specialized Interview-*
　ing）。

③這個過程類似分層隨機抽樣；主要的差別在於最終的選擇是刻意的而非隨機
　的。

④Strauss（1987; Corbin & Strauss, 2007）發展了一個稱之為「理論性抽樣」（the-
　oretical sampling）的策略，可被視為立意取樣的變體。理論性抽樣是根據研
　究過程**中**逐步歸納而發展的理論（而非先行的理論）來進行抽樣；它的方式
　是選擇與所浮現理論最相關的特定場域、個人、事件或過程，來做檢視。

⑤Flick（2007）指這種情節與語意訪談的綜合運用為三角驗證的一種，使用這
　個術語來泛指多元方法的一般性使用。我認為更有用的是視它為可以取得更
　有深度的方法，如 Greene（2007）的辯證法（dialectic approach），而不是僅
　只提供驗證，或輔助性但又分離的理解。

Chapter 6

效度：

你可能如何犯錯？

　　在《E.T. 外星人》（*E.T. the Extra-Terrestrial*）這部電影裡將近結尾時有一幕場景，當主角小男生和他的朋友試著要救 E.T.，並幫他回到太空船上的時候，其中一個小男生Fred問：「難道他不能用光束傳輸進入太空船嗎？」主角給了他一個戲謔的表情，然後回答：「這可是現實啊。」

　　效度，就好像要將 E.T. 送到太空船一樣，是研究設計最後的部分。正如 E.T. 所面對的困境一樣，沒有任何類似「光束傳輸」的捷徑來達到具有效度的結論。這是現實。謹守著事前規範的一些程序，並不能保證你的結論就具有效度。正如 Brinberg和McGrath（1985）所說的：「效度並不是使用任何技術就可以買到的商品。」（p. 13）效度要依賴你的結論與真實世界的關係來決定，沒有任何方法可以完全保證你都掌握到。

　　早期實證主義形式的特色，被認為是一種可以確保效度的方法；當時的實證主義認為科學知識最終必能藉由無法駁倒的資料，而化為邏輯的系統。目前的哲學家早已摒棄這種說法，雖然這仍出現在許多研究方法的論述上（Phillips & Burbules, 2000, pp. 5-10）。許多重要的研究者，不論是量化（如 Shadish et al., 2002, p. 34）與質性（如 Mishler, 1990），都宣稱效度是推論的本質，而非方法，且效度不能用任何事物來證明，也不能被視為理所當然就能具備。效度也是相對的：它必須要由研究的目的與情境的關

係來確認，而不是使用任何獨立於情境之外的方法或結論。最後，我們要使用證據而不是用方法來對抗效度的威脅；方法只是獲得證據的方式之一，證據才是用來排除影響效度的因素（Irwin, 2008）。

現實主義者宣稱效度不能被簡化為方法的這個觀點，是我將效度與質性研究設計各個要素區隔出來的兩大原因之一，在我的模式裡，效度與方法是分開來討論的。第二個原因則是因為實用的原因：在研究設計中，效度通常被視為是關鍵的議題，因此我認為將它分開來做詳盡的說明，是很重要的。Przeworski 和 Salomon（1988）指出，在閱讀研究計畫時，其中一個大家常問的問題是：「我們怎麼知道你的結論是有效的？」而 Bosk（1979）在一次外科醫生專業訓練的研究中指出：「單由某一個人完成所有的田野工作是有問題的，我們為什麼要相信呢？」（p. 193）沒有注意效度的威脅，是研究計畫被退回的常見原因。將效度當成研究設計中一個明確的要素有助你處理這個議題。

效度的概念

效度的概念在質性研究中是分歧的。許多質性研究學者完全摒棄這個概念，因為他們認為這個概念太接近量化假設，而對質性研究不合適。特別是某些重要的質性研究者（如 Guba & Lincoln, 1989; Lincoln & Guba, 1985; 參照 Denzin & Lincoln, 2005a）論辯說，任何意指「真實世界」的效度概念和建構主義者的方法是不相容的，建構主義者否認在不同的個人與社會建構之外還有一個真實，因此也沒有任何客觀的標準能評斷這樣的建構。他們提出一些更適合質性研究的其他概念，例如可信度（trustworthiness）、真實性（authenticity）與品質（quality）。然而，其他學者持續用效度一詞，雖然也大量重思它的意義（如 Lather, 1993; Richardson, 1997）；而 Lincoln、Lynham 和 Guba（2011）也彙整了一些這種立論。

　　這個辯論持續地發展，且太過複雜而無法在這裡詳盡討論。在本書中，我對「效度」這個字眼，是以非常直接的、常識性的方式來指研究的描述、結論、解釋、詮釋，以及任何其他說法的正確性或可信度。這種平常用語是一般質性研究者所使用的，並不會造成任何哲學上的問題。[①]「效度」一詞，並不是暗示有任何「客觀存在的真實」，可以用來與研究內容相比較。然而，所謂客觀真實的觀念，對於效度理論的本質而言並不是非常重要的，研究者希望它能夠提供他們一些著力點，用來區辨可信與不可信的研究內容。你也不需要取得一些極度真實（ultimate truth），來使你的研究變得有用或可信。

　　Geertz（1973）說了一個在印度殖民地的英國紳士的故事，這位英國紳士聽到有人說，世界是建立在四隻大象的背上，而這些大象卻是站在一隻大烏龜的背上，那這隻烏龜又站在誰的身上？答案是另一隻烏龜。那另一隻烏龜下面又是誰？那個人說：「下面一個接一個的全是烏龜。」（p. 29）Geertz 的重點是，以人種誌的觀點來看，找不到「最下面那隻烏龜」的話文化分析是無法完整的。雖然我接受 Geertz 的觀點，我還是要強調一個不同的、批判現實主義者的觀點：你並不需要去找到最下面那隻烏龜，才能得到具有效度的結論，你只要找到一隻能讓你安穩地站著的烏龜就行了。

　　如同 Campbell（1988）、Putnam（1990）以及其他的學者曾經論證，我們不需要用一種獨立於觀察者之外的「金科玉律」來和我們的研究結論相比，以測得效度如何。我們需要的是，將這些結論與世界上的現象相測試，利用這些現象證明自己錯誤的可能性是多少。效度的關鍵概念就是**效度威脅**：你可能出錯的地方。這些威脅常被認為是替代性的解釋，也就是 Huck 和 Sandler（1979）所稱的「對立假設」（rival hypotheses）。這種替代性解釋是了解你的資料的其他可能方式——例如，你訪談的對象沒有呈現真實觀點，或你忽略了不符合你的解釋的資料，或有不同的理論依據來詮釋你的資料。身為研究設計的一部分，效度是由許多威脅與策略的概念化所組成，而你用來發現在你真實的研究情境這些是否可行，如果可行則

去處理它。

　　量化與質性研究設計通常在處理效度威脅的方式上有很大的不同。量化以及實驗研究的研究者，通常會預先設計許多控制，來處理可預期或無法預期的效度威脅。這些控制包括成立對照組、在統計上控制外在變項、隨機抽樣與分組、在蒐集資料前先形成明確的假設，以及以統計方式檢定顯著程度。這些預先控制的方法，自然就處理絕大部分效度的威脅，而正如 Campbell（1984）所說的：「隨機的目的是要控制數量無窮的『對立假設』，而不是具體說明這些對立假設是什麼。」（p. 8）

　　另一方面，質性研究者很少能有事前比較、取樣策略，或控制某個變項的統計「操弄」這種好處，而是必須在研究開始之後，才試著處理大多數的效度威脅，使用研究過程所得到的證據本身來證明這些「對立假設」（alternative hypotheses）是錯的。這種方式是先建立暫時性的理論，再使用某些策略排除效度威脅，而不是經由事前研究設計的方法來排除效度威脅，事實上是比較基本的科學方法（Campbell, 1988; Platt, 1964; Shadish et al., 2002）。然而，這種方法需要事先在研究問題裡明確指出有哪些效度威脅，然後發展排除這些特定威脅的方式。

　　在質性研究計畫和你的研究設計本身中，很重要的是必須要說明效度威脅的概念，以及如何消除這些威脅。許多撰寫研究計畫的人常會犯這樣的錯誤：用概括性、理論性的詞彙來說明效度，以很抽象的方式，例如：歸類、參與者驗證、三角驗證等等，假設這些應該能避免研究的效度不足。這種呈現通常叫做「樣板化」——從其他研究方法的書籍或成功的研究計畫中照抄的，無法證明研究者曾經充分地思考過這些方法如何用在自己要進行的研究上。這種研究計畫的內容常常會讓我想起用來驅魔的魔法護身符。如人類學家 Bronislaw Malinowski（1954）所論證，魔法是用在當技術性的技能無法確保好的結果之時：「如果追求的是清楚的、可信賴的，以及在理性方法與科技過程中能控制得很好的，那就找不到魔法。我們只有在危險的要素已經顯而易見時才找得到魔法。」（p. 17）這貼切地描述了

學生如何看待研究計畫撰寫這件事。

在本章其餘部分，我提供了幾個具體策略來處理效度議題，我希望能減少對抽象概念的魔法乞求。質性研究計畫中應該要強調的是，你如何對你的解釋和說明排除**特定的**、可能的其他選擇與威脅。與其引用權威的話，或是希望標準化的方法有用，還不如針對研究情境中特定的威脅，提出清晰的說明。Martha Regan-Smith（1991）的研究計畫（見附錄 A）就是一個很好的例子。

兩種具體的效度威脅：偏見與反應

我曾經指出，質性研究者通常將效度威脅視為可能會導致結論無效的特殊事件或過程來處理，而不是將它們視為一般的「變項」來進行控制處理。針對質性研究結論而來的效度威脅太多了，即使只列出最重要的，我都很難像 Cook 和 Campbell（1979）曾經試過為準實驗性研究列出效度威脅一般。在此我要做的是，探討在質性研究中經常被提到的兩大類效度威脅：研究者的偏見，以及研究者對於研究對象的影響，也就是一般通稱的反應（reactivity）。

研究者的偏見

在質性研究裡，有兩項重要的效度威脅會影響研究結論：一是研究者會選擇性地使用符合他已知的理論或先入為主的想法的資料；二是研究者會刻意選擇某些特別「突出」的資料（Miles & Huberman, 1994, p. 263; Shweder, 1980）。這兩種都牽涉研究者的主觀，也就是大多數質性研究者所稱的偏見。正如第二章與第三章中所討論的，為了解決這種問題，而去消除研究者腦海中已知理論、既有的偏見或是價值觀，都是不可能的事。反之，質性研究主要關切了解**特定**研究者的價值觀與期待如何可能影響研

究的實施與結論（這可能是正面或負面的），並避免這些有負面的結果。
你在研究計畫裡一定要清楚說明自己可能的偏見，以及如何克服這個問題。
正如一位質性研究者 Fred Hess（個人通訊）所說的，質性研究的效度不是
漠視的結果，而是誠實的結果。

▶▶▶反應

　　研究者對於研究場域或個人的影響，通常是所謂「反應」的問題，這
是質性研究經常提到的影響效度的第二個問題。試著「控制」研究者的影
響對量化的、「變異理論」的方法是合適的，其目標是為了避免研究者本
身的多變性而導致研究結果的變數也發生多樣的變化。然而，消除研究者
對於研究的**實際**影響是不可能的（Hammersley & Atkinson, 1995），而且質
性研究的目的，也不是要消除這種影響，而是要了解並有效地去運用這種
影響。

　　就參與者觀察研究而言，研究者的反應對於效度的影響**並未**如某些人
想像的那麼嚴重。Becker（1970, pp. 45-48）指出，在自然的情境之下，環
境本身對於參與者行為的影響，比起觀察者的影響嚴重多了（當然也有例
外，例如有非法的行為發生時）。相反地，在訪談研究中，反應——比較
正確的稱呼是 Hammersley 和 Atkinson（1995）所稱「反身性」（reflexiv-
ity），也就是研究者是他所研究的這個世界的一部分這個事實——則有重
大且不可避免的影響；受訪者所說的話，**永遠會**受到訪談者和訪談情境所
影響。雖然你可以利用某些方法來避免這樣不想要的結果（例如避免使用
引導性的問題），但試著將你對研究的影響減到最小，並不是質性研究有
意義的目的。正如之前對偏見的討論一樣，重要的是了解你是**如何**影響受
訪者的言論，而這又如何影響訪談推論的效度。

效度測試：檢核表

　　雖然運用一些方法和程序並不一定能保證效度，但是為了排除效度威脅，並且增加結論的可信度，這些方式都是必要的。為了這個原因，以下提供一份檢核表，列出一些最重要的策略來幫助你達到這個目的。Miles 和 Huberman（1994, p. 262）列出了一份較詳細的表單，與我的內容有些重複，另外 Becker（1970）、Kidder（1981）、Lincoln 和 Guba（1985）、Patton（1990）都有做過類似的工作。以下不是這些作者言論的完整統整——我建議你去參考他們的意見——我只是列出自己認為很重要的部分（Maxwell, 2004c）。

　　總的來說，我提出的這些策略並不是用來**確認**結論的正確與否，而是用來**測試**結論的效度，以及檢查是否有任何可能影響結論的效度因素存在（Campbell, 1988）。這些測試的基本過程是要找出會挑戰你結論或是造成效度威脅的證據。

　　請記住，你必須確實地運用這些策略，它們才會有效。如果只是在研究計畫中稍微提及，拿它們來當魔力咒語，以為可以驅走效度威脅（和對計畫的批評）是毫無作用的；你必須要展現你已經完整思考過如何在研究裡有效地運用它們才行。不是每個策略都在研究中有用，而且試著要應用所有可行的策略在時間上可能也不是很有效率的方法。如之前所述，你需要決定何種**具體**的效度威脅是最嚴重與可能發生的，以及處理這些威脅的最佳方法。

■ 1. 密集的長期參與

　　Becker 和 Geer（1957）宣稱長期的參與觀察比其他方法更能提供對於特定情境與事件更完整的資料。它其實不只提供更多不同種類的資料，也

讓你能檢查與確認你的觀察和推論。重複的觀察和訪談，以及研究者在研究現場的持續出現，能幫助去除假的關聯性和過早的理論。它們也允許比較大的機會，來發展與測試在研究過程中的其他假設。例如，Becker（1970, pp. 49-51）論證在他對醫學生長期的參與觀察研究中，不僅允許他能超越他們對醫療職業憤世嫉俗的公開說法，而發現了理想的觀點，更使他了解不同觀點在不同社會情境表現的過程，以及學生如何處理這些觀點之間的衝突。

■ 2. 豐富的資料

長期的參與和密集的訪談使你能蒐集「豐富」的資料，在此指的是細節詳盡而完整、能夠呈現真實狀況的資訊②（Becker, 1970, pp. 51-62）。在訪談研究中，這種資料指的是對訪談逐字的紀錄，不是只記錄你覺得重要之處而已。在觀察研究裡，豐富的資料就是有關你所觀察到特定、具體事件的詳細描述記錄（或錄影與轉譯）的產物（Emerson et al., 1995）。Becker（1970）認為這種資料：

> 能夠對抗受訪者的口是心非及觀察者的偏見，使得受訪者
> 難以表達一致支持某種錯誤結論的意見；正如觀察者想要只觀
> 察支持自己的偏見與預期的資料一樣。（p. 53）

Martha Regan-Smith（1991）的醫學院教學研究（見附錄 A）主要利用長期觀察與詳細的田野札記來記錄師生間在班上的互動。此外，她進行並轉譯了多次和學生的訪談，在其中他們不只詳細解釋優秀教師能怎樣增進他們的學習，還有這些教學法是怎樣有效以及為何有效。這種資料為她的結論提供了豐富又詳細的基礎和檢驗。

■ 3. 回應者效度

回應者效度（respondent validation）〔Bryman, 1988, pp. 78-80; Lincoln & Guba, 1985，現在泛稱為**同儕檢核**（member checks）〕是系統化地向你研究的參與者徵求有關資料和結論的意見。如果我們要排除誤解參與者的意見或行為及觀點的可能性，這是唯一最重要的方式，也是辨認出你所觀察到的偏見和誤解的重要方法。然而，參與者的回饋在本質上並沒有比訪談回應更有效，兩者都應該只當作你效度問題的**證據**（參照 Hammersley & Atkinson, 1995）。對這個策略的詳細討論可參見 Bloor（1983）、Bryman（1988, pp. 78-80）、Guba 和 Lincoln（1989）、Miles 和 Huberman（1994, pp. 242-243），以及 Sandelowski（2008）。

■ 4. 介入

雖然有些質性研究者視實驗操作和質性方法不相容（如 Lincoln & Guba, 1985），非正式的介入還是常用在傳統缺乏正式「實驗處理」（treatment）的質性研究上。例如，Goldenberg（1992）在兩位學生的閱讀過程，以及他們老師的期待與行為對閱讀過程影響的研究中，分享了他對其中一位學生因為要達到老師的要求而失敗的詮釋。這造成了老師對這位學生行為的改變，以及後續學生在閱讀上的進步。這樣對老師的介入與老師行為和學生進步的改變結果，支持 Goldenberg 的論點，認為老師的行為才是學生有無進步的主要原因，而非老師對學生的期待。此外，Goldenberg 提供在這個過程中產生改變的解釋，確立了教師行為是改善的主要原因，而這是單純的相關性（correlation）所難以做到的。

此外，在研究現場，研究者的出現往往就是一種介入，如在第五章所討論的，而這種效應常被用來發展或測試關於研究對象或主題的想法。例如，J. Briggs（1970）在她愛斯基摩家庭的研究中，詳細地分析這家庭如何回應她有如「繼女」般不合宜的行為，來發展她對於愛斯基摩社會關係中

文化與動力的理論。

■5. 尋找矛盾的證據以及負面的案例

　　尋找並分析矛盾的資料及負面的案例，是質性研究效度邏輯測試的關鍵。某些無法特別解釋或詮釋的，可能就有重要的缺失。然而，有時某些特別矛盾的例子是沒有說服力的，因其本身的資料就遭到質疑，物理學上就有許多「推翻」原有實驗的證據的例子，而後來證明這些證據本身也是有誤的。基本的原則就是必須要嚴格檢查支持性與矛盾性的資料，來評估這些資料對於保留或修改結論是否有所幫助，一定要小心評估後，才能排除不符合自己結論的資料。問問其他人對你結論的意見，是一個找出你的偏見和預設立場的有效方式，且能檢查在你的邏輯或方法中的缺陷。對於一些特別困難的案例，你所能做的就是完整地呈現矛盾的證據，來讓讀者評估並做出自己的結論（Wolcott, 1990）。

■6. 三角驗證

　　我們在第五章曾經討論過三角驗證——運用各種方法從不同領域的個人和場域來蒐集資訊。這種策略減少了因為使用單一特殊方法，而產生的關聯機會風險或是系統化偏誤的可能，並提升研究解釋的一致性。有關三角驗證做為質性研究中效度測試策略的最廣泛討論，可參考 Fielding 和 Fielding（1986）的 *Linking Data* 一書。

　　Fielding 和 Fielding（1986）的關鍵論點之一就是：利用三角驗證並不表示效度會自動提高。第一，三角驗證中的方法本身可能就是偏誤的或者是無效的資料來源，因此只提供錯誤的安全感。例如：訪談、問卷和文件，都是屬於自我陳述，都易產生偏差。Fielding 和 Fielding 因此強調辨認**任何**特定方法和資料謬誤的必要，再以**效度威脅**來做三角驗證。如之前所述，你應該思考錯誤或偏見可能存在的特定來源，然後尋找處理的具體方式，而不是依賴你所選擇的方法來為你做這件事。在最後的分析，效度威脅是

因為**證據**而消除，而非因為方法。

■ 7. 數字

　　許多質性研究的結論中，其實都有些許量化研究的影子。任何聲稱研究場域與對象所具有的某種特殊現象是典型的、罕見的或普遍的，或有些行為或主題比其他的更常見，都有量化研究的本質，也需要一些量化資料的支持。Becker（1970）創造了「類統計」（quasi-statistics）一詞，來代表研究中使用資料中已出現之簡單的數據結果。他認為：

　　　　在大部分觀察的案例研究中，最大的錯誤之一，就是沒有
　　利用類統計來詳細說明他們的結論。（pp. 81-82）

　　以這種方式使用數字，不會因為改成變異理論方法而把研究量化了，就如在第二、三、五章所述；這只是將這種宣稱的隱含量化內容給精確地外顯出來。關於在質性研究中使用數字的更多討論，請參見 Maxwell（2010）與 Seale（1999）。

　　合宜地使用數字不僅能讓你測試與支持那些本質上量化的宣稱，也讓你評鑑你資料中的證據量（amount），以處理特殊的結論或效度威脅，例如：有多少矛盾的案例存在，而它們又來自多少不同的來源。在 Becker、Geer、Hughes 和 Strauss（1961）針對醫學院學生所進行一項參與者觀察的經典研究中，有效地使用了這種策略，他們利用超過 50 個表格與圖形，以數量和分布來呈現支持其結論的觀察與訪談資料。此外，數字在辨認與溝通你研究之場域與對象其行動及觀點的**多元性**也很重要（Maxwell, 2011b，第四章）。

■ 8. 比較

　　用明顯的比較（如介入與控制組之間的比較）來評鑑效度威脅在量化

研究與變異理論研究是最平常不過的，但在質性研究也有許多比較的運用，特別是在多重個案或多地點的研究裡。Miles 和 Huberman（1994, p. 254）提供用來進行比較的策略清單，以及使用它們的建議。這種比較（包括比較不同時間的同樣場域）能處理使用質性方法來了解因果關係的主要反對原因之一——沒有能力明確處理「反向的事實」，也就是預設原因不存在的話，會發生什麼？（Shadish et al., 2002, p. 501）

除此之外，單一場域的質性研究，或對受訪者相對同質性較高的訪談研究，通常使用較為含蓄的比較方式，以助於案例的解釋。也許針對某種典型的場域或是某些對象的研究設計，可以找得到文獻來協助你釐清某一個特殊案例的相關因素與過程，並了解其重要性。而在其他的案例中，在該項研究場域之下的參與者，可能經歷過其他情境，或是之前經歷過一樣的情境，研究者可能從這些經驗裡找到與本次研究相關的關鍵因素及其影響。

例如，在Martha Regan-Smith（1991）對於醫學院傑出教師如何幫助學生學習的研究裡（見附錄 A），只包含得過「最佳教師」獎的老師。由量化設計的觀點來看，這是一種「未經控制」的研究，觸犯了 Campbell 和 Stanley（1963）所界定所有的效度威脅。然而，這項研究運用了之前所提到較為含蓄的兩種比較法。第一，有關醫學院教學的資訊，可以找到很多出版的資料，而 Regan-Smith 運用這些資料以及自己本身對於醫學院的豐富知識，來判定參與研究的教師有什麼特殊之處。第二，她訪談的學生明確地表達了這些老師與其他對於他們的學習沒有什麼幫助的老師有何不同。除了這些比較，有關她研究結論的效度，本質上是依賴一個過程的方法；學生不只是詳細地說明傑出老師做了什麼來提高他們的學習成果，也說明了為什麼這些教學方法很有用，以及這些教學方法如何有用。另外，研究者本身到教室參與觀察，以及教師對於自我教學的解釋，都協助 Regan-Smith 鞏固其研究結論。

如在第一章與第五章所述的矩陣，在計畫如何有效使用策略是很有價值的。表 6.1 是一個處理效度議題的矩陣，是 Sarah Daily 為了幼教老師對

表 6.1 效度矩陣：幼教老師對於兒童情緒能力的發展所持觀點之研究

1. 我需要知道什麼？	2. 為何我需要知道這個？	3. 怎樣的資料能回答這些問題？	4. 分析計畫	5. 效度威脅	6. 處理效度威脅的可能策略	7. 採用策略的理由
研究問題 1：幼教老師如何看待／敘述他們在發展兒童情緒能力上所扮演的角色？	我們對於老師對於兒童社交情緒學習的感知與角色所知甚少，是夥伴關係，還是衝突？跟家長有關嗎？	半結構式焦點團體回應	錄影、轉譯、內容分析、編碼、和別的編碼者比較編碼、重讀、檢驗個人及學校／中心層次／中心層次（公立 vs. 私立），以及調整體樣本層次的資料來辨別模式、相同之處與相異之處。	1)反應——在焦點團體中和同事／同儕一起參與在兒童的社交情緒學習能增進社交所欲的回應，而不準確地反映他們的真實意見。	1)使用開放性腳本以縮小研究者偏見的表現。 用一個單一焦點，團體主導者來保持問題傳遞、時機、重點以及回應潛力的一致性。 其他研究團隊成員在看完錄影片段後將提供主導者回饋。 最後——如果在焦點團體中，老師的回應和她的真實意見之間有歧異存在（例如，	1)前導性的焦點團體顯示了多元的意見表達，和一些研究對象之間的辯論，顯示在平和之下不同觀點的表達。 Merton、Fiske 和 Kendall（1990）討論開放問題的重要性，讓研究者認為不重要或不同意的主題也得到討論。

表 6.1 效度矩陣：幼教老師對於兒童情緒能力的發展所持觀點之研究（續）

1. 我需要知道什麼？	2. 為何我需要知道這個？	3. 怎樣的資料這些能回答問題？	4. 分析計畫	5. 效度威脅	6. 處理效度威脅的可能策略	7. 採用策略的理由
					她在團體壓力下改變了心意，我們會允許後續親自或電話訪談對象來進行澄清。	
研究問題 2：幼教老師如何感知他們自己的情緒能力是否影響兒童社交情緒學習？	如果我們評估教師的社交情緒能力，我們應該也對他們覺得這可能會或可能不會影響他們在教室中的表現有所了解。	焦點團體回應、自我評估情緒智能量表 (SREIS)、教師社交情緒學習信念量表（TSBS）、處理幼兒負向情緒量表（CCNES-T）、教師社交自我檢測 (TESST-S)。	1)錄影、轉譯、傳統內容分析、編碼、與其他編碼者比較編碼、重讀等。	2)同事的存在可能影響少數人對於社交情緒能力表達上的意見表達。	2)我們將主導教師和助理教師的焦點團體分開舉辦，來移除督導的潛在壓力。	2)工業與組織心理學文獻強調，督導對於員工回應與表達的潛在影響。
				1)測試效應——參與在焦點團體的老師可能在完成問卷之類的時候比較知道自己的情緒和回應，而且比起那些從來沒完成問卷的人，可能比較有不同的回應。	1)比較順序影響（問卷先或焦點團體先）。	1)教師將將完成電子問卷，且我們能夠利用現在問卷上的日期或時間觀察來分群組，找出先完成問卷的人或先參與焦點團體的人，來測試其不同。

1. 我需要知道什麼？	2. 為何我需要知道這個？	3. 怎樣的資料能回答這些問題？	4. 分析計畫	5. 效度威脅	6. 處理效度威脅的可能策略	7. 採用策略的理由
			2)將教師區分至社交情緒能力分群來做集群分析比較。	2)對於教師情緒能力的價值的感知可能和自己的情緒能力高度相關。	2)在問卷回應與焦點團體回應之間進行三角驗證。	2)Maxwell (2005)、Teddlie 和 Tashakkori (2003)、Morgan (1997)。
研究問題 3：老師如何在他們所觀察的教室社會化實務中，看待社交情緒學習與情緒能力？	提供更多有效的社交情緒學習環境的老師也可能較注重社交情緒學習，並視他們自己是學童培養這方面技能的關鍵。	對老師的情緒表達和對學童回應的互動進行 FOCAL 觀察。	檢視焦點團體編碼與轉譯，來比較老師對情緒表達和他們對學生情緒的回應之比例和頻率 (FOCAL)。	1)可能在焦點團體中缺乏回應的多元性。 2)可能在情緒和（或）對學童情緒的回應缺乏多元性。	1)如上述討論，焦點團體模式將支持如何在前導團體內的不同意見表達。 2)觀察測量工具的跨事觀察與前導測試將被多元性來檢驗。此外，包含多個中心類型與不同程度的教師經驗。	1)Merton、Fiske 和 Kendall (1990)。 2)我們遵循 Altmann (1974) 以及 Bakeman 和 Gottman (1997) 所創的步驟，在之前這個編碼模式已改編使用過。

表 6.1　效度矩陣：幼教老師對於兒童情緒能力的發展所持觀點之研究（續）

1. 我需要知道什麼？	2. 為何我需要知道這個？	3. 怎樣的資料會回答這些問題？	4. 分析計畫	5. 效度威脅	6. 處理效度威脅的可能策略	7. 採用策略的理由
					／責任是被期待產生足夠的多元性的。	在之前的家長中有顯著的差異，我們期待有些能轉移到教師身上。
				3)教師和（或）學童對教室中觀察者的反應。	3)我們將在每個教室舉辦「認識你」的活動，研究者嘗試在資料蒐集之前融入背景，同時教師也在研究中的每年反覆多次被觀察——這種較長期的參與應該能幫助減低回應中欺騙性的或不成熟的結論。	3)這種適應的方法已經應用在一些我們之前的計畫，並有良好成效。Maxwell (2005) 討論「長期參與」的優點（p. 110）。

於兒童情緒能力的發展所持觀點之研究所發展的（見範例 3.4）；範例 6.1
則是她針對這個矩陣所寫的反思備忘錄。

範例 6.1 **表 6.1 的備忘錄**

　　在教育研究的討論中，John Platt（1973）談到科學研究的某些領域如
何因為這些學科使用的系統化應用過程來處理研究問題，因而能快速增進
知識與理解。這過程的第一個步驟就是產生替代假設，也就是去思考一個
現有的結論會是錯誤的所有方式（p. 204）。花時間去思考我研究問題結
論的所有可能的錯誤方式是個重要的過程，因為它會增加我發展從我研究
進行扎實推論的能力，並且增加可信度，我可以說服讀者我有完整地從所
有的角度來理解我的資料。找出的效度威脅則幫助我通過整套可能的障
礙，來理解與發展關於 SRL 的產生以及影響 SRL 發展的過程之相關結論。

　　指認出這些威脅也幫助我看出在我研究設計中的所有面向結合與處理
效度威脅的重要，而且不是僅止於想到效度是我研究過程該做的事項之
一。例如，思考第一個威脅——缺乏密集、長期的參與，讓我想到處理這
個效度威脅和我研究過程的次序、我發展的訪談大綱、我的研究問題和資
料蒐集方法相關。如果我僅僅依照研究設計的發展而前進，卻沒有思考這
些啟發，那我就不可能執行事後的策略來處理這些威脅。

　　為了要找出處理我所發現的效度威脅的方法，我發現我自己反覆閱讀
Maxwell 的《使用質性方法來進行因果解釋》（*Using Qualitative Methods
for Causal Explanation*）（2004）論文，以及《質性研究設計》（*Qualitat-
ive Research Design*）（2005）一書。我發現這兩個資源最有幫助，因為整
個學期下來我已經更加了解質性研究設計的發展。這兩個資源幫助我思考
哪種策略能用在混合式方法的研究，但也可能更加適合質性研究，如我的
研究一般。因此，這個效度矩陣大部分反映了從這些資源而來的策略，且
可能被考慮是屬於**觀察與分析過程**的策略，或是**發展與評估替代性解釋方**

法的策略。

　　我決定做這個效度矩陣和備忘錄，是因為要我同時理解與應用這些概念在我的研究上是極為困難的。要不是這個作業，我從未花時間詳盡記錄這些威脅。如我在本作業反思的一件重要的事，就是這些威脅可能還只是冰山一角！在這裡還有許多變動的部分，也許存在於任何研究，要懷疑我的方法或結論的機會極其多。繼續往前我知道現在我仍須繼續建立這個矩陣。我記得 Greene 對 Teddlie 和 Tashakkorri 的「設計質量」（design quality）與詮釋精確（interpretive rigor）的討論。也就是，當我思考我研究進行下去的效度，這個作業幫助我回想不要將效度視為需要被控制的獨立變項，而是要仔細設計我的研究，以及解釋和發表結果的品質，這將持續幫助強化我的結論的效度。

習作 6.1　辨認與處理效度威脅

　　這個作業是關於讓你寫一個備忘錄，就像範例 6.1 一樣，可以是獨立的，或是根據（或讓你發展）一個像表 6.1 的矩陣。在這個備忘錄中你應該要關注兩個主要議題：

1. 在你的研究裡，你該關注哪些最嚴重的效度威脅（替代性解釋）？換句話說，在研究進行的過程中，想想看哪些事情可能會讓你犯下錯誤？盡可能找出明確的答案，不要只做出籠統的分類。同時，想想看**為什麼**你認為這些是嚴重的威脅呢？

2. 在研究設計中（包括資料蒐集與分析），要如何評估這些威脅的相似度與處理嚴重的效度威脅？先運用腦力激盪找出可能的解決方式，再想想看哪些策略對你的研究而言是**實際的**，且又與理論相關。

　　記得有些效度威脅是無法避免的；你需要在論文計畫或研究結論中承

認這點，但沒有人期待你能對**每個**可能的威脅有無懈可擊的答案。重要的是，這些無可避免的效度威脅合理的程度或是有多嚴重。

質性研究的推論

我故意將「推論」留到最後，是因為我認為它與效度的特性是不同的。在研究中的推論，指的是延伸根據特定人士、場域、時間或機構的研究結果、結論或其他解釋，到其他人士、場域、時間或機構，而非直接研究（Polit & Beck, 2010）。質性研究者通常針對單一場域或是一小群參與者或地點來進行研究，而且使用理論性或目的性的方式來取樣，而不是隨機抽樣，也很少明確宣稱研究解釋的推論。

然而，釐清內部推論與外部推論的不同是很重要的（Maxwell, 1992）。內部推論（internal generalizability）指的是在個案、研究情境或對象之中的推論，推論到沒有直接觀察、訪談，或者沒有在所蒐集資料中呈現的人士、事件、時機或情境。而外部推論（external generalizability）指的是研究的結果可以推及到個案、情境與對象以外的人或時機或情境。這不是一個絕對或清楚切割的區別，因為這端賴研究者如何定義個案、情境和研究對象，而這些都可能在研究過程中改變。然而，我認為這是個有用的區別，在你考慮規劃你的方法，和處理你結論的潛在限制之時。

內部推論對質性個案研究來說顯然是個關鍵因素，個案研究的結論效度端賴它們對整個個案來說的內在效度。如果你研究某個單一教室內老師與學生的互動模式，假使你是特意選擇教室內某些學生或特殊的互動狀況來研究，卻忽略了其他的，那麼研究結論如果想要推及到整個班級是相當危險的。對內部推論來說，抽樣議題就特別相關，因為就算在一個小的場域，都不可能觀察到每件事，而且缺乏內部推論將嚴重阻礙研究結果的效

度。內部推論的關鍵因素在於妥適地了解對研究情境和對象中有興趣的現象的**變異**。如同在第五章所討論的，多元性常在質性研究中被低估，因為不足的取樣，或誇大了一般的特色和主題，而忽略了細微的差異，或是因為強加共同的理論，卻不符合所有的資料（Maxwell, 2011b, pp. 64-65）。如前所述，使用數字來合宜地凸顯這種多元性是檢視你結論內部推論性的重要方式。

外部推論則對質性研究產生某些不同的議題。如前所述，質性研究中的外部推論和量化研究的類推是相當不同的，而在質性研究中實施量化觀點的推論常常會遭到批評（如 Donmoyer, 1990; Guba & Lincoln, 1989）。Bryman（1988）論證說：「個案研究推論的『問題』在於誤導了這種研究的目標。特別是這迷思來自於一種個案研究的傾向，好像它是從寬廣的宇宙中一堆這樣的個案群裡選取出來的。」（p. 90）

事實上，質性研究的價值可能正是因為就代表較大的群體而言，它**缺乏外部推論**，如同在第五章所討論的；它可能提供一種場域或對象的解釋，那些顯然是極端的案例或理想的型態。Freidson（1975）針對醫學團體實務的研究（範例3.3）有著針對理論和政策的重要貢獻，因為這是一群在實務上應該要最能做社會控制的群體。在本例中這種控制方式的失敗，這樣的方式不僅凸顯了其他醫師群裡也有進行相同社會化控制的可能性，而且也比研究一群具代表性的醫生更證明了這樣的控制是行不通的。

這當然不是說質性研究的結論無法推及研究的對象或情境之外。最重要的理由是質性研究的推論通常不是根據某些定義好的族群的顯著抽樣，好讓結果可以延伸；而是根據發展一個在研究個案**過程**中可以操作的理論，這些可能在別的個案也能操作，但可能在不同的情境之下產生不同的結果（Becker, 1991; Ragin, 1987; Yin, 1994）。Becker（1991）提供了過程理論的範例，在其中囚犯的被剝奪生活創造了特殊的監獄文化，而能從男子監獄類推到女子監獄，儘管在這兩個個案中實際的監獄文化是大不相同的。他說：「推論不是說所有的監獄都一樣，而是關於過程，在哪裡發生都一樣，

不同的條件造就了結果。」（p. 240）

　　此外，質性研究通常具有統計學家 Judith Singer（個人通訊）所說的「表面推論」（face generalizability）的特質；沒有明顯的理由證明研究結論不能普遍推及研究之外。Hammersley（1992, pp. 189-191）與 Weiss（1994, pp. 26-29）列出了一些支持質性研究能進行推論的特質，無論是個案研究或是非亂數抽樣，包括受訪者自己對於推論的評估、其他情境中類似的動力與限制、研究現象的普遍性或深度，以及來自其他研究的支持。這些特點可以證明質性研究推論的可信度，然而沒有任何一個特點是可以像隨機抽樣的研究一樣，能精確地利用研究結果進行推論。

註釋

①我呈現這些哲學爭論，啟發了他處的這些敘述（Maxwell, 1992, 2002, 2004c, 2011b）。我也認為在這裡呈現的效度概念和某些後現代的效度方法相符（如 Kvale, 1989; Lather, 1993；參見 Maxwell, 1995, 2004b）。

②有些質性研究者將這種類型的資料視為「**深描**」（thick description），這一名詞是由哲學家 Gilbert Ryle（1949）創造的，再由 Geertz（1973）在人種誌研究中加以運用。然而，這並不是 Ryle 或 Geertz 的原意。深描，正如 Geertz 的運用，是指一種敘述，包含了行動者的意圖以及這種行為所代表的特殊意涵，也就是人類學家所說的「**局內人的解釋**」（emic account）——代表研究對象所持有的意義和觀點，而非只是研究者的角度（Fetterman, 2008）。這跟提供多少細節沒有任何關係。更詳細的說明，可參見 Maxwell 和 Mittapalli（2008b）。

Chapter 7

研究計畫：
質性研究的呈現與說明

俄國的凱薩琳女皇（Catherine the Great of Russia）有一次決定在多瑙河以遊船的方式來巡視她的領土。她的首相葛利‧普提金（Grigory Potemkin）知道那裡都是女皇看了一定會不高興的貧民區，因此沿著河岸建造假的村落，還指派了一些農民站在河岸歡呼，讓女皇對於當地的富裕和繁榮留下好的印象。直到現在，「普提金村落」（Potemkin village）一詞就被用來表示「用華麗的外表或設計來隱藏不好的事實或狀況」（"Potemkin Village", 1984）。

你不會希望你的研究計畫（proposal）就如同普提金村落──它所呈現的並不是你相信或真正想去做的研究，而是虛構的內容，目的只是為了要得到進行研究的批准，或是經費的補助，或符合你認為一個研究計畫應該要有的內容。姑且不論評審委員通常都能夠發現這種虛構的設計內容，普提金村落類型的研究計畫最嚴重的問題就是你可能接受了自己虛構的內容，認為自己已經解決設計上的問題，因而忽略了真正的理論、研究目的、研究問題、研究情境以及相關的影響是什麼──這些才是你真正的研究設計。

通常會產生這樣的研究計畫，是因為作者沒有好好地思考真正的研究設計內容（更糟的是，有的作者連為什麼**需要**研究設計都不知道），只是虛構了一份設計作為替代品而已。忽視或拒絕正視真正的研究設計以及影

響研究設計的情況，等到開始進行研究的時候，一定會遇到麻煩。為了這個理由，在你嘗試寫研究計畫之前，需要有相當清楚的研究設計想法。在你讓你的研究設計至少暫時有用之前就嘗試建立研究計畫，不僅使得計畫撰寫的工作更加困難，也可能會如同普提金村落般侷限你的思考，阻礙你發展一個真正可行的研究設計。

當然之前曾經說過，你的研究設計會隨著研究的進行而有所改變，所以質性研究的計畫無法精準地代表你要進行的事。然而，這不能當作無法盡量發展詳盡的研究設計的藉口，也不能用這個理由來推卸研究設計表達不夠清楚的責任。在你的計畫中，你只需解釋你研究所需要的彈性，並盡可能指出未來要如何做出研究決策。對於研究計畫來說，你的委員通常希望看到你有展現設計一個既連貫又可行的研究的**能力**，提供證據證明你通曉在所提研究中的關鍵議題，以及處理這些的方法，而不需要完全能實施的研究設計。

在本章中，我要解釋研究設計與有效的計畫之間的關聯，並提供準則與忠告，說明如何完成從設計到研究計畫的過程。我認為在本書中我所使用的設計模式簡化並促進了這個轉化的過程，同時在思考計畫的構造與內容上也提供了一個很有用的架構。在 Locke、Spirduso 和 Silverman（2007）的文章中，對於撰寫研究計畫有更為詳盡的說明。

我先由研究計畫的目標與架構開始說明，接著解釋研究設計與這些目標、架構之間的關聯，最後，我會討論質性研究中，計畫的各個部分內容以及撰寫時需要注意的重點。

研究計畫的目標

計畫的架構不能被特定的規則所駕馭；它是要與計畫的目標牢牢相繫的。目標是非常基本的，因此當你撰寫計畫時，應該要把它貼在電腦或書

桌上：「計畫的目標，是向不了解你的研究主題的讀者解釋並論證（說明）你所欲進行的研究。」

在這段話裡，有四個關鍵概念：

1. **解釋**：你要讓讀者清楚了解你要做什麼。Locke、Spirduso和Silverman（2000）指出：「指導教授與口試委員誤解學生研究計畫的機率，比不同意學生的研究計畫的機率高出許多。」（p. 123）就我個人指導學生、擔任口試委員，以及撰寫與審查獎助研究計畫的經驗來看，我很認同這樣的觀察結果。在撰寫與編輯研究計畫的時候，首要目的就是要清楚。

2. **論證（說明）**：要讓閱讀研究計畫的人不只了解你想做什麼，還要了解為什麼——你要怎樣計畫來實施這個研究的理由。一份即使敘述很清楚的研究計畫會被拒絕，通常是因為作者沒有說明為什麼他要這樣進行這個研究。讀者也許不了解你要使用的研究方法是否能針對研究問題提供有效的答案，或者你的研究問題是否有針對重要的議題或研究目的來設計。他們也許還會質疑你是否有進行這項研究的好理由，或者質疑你只是從其他的研究裡使用「樣板化」的語言來撰寫研究計畫。

3. **你所欲進行的研究**：研究計畫的內容應該關於你的研究，而不是一般的文獻、研究主題或研究方法。你應該要硬下心腸將任何對於你的研究沒有直接貢獻的解釋或說明刪掉。計畫不是用來展示你對於這個主題文獻①的一般了解程度、你對理論與研究方法的純熟度，或者是你對於要進行調查的現象所持的政治觀點；②這些內容一般來說，對於想要決定你所提議的研究是否有意義的評審委員來說，只會造成困擾。學生有時候在撰寫研究計畫時聚焦於他們所計畫的**論文**，而非他們提議要做的研究。他們提供冗長、一章接一章的敘述來說明論文會涵蓋的內容，而且使用一些語言，例如：「在我的論文中，我會討論……」

雖然這些說明偶爾會有點用處，然而在解釋與說明你真正的研究時，如果提及你要怎麼進行論文，這種內容絕大部分都會產生誤導，造成呈現真正研究和設計時的干擾。

4. **非專家的讀者**：你不能假設閱讀你計畫的人都具有特別專門的知識。社會科學以及相關領域的獎助計畫，通常都不是分派給對你的特殊主題有專長的人來評審的，而很多審核學生研究計畫的教師，對於計畫相關的主題也不見得擅長。你需要仔細檢查計畫內容，確定即使對不是該領域的人也都很清楚（最好的方法就是將計畫給非該領域的人先看過，然後請他們告訴你內容哪裡不夠清楚）。

研究計畫即論證

之前提過另一點很重要的，就是研究計畫是為了你的研究的論證，它並非只是敘述或摘要說明研究內容而已，而是要解釋研究背後的邏輯，如此一來那些非專門領域的讀者也能夠了解你的論證（不過，不是要為你所預期的結論做辯護；如果你這麼做，將會因為你的偏見而造成嚴重的問題，你要抱持開放的態度，即使之前的信念被資料所扭轉）。研究計畫的每一部分，都應該要能形成此部分清楚的論證。

一份好的研究論證，最重要的特色就是要夠**連貫**（coherence），研究計畫必須在兩種意義上來表達連貫性。第一，計畫必須前後連貫，從某一點到另一點的流程是具有邏輯性的，最後還要能夠整合為一。在研究設計中各個部分的連結對於達成這種一致性是很重要的。你需要了解為什麼要這麼做你現在做的事，而不是盲目地隨著規則、模式或準則來進行。範例7.1 和 7.2、習作 7.1，以及附錄 A 和 B 可以幫助你達成這個目標。

第二，你的論證必須是連貫的——以便讀者能夠理解。你必須將自己當成是讀者，並思考他們會如何理解你說的內容。這需要避免使用專業術

語、不必要的複雜格式，以及 Becker（2007）所說的「別緻漂亮的寫作」。
沒有達到這兩種連貫性就是研究計畫中最常見到的問題：要不就是思考推
理不夠連貫、有漏洞，要不就是沒有對評審委員合宜地說明自己要做什麼，
以及為什麼要這麼做。附錄 A 與 B 這兩份研究計畫就是清楚、直接用語的
範例，能避免大部分以上所提到的問題。

研究設計與研究計畫論證的關係

評審在審核你的計畫時必定會問許多問題，你必須在計畫中的論證部
分加以處理。Locke 等人（2007）指出：

研究者必須回答三個問題：
1. 我們已知或已做的事情是什麼？
2. 某個特殊的問題與我們已知或已做的事情有什麼關係？
3. 為什麼要使用某種研究方法來進行研究？（p. 17）

這些問題強調了我的研究設計模式中主軸周邊的連結，包括概念架構、
研究問題和方法（見圖 7.1）。

相對而言，Przeworski 和 Salomon（1988）則對於向社會科學委員會
（Social Science Research Council）尋求經費支持的申請者提出如下的建議：

每個評審計畫的人不斷地尋找以下這三個問題的清楚答案：
1. 從這個計畫研究的結論裡，我們可以學到哪些我們目前未知
   的事情？
2. 為什麼這些事情值得我們了解？
3. 我們怎麼知道結論是有效的？（p. 2）

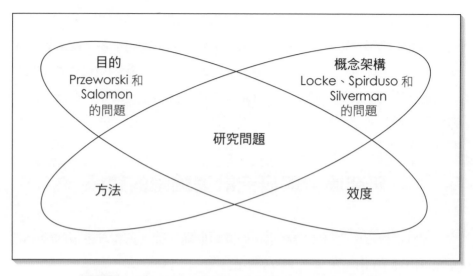

圖 7.1 研究設計與有關研究計畫的問題之間的關係

　　與 Locke 等人（2007）所提出的問題相較，他們的問題是著重於模式中另一軸之間的關聯，包括目的、研究問題及效度。

　　因此，研究設計中各個部分的關聯，也就是構成研究計畫論證的主要要素。研究論證的一致性，也就是靠這些關聯來構成的。計畫最重要的是向讀者清楚傳達你對前面這些問題的答案，以及這些答案間的關聯。

研究計畫架構的模式

　　我在本書中所使用的研究設計模式，可以直接用來規劃一個質性研究計畫。這種格式絕對不是計畫唯一的方法，但是它是相當標準而且易於理解的格式，同時對於說明傳達質性研究的設計也有很好的幫助。不過，每所大學或提供經費的機構，對於研究計畫的格式都有個別的要求和喜好，如果這些格式與我的格式相衝突，當然你要以他們的格式做為優先考量。然而我仍建議你使用我在這裡所描述的架構，做為計畫撰寫的首要步驟，

即使你最終會轉化成不同的格式。我已看過太多學生迷失在嘗試使用傳統或被要求的計畫架構來**發展**他們的設計，而產生重複的、不一致的論證，因此無法傳達他們研究的真正優點。

　　首先我要以圖表來呈現研究設計與計畫架構的關係（圖7.2），然後再討論計畫架構各部分的細節，說明它與我的研究設計模式有什麼關係。在閱讀我的說明時，建議你可以同時參考兩個研究計畫範例（附錄 A 與 B）以及我在第一份研究計畫中的評論，這樣更容易幫助你理解。關於我所敘述的這個架構，重要的不是各部分的名稱；這僅是個有用、組織良好的工具，如果和要求你遵循的架構有所衝突時，它是可以被修改的。重點是以能夠清楚傳達你的研究設計和說明的方式來組織這些議題。

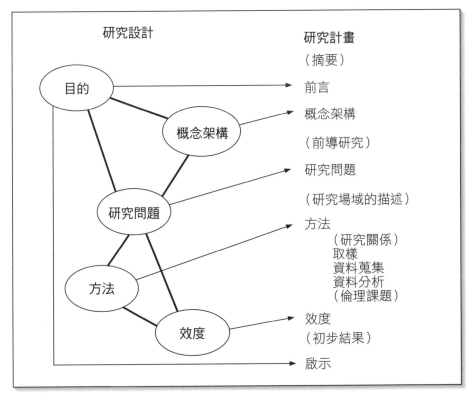

圖 7.2 研究設計與研究計畫架構的關係

在許多大學和系所中，對於論文計畫有一個標準的、三章的格式必須遵守（這三章也被廣泛相信應該形成你論文的前三章，這個想法我認為在質性研究特別不合適也沒有用，在你的論文中，這三章特別是「方法」那章，需要根據實際發生在你研究中的事情做大幅修正）。Elizabeth Riddle 的論文計畫（附錄B）說明了我敘述的不同研究要素可以怎樣融入這個格式。

■ 1. 摘要

不見得每一份計畫都一定要有摘要，但是如果你需要寫，那麼摘要是用來呈現你的研究的概要，像「地圖」一樣，不只是論文本身，也可以說明研究計畫中的論證。摘要應該要以扼要的方式說明研究的論證，而不能像佔位一般，等著之後再把內容填進去（Becker, 2007, pp. 50-53）。Regan-Smith（見附錄 A）的摘要就是範例。後面還會介紹一份論證大綱的習作（範例 7.1、7.2 和習作 7.1），是發展論證時的有用工具。

■ 2. 前言

計畫的前言是「為研究做好準備，解釋……你要做什麼，理由又是什麼」（Peters, 1992, p. 202）。它應該清楚地表達研究目的以及要處理的研究問題概要，同時也要交代你想要做什麼類型的研究（完整的研究問題內容通常放在概念架構之後比較好，研究問題的理論基礎要先清楚，不過，這並不是絕對的規定）。如果研究計畫架構容易引起誤解，應該要利用前言說明清楚。

■ 3. 概念架構

通常這部分就是所謂的「文獻探討」；但是這個用詞容易引起誤解，我在第三章已經說明原因，但你可能需要使用它，看你所提的論文計畫對象是誰。在計畫中這一部分有兩個關鍵作用。首先，它要表現你的研究如何切合已知的（它與已知的理論及已做過的研究的關係，以及它如何幫助

我們了解你的研究主題（研究目的）。第二，說明研究的理論架構。通常針對已有的理論及先行的研究來做討論，就可以達到這些功能，不過重點是，不是為那些在此領域已知的理論與研究做**摘要介紹**，而是要藉由之前相關的理論和研究來為你的研究**建立基礎**，讓讀者了解你針對研究現象所要使用的理論是什麼。

因此，好的文獻探討的基本要素是**相關性**，每件討論的文獻應該和你的研究相關，而你需要去解釋**如何相關**——它如何形成或啟發你的研究——如果不太明顯的話。美國心理學學會（American Psychological Association, 2010）的《出版手冊》（*Publication Manual*）是一本社會科學和應用領域的論文、論文計畫與出版品所廣泛使用的指引，其中提到：「引述和參考文獻只有在和特定議題緊密結合時有用，而非那些只是次要或一般重要的文獻……避免不重要的細節；反之要強調相關的發現、方法議題與主要的結論。」（p. 28）（要參考此議題的延伸討論，參見 Maxwell, 2006。）記得在第三章提的重點：有時和你研究最相關的理論或研究可能來自於你的主題領域之外。③

在研究計畫中有一個以此原則來做文獻探討時需要注意的前提。有些指導教授和口試委員相信這種探討能展現你了解在你所研究領域的文獻，不論它對你的特定研究是否相關。如果你是這種情形，你的文獻探討則需要比我描述的更加全面；你可以和口試委員確認此點。然而，你**仍然**需要辨認出和你研究最相關的文獻，以及你能用在你的概念架構的具體想法（以及你研究設計的其他部分），因為這對為你的研究計畫和實際發表你的結果來建立一致的展現與論證是很重要的（關於論文文獻探討的這兩種概念與其結果，參見 Maxwell, 2006）。

到目前你的個人經驗與知識形成你概念架構的一個重要部分，這些應該在你的計畫某處來討論；Martha Regan-Smith 和 Elizabeth Riddle 都提供了她們獨立出來的概念架構章節。再次聲明，**相關性**是關鍵因素；在這部分所討論的經驗和觀點與你研究的連結必須要清楚。

　　如果你有進行任何前導研究，也要在計畫中說明，並解釋它對於你的研究有什麼影響。這部分可以寫在以下三處的任一個位置：概念架構的結尾、在概念架構之後接著的獨立段落，或是在某些情況下，如果詳細的研究問題可以幫助讀者了解前導研究，也可以將它寫在研究問題之後。除非你做前導研究的主要目的是用來測試你計畫在研究中所要使用的方法，否則針對前導研究的說明應該是要討論你由前導研究中**學**到了什麼，而不是詳細解釋其實施細節。

■4. 研究問題

　　在我的研究設計模式中，研究問題的敘述是計畫的中心部分。雖然有時候也是可以將研究問題的概略說明放在前言，但是我建議等到概念架構的段落之後再來詳細說明會比較好。這是因為研究的情境、理論與經驗應先說明，再來討論特殊的研究問題才會比較清楚。你可以如 Regan-Smith 的作法，寫一小段專屬你研究問題的段落；你也可以如同 Riddle 般，將這些放在概念架構章節的最末，或放在方法章節的開端。

　　研究問題的部分，如果答案並不明確的話，除了要陳述問題以外，還有兩個關鍵重點要做說明：

(1) 你的研究問題如何與之前研究和理論相關？如何與你的個人經驗與探究性研究相關？以及和你的研究目的相關？

(2) 這些研究問題是否形成一個連貫的整體，而非只是隨意地針對研究主題選擇一些問題而已。一般而言，數目少但清楚的問題，遠比數目多但想要含括所有主題的問題好得多。如果主要研究問題超過二至三個，就必須想想看，某些問題是否應該屬於另一個較大問題的次問題，或是事實上你的研究想要做的東西太多了。

■ 5. 研究方法④

　　一般而言，計畫不一定要說明所用的質性研究方法的理由，除非你有理由認為這對某些讀者來說是需要考量的。⑤你需要為你所做的某一種研究方法的決策做解釋或辯護，對於每一個決策都該說明為何這是合理的抉擇。如果你不打算預先說明你研究方法的某些部分（例如：訪談進行的次數），你可以解釋你所做決定的依據。

　　描述研究場域及社會情境，有助於評審了解你選擇研究問題與研究方法的考量。這種描述可以放在研究方法的開始，或是放在研究問題之前或之後，獨立成為一段。申請經費的研究計畫，也需要解釋已有的資源為何以及需要經費支援的地方、你的資格和經驗、時間表與預算；這些內容有的可以放在研究方法這部分，但也可以另外增加一個篇幅來做說明。⑥

　　研究方法的部分，通常分為幾個項目：

(1) **以類型來說明研究設計**：這是什麼樣的研究？這可包括研究的特定類型（如質性訪談研究），或是如果相關的話，你會採取的特定哲學或方法論（如現象學、參與式行動研究等，參見第三章研究派典主題中關於這些方法的討論）。通常在質性研究中，不需要如此說明，但有時候這種解釋能夠讓大家了解你所選擇的研究方法──例如：解釋你為什麼選擇使用個案研究，或為什麼要比較兩個場域。如果不需要很詳細的解釋，那你可以在前言的部分稍加說明；若是你的研究問題與你要進行的研究類型密切相關（例如：比較兩種不同場域，而問題焦點是在於比較），那麼就應該在研究問題的部分說明。

(2) **你計畫與研究對象建立的關係**：我們之前曾經說過，這是研究設計中很重要的部分，不過通常在計畫中並不是一個很明確的部分。我的建議是，如果你所建立的關係很特殊，例如是很重要或很不明顯

的消息來源或洞見，或是造成潛在資料蒐集困難、引起倫理問題或效度威脅時，最好說明清楚這種關係（見附錄 A 中 Regan-Smith 在研究場域選擇那部分有對她和研究對象之間關係的扼要敘述，以及附錄 B 中 Riddle 在方法章節中研究關係裡討論她想建立的關係）。

(3) **場域與取樣**：光是描述是不夠的，還要說明理由，解釋你為什麼要研究這些特殊的場域，或是訪談這些特殊（數量）的人。

(4) **資料蒐集**：如何獲取幫助你回答研究問題的資訊。你應該要說明什麼方式的訪談、觀察或其他你計畫要使用的方法；你將如何進行；以及你為何要選這些方法。對取樣與資料蒐集這兩個部分來說，考量實際的情況是很重要的，在計畫中要坦白說明，不能刻意忽略或是捏造不符事實的理論論證來說明如何進行決策。如果你主要是基於實際情況的考量來做決策（例如：選擇你有接觸、容易接近的機構來研究），你需要小心處理可能的效度威脅或倫理上的風險。

(5) **資料分析**：要如何理解蒐集到的資料所代表的意義。你要清楚說明怎麼分析資料；明確的例子通常比抽象的敘述有用。同時，說明這些分析結果如何幫助你回答研究問題；你也許可以附上研究問題與研究方法的矩陣（如表 5.1）來說明呈現。

有關研究倫理的問題也可以在研究方法這部分加以說明，不過如果你的研究可能真的有明顯的倫理問題，你最好像 Martha Regan-Smith 一樣，另外用一個研究倫理的章節來說明。

■ 6. 效度

通常在研究方法的部分中，會談到效度的問題，但我建議你另闢單獨的部分來處理，原因有二。第一是為了闡明——你需要解釋如何利用不同的方法來處理個別效度威脅（我們之前談過，這也就是三角驗證的策略），或者如何利用取樣、資料蒐集以及分析的決策來解決某個效度威脅。第二

個原因是策略性的——在計畫中另為效度專闢一個單元，可以強調你對效度問題的重視。在計畫中的議題，最好讓評審了解你已經知道某個問題，以及正想如何解決這些問題，這遠比你有一套無懈可擊的解決計畫要來得重要多了。

　　處理效度問題最關鍵的是，要表現你將檢視可能有的其他解釋或矛盾的資料，證明你的研究不是自我應驗預言。Locke 等人（2007, pp. 87-89）具說服力地說明了什麼是心智的科學狀態，以及發展替代性解釋和檢驗結論的重要。以我的觀點來看，這一點對質性研究或量化研究都是很重要的。

■ 7. 初步結果

　　如果你已經開始研究，在這一部分可以說明截至目前已知你採用該方法的實際狀況，或暫時的研究結果。這一部分對於證明研究的可行性以及澄清研究方法是很有用的，特別是資料分析的策略；相關的範例參見Regan-Smith 的計畫內容。

■ 8. 結論

　　這是用來總結之前各個部分的內容，提醒讀者研究目的及研究貢獻，討論此研究在該領域中可能的關聯與影響。這部分的內容應該要能回答讀者在閱讀計畫時，所產生任何「那麼又如何？」的問題。通常內容很短，最多一到兩頁就夠了。Martha Regan-Smith 的論文計畫提供了一個特別精簡、僅一段的結論（甚至沒有以「結論」稱之），就完成了這些工作。Elizabeth Riddle的論文計畫沒有這種結論，但是是可以有的（沒這樣做是我的疏忽）。

■ 9. 參考文獻

　　這部分通常只能用來列出你確實引用的文獻；除非你有接獲明確的指示，否則其他相關文獻的書目是不應列出的。

■ 10. 附錄

可以包含下列的項目：

- 研究的時間表
- 介紹信或准許研究的信件
- 問卷、訪談大綱，或其他研究工具
- 受訪者的名單
- 觀察的時程表
- 分析技術或軟體的說明
- 研究問題、研究方法、資料與分析策略關係的矩陣（見表 5.1）
- 先導研究中或已完成研究的部分觀察筆記或訪談紀錄的範例

附錄也可以包括某些事物的詳細說明（例如：特殊的資料蒐集或分析技巧，或有關受訪者與場域的背景資訊），若放在研究計畫中可能需要許多篇幅才能包含所有的內容。

我在此介紹的架構，最早大概是為 5,000 字左右的研究計畫而發展的（大約是 20 頁，雙行間距的格式）。不同的大學或經費來源對於研究計畫長度的要求各有不同，有長有短。不過即使你的計畫比我所說的長度要短，我還是要建議你在起草稿時至少要有 20 頁，因為這是讓你設計良好的研究計畫的練習。有一個寫了 10 頁計畫的學生，在評審委員通過他的計畫後說：

> 我想我如果把計畫寫得更完整會比較好。即使我不太確定未來研究的形式，但是我仍然應該花更多的時間來做規劃。這樣我才能對自己的研究方向更有自信。（Peters, 1992, p. 201）

一旦你對自己的設計感到自信並懂得如何呈現時，就可以把計畫縮減到所需的長度了。另一方面，如果你需要寫一個比較長的計畫，我建議

以 20 頁的草稿開始，來幫助你發展你的論證。

　　我要強調的是，不能使用任何機械化的方法來將你的研究設計轉換為研究計畫。計畫是用來與別人**溝通**研究設計的一份文件，需要仔細思考，並且要與研究設計本身的工作分開來進行，想想看如何才能達到最好的溝通成效。為了達到這個目的，需要考慮讀者有什麼特性。不同的大學、審核委員、政府機構以及基金會都有他們自己的觀點與標準，你必須要將研究設計依照他們要求或期望的語言來做修改。我在此提出的架構是一般性的，在大部分的狀況下都可以幫助你獲致很好的結果，但是為了符合評審的期望，你還是要或多或少地修改。和你的委員或你有所接觸、提供經費單位的人員討論，對於完成這事是很有益處的。

　　有一個很有用的步驟，可以幫助你將這個一般性的計畫架構，針對你的研究轉化為詳細的計畫內容，那就是預備一份研究計畫**論證**（argument）的綱要，依序列出研究中所要解釋與證明的論證（參見習作 7.1），幫助你釐清計畫中的**邏輯**，而免於格式與文法的限制（參見 Becker, 2007，第三章有更多說明）。配合概念圖，可以使用兩種方法來進行本練習——先隨手寫出你的想法，然後轉化到計畫中；或是先拿計畫的草稿，經過分析後將論證摘要而出，再利用所得的論證內容修改計畫。我提供兩個這種大綱的範例。範例 7.1 是我對 Martha Regan-Smith 的計畫論證做的綱要，它相當短，但解釋了基本的想法。範例 7.2 是 Sherry Steeley 在規劃她的論文計畫時，實際寫的大綱。

　　在你利用我這份計畫架構的一般模式時，我要提醒你，不要將這個模式當成撰寫論證的**樣板**。每個研究都需要有不同的論證，以便說明研究內容，而且在撰寫論證時必須基於**自己**的思考來做研究，而不是借用別人的思考。尤其是當我進一步討論我對 Martha Regan-Smith 的計畫所做的評論細節時，要注意她的研究主題是很少有先前研究可參考的；而你的論證（以及計畫）幾乎是需要提到更多既有的理論和研究的，如同 Elizabeth Riddle 做的一般。

　　以下是 Martha Regan-Smith 的計畫論證綱要，完整的內容呈現在附錄 A。我由她的計畫中設計了這份大綱，因此對你目前暫時完成的計畫大綱來說，可能不是很好的範例，不過我的主要目的是要展示論證大綱的格式。在這份大綱中，有些部分在計畫中並沒有詳細的描述；計畫中論證的明確陳述程度，要視你的評審是否能夠由論證做出推論，或者將論證視為理所當然。同樣地，大綱本身只是草稿而已，只要足夠表達出研究的論證即可，即使是在完整的計畫裡，都無法處理每一個你研究上可能的問題，你必須聚焦在你認為對讀者來說最重要的議題。

基礎科學老師如何幫助醫學院學生學習的研究論證

1. 我們需要更清楚地了解基礎科學的老師如何幫助醫學院學生學習。

    (1) 需要傳達的資訊太多，而教學的時間並沒有增加。

    (2) 醫學院學生對於證照考試中基礎科學測驗的表現越來越差。

    (3) 由這些事實可發現學生的沮喪、玩世不恭的情況，而教師們也注意到了。

2. 我們對於基礎科學老師如何幫助學生學習，知道得並不多。

    (1) 其他有關科學老師的研究，並不必然適用於醫學院。

    (2) 大部分基礎科學教學的研究都是量化的，而且沒有說明這些教學方式如何能幫助學生學習。

    (3) 沒有人問過醫學院學生的意見，老師做什麼才能夠幫助他們學習。

    (4) 我之前所做的研究指出，學生可以辨認哪些老師對他們的學習最有幫助。

    (5) 因此，一份以學生的觀點所做的基礎科學教學的質性研究，可以提出很重要的貢獻。

3. 基於這些理由，我計畫研究四位模範基礎科學教師的教學來了解：

(1) 他們做什麼來幫助學生學習。

(2) 這些方法是什麼，又如何地有效。

(3) 這些教師的動機是什麼。

(4) 學生與老師的觀點有什麼關聯性。

4. 研究情境以及我所選擇的老師適合此研究。

(1) 以典型的醫學院為研究情境，而我與這所學校、老師及學生的關係能夠幫助我進行研究。

(2) 我所選擇的教師是合適且多元化的，即使再增加其他的老師，也不致讓研究結果有其他顯著的不同。

5. 我計畫使用的研究方法（參與觀察和教學內容錄影、學生和教師訪談，以及文件）可以提供我需要回答的研究問題的資料。

(1) 教學內容的錄影可以提供豐富的課堂活動資料，也可以做為幫助老師省思的工具。

(2) 訪談是採取開放式的，也會基於觀察的結果來設計研究問題。

(3) 使用理論性的取樣策略來選擇學生，而不是以統計的抽樣方法，因為這樣可以更加了解教師幫助學生的方式。

6. 分析結果會針對研究問題產生答案。

(1) 我的分析是持續性、歸納性的，以便能夠找出浮現的主題、模式及問題。

(2) 我使用編碼與矩陣來進行訪談間比較，還有訪談摘要來保留資料原始的情境。

7. 確保研究結果效度的方式：

(1) 三角驗證方法。

(2) 確認其他可能的解釋以及負面的證據。

(3) 與教師、學生以及同僚討論研究結果。

(4) 將研究結果與現存的理論做比較。

(5) 這些方法以及之前描述的方法，可以幫助我解決對我結論主要的效度威脅：選擇教師與學生的偏見，以及自我陳述的偏見。

8. 這份研究並沒有引起任何嚴重的倫理問題。

(1) 教師與學生都採匿名方式。

(2) 我已經盡量減低自己的權威性所可能造成的影響。

9. 初步的結果支持研究的實用性及價值。

範例 7.2　論文計畫的論證大綱

語言、文化與專業認同：在雙語職涯階梯訓練方案中的文化產物
（Sherry L. Steeley，2004 年 3 月 21 日）

論證備忘錄

　　研究目標、架構、問題與方法概述如下，含效度章節。

一、研究目標

　　本研究重點著重於專業認同——定義為雙語教學助理在職涯階梯訓練方案中的想法、信念、目標與價值，此方案為符合在多元的大都會區為外來學生所設之特別英語課程（English for Speakers of Other Languages, ESOL）合格教師之需求所設計。

在理論的層次：

• 藉由提供職涯階梯方案對進入教職之個人影響的資訊，來延伸現有只強調方案完成率的研究。

• 探討方案的效益是否含有有效的方法來克服社會重製，這種重製限制了語言和文化少數族群在教職方面的大規模參與。

- 了解教學助理如何使用語言和文化知識資產成為教師，以及個人經驗、對職涯的觀點和教師培訓的經驗，如何塑造他們最後的專業認同 ── 在研究中探討多元文化與語言的教師，經由傳統方案教育而來的意念。

在實務的層次：
- 提供在教職方面少數族群想法的豐富資料。
- 提供有用的洞見給教育政策制定者和教育學院來規劃方案，以滿足學生需求。

在個人的層次：
- 更深刻了解少數族群在方案中的個人經驗，此方案設計來幫助他們進入仍然以白人為主的職涯（Sleeter, 2001）。
- 探討組織實務與架構對於個人生活的影響，這些個人將因而影響學生的生活（如 Salinas, 2002; Sleeter, 2002; Zirkel, 2002）。
- 將我的個人投入延伸到對社會正義功能，以及平等取向方案和它們在個人生活的成果之理解。

二、概念架構

本研究由兩種理論所啟發，加上對多元文化與語言的學生、老師與學校的廣泛研究回顧。

多元文化與語言的學生和老師：
- 教育工作者和行政人員持續為了適應多元學習者的語言和文化需求，努力改變教學與學習的環境（如 Berman, Aburto, Nelson, Minicucci, & Burkart, 2000; Peña, 1997; Salinas, 2002; Zirkel, 2002）。
- 對現職教師的研究顯示，超過半數的人認為還沒有準備好來面對多元語言與文化的族群（Darling-Hammond & Youngs, 2002）。

- 對文化與語言多元教師（不到 15% 的教師人力）的研究顯示，他們能為了多元語言和文化背景的學生投入社會正義（Hood & Parker, 1994; Quiocho & Rios, 2000; Sleeter, 2002）。

- 研究顯示當主流文化教師的認同是根據他們在大多數白人與中產階級學校中角色模範的經驗，多元文化與語言教師的認同則奠基在他們對職涯的文化觀點、他們身為多元文化與語言學習者的經驗，以及他們的教師訓練和早期在職的經驗（Quiocho & Rios, 2000; Su, 1997）。

- 研究顯示有些多元文化和語言的教師在學校使用他們的文化與語言技能時感到阻礙；有些則有不同反應，決心要幫助他們的學生克服教育障礙以獲致成功（Hood & Parker, 1994; Lima, 2000; McCollum, 1999; Moore, 2003; Nguyen-Lam, 2002; Shannon, 1995; Suarez, 2002; Tellez, 1999）。

- 職涯階梯方案產生於 1990 年代初期，當時研究人員提出多元文化和語言的個人在有意追求教職時遭遇許多障礙（Genzuk, Lavandenz, & Krashen, 1994; Guyton, Saxton, & Wesche, 1996; Salinas, 2002; Yasin & Albert, 1999）。

- 這些方案是設計來協助在學校工作的多元文化和語言的教學助理，以克服學術的、經濟的與（或）社會文化的障礙，這些障礙至今仍阻礙他們希望進入或完成高等教育以及教師執照的課程方案（Genzuk & Baca, 1998; Genzuk, Lavandenz, & Krashen, 1994; Gonzalez, 1997; Salinas, 2002; Yasin & Albert, 1999）。

- 迄今對這些方案的研究著重在以磨損率與成功進入正式教職的結果來測量（Shen, 1998; Villegas & Clewell, 1998），以及協助這種轉換所需的措施（Genzuk & Baca, 1998; Gonzalez, 1997; Steeley, 2003）。

- 最近的研究回顧（Sleeter, 2002）發現檢視職涯階梯方案結業生到教職角色轉換的重要。

- 了解他們對教學、文化與語言的想法，是了解他們角色的第一步。

社會重製與文化產物：

- 社會重製理論著重在個人如何被社會動力所塑造，經由細膩的實務來塑造組織文化及政策，產生對次要族群個人的障礙，保留了主要族群特權的地位（Borman, Fox, & Levinson, 2000; Bourdieu & Passeron, 1977/1970; Erikson, 1996; Levinson & Holland, 1996）。

- 這個理論塑造了許多多元文化與語言教師的經驗，在現存研究中有所著墨（Levinson & Holland, 1996）。

- 文化產物指的是個人或團體對於主流文化所設置的結構性障礙的回應；當許多研究著重在這種團體的負面回應（相對於渴望），有些研究則強調了正面的回應，建立了新的意義或抵抗以塑造正面的結果，允許與主流文化的共同存在，同時保留個別的或群體的價值（Cummins, 2000; Eriksen, 1992; Erikson, 1996; Levinson & Holland, 1996）。

- Aurolyn Luykx（1999）在一所玻利維亞「國家主義導向」（nationalist-oriented）師範學校對艾馬拉（Aymara，南美洲土著民族）職前教師的研究中說明了這種個人客體的程度，雖然它並沒有探究職前教師最後的班級認同。

- 以個案或俗民誌所進行的研究，基本上敘述了一個範圍內的其他文化產物，提供了一個合適的模式來理解在美國學校多元文化與語言教師及職前教師的經驗（Ernst-Slavit, 1997; Escamarilla, 1994; Lima, 2000; McCollum, 1999; Moore, 2003; Nguyen-Lam, 2002; Shannon, 1995; Suarez, 2002; Tellez, 1999）。

認同理論：

- 從承認在後現代世界中，個人不再是能輕易被標籤的文化族群開始，人們反之利用豐富的符號與物質資源來建立與歷史情境相容的認同——大致來說是社會經濟與文化條件——在他們生活之處（Eisenhart, 2001）。

- 這種認同的建立是持續的，反映個人和其環境進行永久協調的動力（Eisenhart, 2001）。
- 教師的身分認同與文化和語言資源的使用能影響學生的學業經驗（Bartolomé, 2000; Benjamin, 1997; Cassidy, 2002; Clark & Flores, 2001; Escamarilla, 1994; Galindo, 1996; Lima, 2000）。
- 因為多元文化與語言的教師擷取多元角度的意見和經驗，來建立專業的身分認同，這個理論提供了操作性的取向來發掘在職涯階梯方案中多元文化與語言教師的專業認同。

我的理論：
- 職涯階梯方案將影響專業認同的發展，當個人已經擁有從他們的經驗中汲取出的教育洞見，教學助理經由他們的教育過程中的訊息而發展出反思的立場。
- 教育與生活經驗能保有強大的影響，雖然它可能被職涯階梯方案中的經驗所主導。
- 個人可能為了他們的學生被賦權成為倡議者和變革推動者。
- 從當前教育政策強調標準化測驗的情境訊息會影響教師信念。
- 了解職涯階梯方案如何影響信念與實務的發展，並為經此方案受訓的雙語雙文化教師的專業認同提供洞見。

三、研究問題

1. 職涯階梯方案的參與者如何形塑他們的專業認同，包括他們對英語學習者的教學信念，以及他們在學校與學生生活中主導的意識？
2. 參與職涯階梯方案後，他們如何修正自己成為教育工作者的理解？

四、研究方法

資料蒐集：

- 與四位職涯階梯方案的參與者進行深度訪談，兩位是此方案畢業的在職教師，兩位仍在方案中學習。
- 對參與者所推薦之情境所做觀察而記錄下來的田野札記，此情境和參與者的認同有關（班級、社區）。
- 由參與者所提供之從師資培育課程與（或）專業情境產生之文物，來描繪其認同。

資料分析：資料將用以下方式分析──

- 訪談將持續性地當做未來問題及浮現的主題來源而（被轉錄、編碼、分類）分析，也當做回應的組織模式的最終來源，跨越類別與個人。
- 文物將做為在訪談中進一步討論的基礎，根據其主題，提供比較與對比信念、實務、想法與認同的來源。
- 田野札記將進一步成為討論、編碼、分類、反思與同儕檢核的基礎。
- 訪談稿將依據以下來編碼：
  - 從概念架構浮現出來的理論類別：文化產物、障礙、克服障礙的協助來源。
  - 影響信念的訊息來源：教育經驗、教學的文化觀點、教師訓練、職涯階梯方案。
  - 在參與者訪談中浮現的次要類別做為主題：學校領導、標準化測驗。
  - 直接信念：參與者所使用的信念敘述或想法，來了解他們的經驗或立場。
- 為了驗證研究發現與主題，我將對我的發現和訪談稿採取廣泛且持續的同儕檢核。
- 為了進一步將訪談資料與其他來源對比和比較，我將嘗試在研究過程中持續蒐集與盤點相關文物。
- 為了加深對我的資料的了解，我將廣泛討論田野觀察結果。

五、效度

1. 為了處理「反應」（reactivity），我將強調我支持他們做為學習者和教師，也對於學習更多他們的觀點和經驗感興趣。

2. 為了處理偏見，當我進行訪談、觀察與文物蒐集時，我將進行廣泛的反思（reflection）和反身性（reflexivity），來帶入我自己的覺察。

驗證技巧：

• 訪談稿、文物及田野札記的同儕檢核。

• 使用告知的訪談技術來主動尋找分歧的證據，強調同儕檢核中的分歧性證據。

• 在進行反思與分析訪談稿、文物和田野札記的同時，從同事與委員間尋求回饋。

推論性：

• 本研究不欲推論，雖然有些主題可能在類似情境有共鳴。

• 研究發現傾向提供豐富的敘述與洞見給政策制定者、在語言和文化教育及師資培育領域的實務工作者，而非提出可推論的現象。

（參考文獻限於篇幅故省略）

習作 7.1 發展研究計畫的論證

　　這個練習的目的，是要你做出計畫的**論證**大綱，並不是要求你寫出詳細的內容或是架構。你要呈現研究中最主要的論證是什麼，並且以清楚而具邏輯的方式來組織這些論證，以說明你的研究。這些論證不需要像計畫本身一樣，依照一定的格式來撰寫，但是要像計畫一樣表現它的精髓，也

要具有連貫的順序。

如果你正在規劃研究計畫的初始階段，這份綱要可能是充滿假設性與暫時性的；這個練習的目的是要讓你開始發展論證，而不是承諾要做某些工作。此時，你有沒有足夠的證據或引證來支持你的論證並不重要；當你完成了論證的綱要後，再去評估你的證據是否有缺陷，以及是否要修正這些問題。這個練習是個不需矯飾的宴會；利用你已有的知識，來建立一份最好的論證。

你應該處理這裡列出來的所有議題，雖然不一定照這個順序——有時候根據你的研究方法或場域解釋一下研究的關係，有時反過來。在此階段不需要試著寫下成熟的文字；用列「點」來呈現會比較容易，且對這個習作比較有用。

1. **研究目的**：哪些智識的、實務的與個人的目的是本研究會完成的，或嘗試要完成的？哪些問題是本研究要處理的？為什麼處理這個是重要的（如果它不明顯的話）？

2. **概念架構**：啟發這個研究最重要的理論、想法和知識（個人的和研究的）為何？這些**如何**形塑本研究？你對本研究的概念架構為何？它如何使用與結合這些理論、想法和知識？對於你的研究要處理的議題有哪些是我們**不知道**的？

3. **研究問題**：你做這個研究想要知道什麼？回答這些問題能如何處理研究的目的（如果不明顯的話）？這些問題如何和你的概念架構連結？

4. **研究關係**：你計畫在研究中或場域中，和研究對象或跟那些控制你研究場域或資料的人建立何種研究關係？為什麼？你會怎樣做？以及這會如何受到你和他們現存關係的影響？

5. **場域與對象選擇**：你會研究哪個場域？你在研究中會含括哪些人？（如果你還沒決定，解釋你想**如何**決定，還有你計畫要採用的標準。）怎樣的理論和實務考量影響了這些選擇？這些選擇如何和你的

研究問題連結（如果不明顯的話）？

6. **資料蒐集**：你計畫如何蒐集你的資料，以及什麼樣的資料？你為何選擇這些方法，而非其他的可能？這些資料如何使你能回答你的研究問題（如果不明顯的話）？

7. **資料分析**：你會使用怎樣的策略和技巧來解釋資料？你為何選擇這些方法？指出你會**如何**用這些分析來回答你的研究問題；不要只是樣板化地敘述這些分析策略而已。

8. **效度**：你認為對你的結論最重要的潛在效度威脅為何？你會做什麼來處理這些？你覺得你研究結果的推論限制為何？

　　Harry Wolcott（1990）針對計畫的撰寫，提供了一個應該謹記在心的比喻：「我發現從某些作者那裡聽來的最好的忠告，恰巧與組合手推車的指示相通：**在把螺絲拴緊之前，先確認每個部分都已放在適當的位置上。**」（p. 47）就像一部手推車一樣，你的計畫是由所有必要的部分所組成的，而且它還要能**運作**，各部分組合好之後，它的功能要很順暢，而且能夠正確地傳達你的研究設計內容。這需要注意計畫的各部分（和你的設計）之間的關聯，並且以讀者的立場來思考，這份寫出來的文件是否易於理解。如同之前所說的，連貫性有兩個觀點。一份連貫的計畫是依據連貫的研究設計而來的，但它本身也要擁有自己的連貫性，從頭至尾的流程很順暢，沒有任何代溝、模糊不清、令人迷惑的轉折，或是造成誤導的資訊。正如我已強調的，要達到這個目的並沒有唯一正確的方法；我已經試著把工具交給你，希望你能夠針對你和你自己的研究，組合出一個有效**方式**來運用。

註釋

①有些大學系所和論文委員會想要你在題目上有完整的文獻探討，做為你熟悉
　這個領域之前研究的一種展示。參見我在本章的「研究計畫架構的模式」一
　節中的「概念架構」對於這個議題的討論。

②這並不表示你要**隱藏**你的政治觀點；在討論你的研究目的時，這是很合理的
　內容，也是影響你研究效度的因素之一，所以應該要加以說明。然而，你的
　討論應該要將重點放在這些觀點如何影響你的設計，而不是政治性的爭議或
　是無關的自我炫耀。

③Locke 等人（2007, pp. 68-73）對於文獻探討的目的和建立，提供了很好的說
　明。

④在計畫中的這個部分，很多人會用到「方法學」（methodology）一詞。不管
　它如何流行，這個字眼是不正確且自負的使用方式，也正是 Becker（2007）
　所說別緻漂亮的寫作的一例。方法學是方法的理論或分析，不是你在特定研
　究中能做的。《美國心理學會出版手冊》（American Psychological Association,
　2010, p. 29）是論文和研究出版常用的指引，在論文草稿的這個部分使用了
　「方法」（method）這個詞。

⑤如何向可能不懂你的研究或對你的研究懷有敵意的讀者解釋質性研究，請參
　見 Maxwell（1993）的說明。

⑥Locke 等人（2007, pp. 178-219）與 Robson（2011, pp. 387-397）對於申請經費
　計畫的特殊要求有相關討論。

一份醫學院教學的研究計畫

　　沒有任何一份研究計畫能夠充分地表現質性研究設計的多元性，以及呈現的方式。在此版，我納入了兩個計畫範例，來強調要設計一份質性研究或計畫不是只有一種正確方法。Martha Regan-Smith 的論文計畫是一份有關醫學院模範教師的研究，不但清楚直接且精要地解釋與論證了計畫中的研究，而且也提到了大部分質性計畫必須要處理的重要課題。從我的評註裡，我試著將這些重要的課題與我的研究設計模式連結起來，進行澄清與辨別，並且也呈現其他同樣可以處理這些課題的方法。這裡所呈現的計畫與 Martha 所繳交的內容一樣，只有增加一點點的附註（以方框標示），或修正一些錯字，改正一些標點符號讓閱讀更清晰，原文中的附錄則省略。

　　在介紹一份計畫範例時，最大的問題就是，讀者很可能會把它當成一份**樣板**，套在自己的研究上，借用它的架構和語言，然後把自己的研究「填入」，這是絕對危險的做法。你的研究計畫一定要與自己的研究相符，某一個成功的計畫論點，不一定能夠適用在另一個研究中。一定要根據你自己的設計來建構研究計畫，千萬不要根據別人的設計來做。

基礎科學教師如何幫助
醫學院學生學習：學生的觀點

Martha G. Regan-Smith

1991 年 3 月 6 日

哈佛教育研究所

摘要

　　醫學院教育包含兩年基礎科學與兩年的臨床訓練。在前兩年的基礎科學教育裡，有解剖學、生化學、生理學、病理學、微生物學及藥理學。自80 年代晚期開始，生命醫學的資訊快速成長，然而卻沒有增加任何教學時數，基礎科學的教學內容就變得非常吃重。除此之外，過去二十年來，絕大部分的醫學院對於基礎科學教學的腳步也越來越快，教學方法注重於教師的課堂解說，而減少了實驗與示範的時間。基礎科學占醫學院學生執照考試內容的比例降低，因此，醫學院的教師覺得學生對於基礎科學的學習非常不足。

　　在醫學院擔任教職已超過十八年的我，希望能夠改善醫學院基礎科學的教學方式，來提升學生對基礎科學的學習成效。目前並沒有任何針對醫學院基礎科學教學的質性研究，什麼樣的教學方式對學生有用，又如何有用，目前尚不得而知。為了了解教師如何能夠幫助醫學院的學生學習基礎科學，我計畫對於四位優秀的基礎科學教師進行質性研究，以便回答下列的研究問題：這些基礎科學的老師如何幫助醫學院的學生學習？他們的教學內容為何？他們所使用的教學方式為何？學生是否感受到教師希望幫助

他們學習的念頭與方法？學生對於幫助他們學習的教學方法的理解，是否與老師所理解的不同？

　　這四位老師都任職於美國東北部一所典型的私立醫學院，每位老師教不同的基礎科學科目。這所學校一般的課程安排是兩年基礎科學，教學大都以教師課堂講授為主。這四位老師每位都是經由學生選出，得到「最佳教師獎」，而每位老師也都以課堂講授為主要的教學方式。

　　主要的研究資料來源來自於研究者對於教師教學的參與觀察，以及對於教師與學生訪談的內容。除此之外，課堂講授的內容也將以錄音與錄影的方式記錄。錄影資料不但加以分析，也會讓學生或老師觀看，以便做為訪談的提示。訪談內容經過錄音、記錄、謄寫後加以編碼。每次課堂觀察與訪談也會輔以研究者的分析備忘錄或註記。矩陣是便於列出各個主題以檢視逐漸成形的概念。經由教師與學生合作來徵求他們對於我的研究分析與結論的意見。每位老師的教學方式除了單獨加以分析外，四位老師的教學方式也繼續加以比較分析。最後歸納的理論，會與目前已知主要來自於其他教育場域或個人經驗的理論來做比較。主要目的是希望找出能夠幫助學生學習的教學技巧與做法，並了解如何以及為何這些技巧有助於學生的學習。這種在實務情境研究所得到的知識，能夠在教師發展工作坊中用來幫助教師改善教學，希望藉由教育老師如何幫助學生學習，而能夠提升學生的學習成效。

這是一份扼要的摘要，不只說明了研究設計的主要元素，也說明各元素間的關聯，也就是研究計畫的論證。摘要寫作的標準與要求是多元的，這篇相對較長，但要能夠傳達你的研究計畫的論證應該是摘要主要的目的，無關乎長度。

目次

一、前言

自從 1910 年的「佛萊克斯納報告書」（Flexner Report）之後，四年制醫學院的課程，就由兩年基礎醫學科學的教學以及兩年臨床的科別訓練所組成。這些基礎科學包括解剖學、微生物學、生化學、藥理學、病理學及生理學，而臨床訓練則包括外科、內科、小兒科、精神病治療科及婦產科。由於 80 年代以來生命醫學的資訊大量成長，基礎科學的課程已經「過度壅塞」（Eichna, 1980）。同時進行三至四門的基礎科學課程教學是很平常的事，而且這些課程大都是課堂講授為主。學生在醫學院的前兩年，每個星期要花上 25 至 33 個小時在課堂裡聽課。學生因此認為這些教學大都是很沒有成效的（Awbrey, 1985; Eichna, 1980; Jonas, 1978; Konner, 1987），學生不但覺得基礎科學沒有意義（Eichna, 1980），對於這種教育過程也有許多批判（Petersdorf, 1987）。除此之外，過去六年來，由國家醫學檢定委員會（NBME）對於醫學院學生基礎科學進行的測驗，學生通過的比率越來越少（NBME 寫給院長的信函，附錄 A），然而，學生大學的平均學業成績以及入學考試成績卻沒有顯示降低的情況。

為了改善醫學院基礎科學的教學成效，我希望針對基礎科學教師如何幫助學生學習的情況進行研究。我提議進行一項透過學生的觀點來了解四位傑出的基礎科學教師教學情形的質性研究，以便回答下列的問題：「這些教師如何幫助醫學院的學生學習？」其目的是要找出能夠幫助學生學習的教學技巧與作為，用來做為計畫教師發展課程的參考，使得老師們都能從中學到如何改善自我的教學方式，以幫助學生達成更好的學習成效。

> 在這段前言中，Martha 說明了促使她進行這個研究的實際問題，以及這個問題的歷史背景，並簡述計畫研究的本質。至於研究情境、研究問題及研究方法等細節，會留待後面再做說明。不同的研究需提供不同的資訊，來幫助讀者進入研究及計畫中後續的部分。

二、概念架構

為了提升醫學院學生對於基礎科學的熱情及學習成效，許多學者主張對於基礎科學的教學方式進行嚴格檢視（Beaty, 1990; Bishop, 1984; Neame, 1984）。有少數的學校，例如：麥馬斯特大學（McMaster University）與哈佛（Harvard），則以小組學習的方式來取代課堂的講授教學，這種方式讓學生參與問題導向的學習，然後個別獨立嘗試解決病人的書面案例（Neufeld & Barrows, 1974; Schmidt, 1983）。然而，由於經費與教職員的限制，大部分的醫學院還是依賴課堂講授的方式來教授基礎科學。因此，探討課堂講授法如何才能夠有效地幫助學生學習，是很有研究價值的。

> 這一段確認研究課堂講授法的理由，不過也可以寫在前言中。

（一）醫學院基礎科學教學的相關文獻

有關中學或大學科學教學的研究，並不一定適用於醫學院的情況。在醫學院裡透過課堂講授的方式來進行科學教學，與其他教育情境的科學教學不同。醫學院的快速步調以及不同科學學習背景的學生要學習大量的教材，使得醫學院基礎科學的教學變得非常特別。有關其他在非醫學院的教育情境中，運用課堂講授的有效教學的研究雖然很多（Eble, 1976; Hyman, 1974; Katona, 1940; McKeachie, 1969），但這些研究所推薦的教學技巧是否適用於醫學院，或者是否有其他更有用的教學技巧等問題仍是未知。因此進行質性研究，讓學生表達什麼樣的方式可以幫助他們學習是非常必要的。

在醫學教育或醫療專業教育中，有關講授教學法的文獻很有限，有些著重在討論有效的講授（Bughman, 1973; Miller, 1962），然而卻只是研究者以自己身為學生或教師的經驗來建立的不完整的理論（Cook, 1989）。有些則是由一些在醫學院場所工作的教育者寫的研究報告（Jason, 1982），然而，這些研究所根據的教育理論，卻是來自於與醫學院的教學情境不同的

其他教育情境。Schwenk 和 Whitman（1987）的研究，源自於有效的醫病關係，則將有效的課堂講授技巧，與已知的教育理論，以及傳播與協商理論相互連結。

而醫學院課堂講授的質性研究，通常是依據研究者本身對教學方法的了解與推測，列出相關的講授技巧，再讓學生針對這些技巧來評定成效。由於目前並沒有與醫學院學生學習基礎科學相關的質性研究，因此這些知識都是來自於非醫學院的研究或經驗。雖有少數的量化研究是針對醫學院的基礎科學教學（Mendez, 1984; Naftulin, 1973; Russell, 1984; Ware, 1975），然而，限於這些研究的範圍，對於本研究的研究問題「基礎科學的教師如何幫助醫學院學生學習？」並沒有太大的幫助。

Naftulin（1973）的研究，指出「具有魅力與吸引力」的教學方式，學生常給予很高的評價；然而，研究結果並沒有說明學習者對於教學過程的看法。Ware（1975）對此研究的評論是，「具有魅力與吸引力的教學者」幫助學生學習的方式，是以高度的吸引力（熱情、幽默、友善、豐富的表情、魅力、個人特質等）來提高學生的出席率，但教學內容並不豐富；這個與個人魅力不高、但教學內容豐富的教學方式相較，兩者的學生測驗成績相差不多，至於教師個人的特質如何對於學生學習產生影響卻沒有說明。Mendez（1984）針對一、二年級的醫學院學生，調查影響其出席率的因素，發現如果上課的內容有明顯的學習目標，而且教材內容與期末考相關時，學生就會出席。不過課程的學習目標如何幫助學生學習，以及有哪些教學技巧較有用，並沒有提及。Russell（1984）針對醫學院學生對於不同分量的基礎科學教材的記憶做了調查，比較了授課後立即調查的情況以及授課十五天之後的情形，他發現授課內容分量的增加，會減少學生對於基礎科學的記憶力，至於為何會有如此的效應並未在研究中加以討論。

Slotnick（1975）與 Irby（1976）使用量化的方法得知，研究者假設對於學生學習很重要的一些教學標準，事實上對學生的學習來說確實是重要的。Slotnick（1975）指出，很多因素的交互作用都會影響學習成果，包括

師生關係、課外作業、課程進度、作業分量、教材的可了解程度、課堂講授的教學活動（例如：摘要性地說明教材內容、簡要的解釋、以邏輯性的方法組織教材）、學生組織教材的能力、教師對於學生程度的了解等等。這些因素都不是單一的，然而這些因素如何以及為什麼影響學生的學習，並未涵蓋於研究中。Irby（1976）指出，如果在教學後立即讓教師知道學生對於其教學的評價，教師可以改善教學。這些評價的標準均來自教育的文獻，至於那些受到學生評價的教學技巧是否包含了所有有助於學習的教學技巧，並不在討論的範圍。

　　沒有人詢問過醫學院的學生，老師要怎麼做才能幫助他們學習。已知的研究都是要求學生針對特殊的教學技巧來評斷，或是請他們陳述某項技巧是否有用，這些研究是依據研究者本身對於學生學習成效的了解來進行。在其他的教育情境裡對學生學習科學有用的教學法，不一定適用於醫學院。很有可能醫學院的基礎科學教師已經發展了一套獨特的教學技巧來幫助學生學習，也或許他們在不知不覺的情況下恰巧確實幫助了學生。因此我們需要利用質性研究，來歸納有關醫學院有效的非臨床教學方法的理論。

計畫中的這個部分，是用來說明目前我們對於醫學院的基礎科學教師如何幫助學生學習所知有限。這一點對於確認質性研究可用於這個現象是很重要的。然而這個研究計畫如同大部分的計畫，對於研究情境的重點交代得不多；對於研究現象的相關理論和研究，Martha 簡要地說明幾個有效的醫學院講授教學的理論，但是她的重點是這些研究並沒有討論「這些教學方法如何有用」，而且這些研究也不是由學生的觀點進行的。如果你的研究在該領域中已經有很充分的理論及研究文獻，在概念架構的部分就必須要強調這些文獻，同時也要說明研究者個人的經驗（Martha 在下一部分有說明）以及前導研究（她在接續的部分及初步發現的部分會再加以說明）。

（二）個人興趣

　　我是一位內科醫師，也是風濕病的學者。我大學主修化學，在進行這項研究以前，自從二十一年前我還是醫學院的學生之後，就再也沒有上過任何基礎科學的課程了。我經歷了十八年的臨床訓練，學習如何診斷成人的疾病。大約六年前，我發現在從事診斷的教學時，必須也要同時傳授運用批判思考及溝通技巧來理解診斷背後所蘊涵的意義。我同時也發現，我自己對於批判性思考或是溝通技術知道得並不多，更遑論如何有效地傳授這些技巧了。1987 年我進入哈佛教育研究所碩士班學習這些技巧以及如何傳授這些技巧。我感到這些技巧應該是內科教育的一部分，而且很快地我也發現，有效的學習端賴有效的教學，不只是臨床醫學的課程，整個醫學院的教學都需要。

　　在 1988 年，我選修了一門教學面面觀的課程，我被要求研究一位教師、一個課堂或是一所學校。我選擇研究一位教師。身為主管臨床教育的助理院長，我的責任是督導所有的臨床教學，因此，我認為選擇研究基礎科學教師應該比研究臨床教師更容易能夠獲准進入教室觀察。除此之外，我選擇得過「最佳教師獎」的教師做為研究對象，我不但可以從他身上學習較多，同時這樣的榮譽也使得這位教師更願意（因為他更有自信）讓我進入他的教室進行研究。

　　我預期這位教師是很有技巧的；然而，他做為教師的熟練技巧程度卻令我肅然起敬，我也很驚訝學生能言善道地描述教師對他們的幫助。雖然我很感激他允許我進行教室研究，但我同時也需要學生們以各種觀點表達，教師使用什麼樣的技巧而且又如何幫助他們學習。由於對於其他教師如何運用技巧幫助醫學院學生學習基礎科學感到好奇，而且基於我想要改善醫學院教育的慾望，我於 1988 年又進入博士班就讀，希望繼續研究基礎科學的教師如何提升學生的學習成效。為了由學生的觀點了解教師如何幫助他們學習，我必須探討為何能夠幫助學生學習。在研究方法的課程內，我又

多研究了兩位教師，進而完成資格考的寫作報告，題目是「教學的關聯」。每位教師都充分表現我事前界定有助於學生學習的教學特質，然而每位教師也都各有所長。我由這些教師身上所獲得的資料，可以用來設計教師發展的課程，教導教師如何提升教學技巧，以幫助學生學習。

> 在本段中，Martha 說明了研究緣起、個人目的，以及與前言所說明的理論與實務性目的之間的關聯。她也說明了自己在研究中，身為「研究工具」的背景。同時，她也說明自己為什麼要選擇模範教師做為研究對象，以及如何運用學生做為主要的資料來源。

三、提議的研究

（一）研究目的

我想要知道教師如何幫助學生學習。我經由教師實際的教學過程中所蒐集到對學生的學習有幫助的教學技巧，將有益於其他老師改進教學。量化研究者往往以自己的方式來定義實務性的問題，而不是實務工作者的角度來定義，而他們所歸納出來的知識通常對實務工作者而言並不實用（Bolster, 1983）。量化研究的結果，通常對實際的情況並不會產生什麼影響，相反地，質性研究目的在了解實務工作參與者行動背後所蘊藏的意義，比較能針對實際的情況提供改善的意見，因此，對於實際的情況產生較大的作用（Fenstermacher, 1986）。量化的教育研究所產生的知識，通常對實務工作者來說並不實用，因為他們更容易受到實際的爭議、經驗及信念的影響（Buchmann, 1984）。為了改善實務的狀況，教育研究者需要強調研究的活動所發生的情境，以及這些活動對於研究參與者的意義。質性研究方法就能符合這些需求（Abrahamson, 1984）。

醫學院前兩年獨特的教學與學習的情形，使得質性研究設計的運用更為貼切，因為：(1)它考慮到醫學院教育與其他科學教育不同的情境因素；

(2)它允許歸納性的假設。哪一種方式對於基礎科學課堂講授最有效，目前還不知道。某些能夠幫助醫學院學生學習的方法，對於其他科學領域的學生並不一定有用。因此必須讓學生來定義、解釋什麼樣的方法有助於學習。要了解某種特殊的方法如何運作，必須要先了解情境。因此，我運用質性研究方法探討以課堂講授教學為主的基礎科學的課堂情境，針對教師與學生進行研究，希望能夠由學生與教師的角度，得知基礎科學的教師如何幫助學生學習。

　　為了完成論文，我的研究打算選擇四位基礎科學的教師。由於學生可被視為有效的、可靠的及有用的一種評鑑教師的來源（Costin, 1971; Irby, 1977; Palchik, 1988; Rippey, 1975），因此我決定繼續研究這幾位被學生選出來而得到「最佳教師獎」的教師。我會個別分析每位教師的教學，再將之與所有四位教師的資料做相互比較分析。同時，我也將針對基礎科學教學的研究所歸納的理論，與現有的來自其他教育情境的有效教學理論做比較。

> 在本段中，Martha 再度說明了主要的研究問題與目的，並指出使用質性研究的原因。在這個過程中，她帶入了兩個與研究方法相關的概念式情境：質性研究對於實務的相對影響較強，以及學生評鑑教師的效度。這部分的討論也可以併入概念架構的段落中。

（二）研究問題

　　本研究的待答問題有：這些基礎科學教師是如何幫助學生學習的？他們幫助學生學習的方法或技巧是什麼？這些技巧為何以及如何能夠幫助學生學習？這些教師使用這些技巧的動機是什麼？學生對於教師使用這些技巧的感想是什麼？是否誠如教師們所想像的呢？學生對於這些幫助他們學習的教學技巧是否與教師的認知是一樣的？

> 在本段中，Martha 把她在前言中所提到主要研究問題，擴展成許多小

問題，同時也明確地指出研究問題的範圍。在很多研究計畫中，可能
需要針對研究問題再做更清楚的解釋，但因為Martha提出這些研究問
題的理由，在之前的部分已經說明得很清楚了，故在此不需要再多做
解釋。為了明確起見，最好還是將研究問題編號，同時指出主要問題
以及其下所屬的次要問題。

（三）研究場域

　　我所選擇進行研究的教師是在一所位於東北部的私立醫學院任教，我
也已在此任教十年（我曾於1987年得過臨床教學的「最佳教師獎」），我
並擔任督導臨床教育的助理院長有四年之久。這所學校是典型的私立醫學
院，學生人數比一般學院的平均人數稍微少一點。它的課程安排是兩年的
基礎科學訓練，之後再進行兩年的臨床訓練。

　　學生中50%至65%是男性，35%至50%是女性，他們來自於全美五
十多所不同的公私立學校。通過國家醫學檢定委員會的考試雖然並非晉級
或畢業的必要條件；然而，大部分的學生還是會參加這項考試，以得到營
業許可的執照。學生的入學平均學業成績，以及入學測驗的成績比全國平
均分數高出一點。在過去五年來，學生參加國家醫學檢定委員會的考試在
基礎科學部分的未通過率，已經與全國醫學院學生考試未通過率相當，而
未通過率成長的比率，也與全國的比率一樣。這所學校與其他美國醫學院
唯一的差異是它的地點較為為偏僻，以及師生關係較為密切友善。

　　我研究的教師與我之間存有相互尊敬的專業關係，我們一起擔任過院
長的顧問團、課程及學生績效委員會的委員。處於這個並不鼓勵教育課程
發展或教學成就的環境裡，我們視彼此為環境中的教育倡導者。這四位我
所要研究的得獎教師，每位至少有二十個學分數的不同基礎科學訓練的課
程（附錄 B），主要都採課堂講授的教學方式。其他得獎教師，我之所以
沒有選擇他們成為研究對象的主因，是他們教學的科目可能都是同一個，

或者是他們並不使用課堂講授做為主要的教學方式（見附錄 B）。

我已完成了三位教師的觀察及訪談。剩下要繼續研究的一位教師，則是對自己任教的科目具有特別的熱忱，這也是所謂有效教學的特點之一（Eble, 1976）。曾經參與我之前進行的醫學院基礎科學教學研究的學生們，推薦我對這位任教病理學的教師進行研究，因為他們認為他充分示範了對於科目的熱愛，學生們也覺得這一點對他們的學習相當重要。

在這個部分，Martha 達到了兩個目的。第一，她說明了研究的場域（支持研究結果的推論性）、計畫研究的內涵，以及選擇研究對象的理由。第二，她闡釋自己與研究對象的研究關係。在這個研究計畫裡如果她在這個部分多做著墨，同時能再多說些自己與學生之間的研究關係，整個計畫就會更完整有力。

四、資料蒐集的方法

針對這個研究，我選擇使用質性研究方法的原因是，我之前並不知道可能有哪些發現，而且我希望能夠蒐集更豐富、更詳細、更符合這個情境的資料。資料蒐集的主要來源（方法）是課堂觀察、學生訪談以及教師訪談。除此之外，課程大綱、教學進度表、測驗題目、考試內容及考試結果、紙本式案例、幻燈片以及其他講義都是我所蒐集的資料。學生對於課程與教師教學的評鑑結果，也是資料的來源之一。

對於所有的研究對象，我都盡量出席他們為期四個月的講授課程。這些講授課程均不少於該位教師所有教學負荷的三分之二。對於這些教師和學生在教室內的互動情形，我也做了二到四次完整的錄音，並再做成文字紀錄。我對教師的教學做了錄影，同時也對師生進行訪談，之後再謄寫成文字紀錄。除非是有錄影的課程，否則我對課堂內容都會做田野紀錄，每次課堂或訪談後也都撰寫分析備忘錄及接觸的摘要（Miles & Huberman, 1984）。

> 這兩段說明了研究方法的概要內容，並解釋了觀察對象的取樣方式。
> 有關學生的取樣方式會在學生訪談的部分再做深入的說明。

（一）錄影

我第一次對第三位我所觀察的教師使用錄影的方式，結果產生了很豐富的資料內容，說明了課堂所發生的事件。錄影讓我能夠看到當時沒有發現的事情，我有機會可以重新審視課程的活動，並且觀察獨立的事件。某些錄影片段可以幫助教師更為深入地討論自己的教學內容。將教學過程的錄影內容拿給教師看，我可以針對情境中個別的教學事件來訪問教師。除此之外，這些錄影內容也能促進學生的發言。學生觀看錄影帶，能夠協助他們解釋教師在課程所使用的提升教學成效的方法。不過我並不是針對所有的教師錄影，因此無法進行教師之間的比較分析。

> 請注意錄影在本研究中有兩種不同的目的：確保觀察描述的可信度，並可針對師生的訪談，提供回顧與反思。如果本研究的目的是要比較所有教師的教學，那麼只針對兩位教師錄影，將會是致命的缺點；不過本研究的目的不在此，主要的目的是要深入了解各個教師教學的情形，因此如果僅是為了在表面上達到研究方法的一致性，而放棄兩位教師的錄影，也是無意義的。如果閱讀你研究計畫的讀者，對質性研究方法並不熟悉，有關這種決策的理由就必須要更詳細的說明。

（二）學生訪談

學生訪談是以開放式的問題做為開始，例如：「什麼方式會引起你的注意？」或「你注意到些什麼？」後續的問題則採對話式的，以便讓受訪者對於自己的答案再做進一步的說明。在最初的幾次訪談中，只包括了其他一個問題，例如：「教師利用了哪些能夠幫助你學習的方式？」當我觀

察越多次課堂上課情形，就產生更多的問題，也需要去找更多的答案來確認我所觀察的結果，以增進我對課堂進行的了解。最後在不斷出現的資料中，產生一套問題（附錄 C）；除了原始的幾個問題以外，我也向受訪者詢問這些新出現的問題。

針對每一位教師的教學，從班上 84 個學生中，進行 10 至 20 次的正式學生訪談，每次訪談持續 20 到 45 分鐘。我盡量在期末考後找時間完成多位學生的訪談，以免學生擔心自己的回答會影響成績。學生訪談都在我的辦公室進行，並且做了錄音，最後再謄寫成文字紀錄。在每次訪談之前，我都會說明我是對教師如何教學以協助學生學習進行研究，而所有的受訪者都以匿名方式處理。每一段訪談後，我都會對研究場域、學生的態度舉止以及訪談內容撰寫分析紀錄、接觸摘要。

我所選擇的訪談學生，對於研究情境中學生意見與特質的部分，提供了很多幫助。在之前進行的三次研究，以及目前在進行的第四次研究中，都是依據理論性抽樣（Strauss, 1987）的方式選取學生的樣本。我並不是要試著找出「具有代表性」的樣本，只希望得到的樣本是能夠幫助我理解教室中發生的事件，以及對他們的意義。為了幫助理論的形成，對於負面及正面的資料，我都會蒐集。我會決定是否要不斷地繼續訪談，直到沒有什麼任何新的發現為止。我會故意選擇一些說話很坦白且具有批判能力的學生來進行訪談，以確定我能聽到負面的批評，同時我也會選擇一些獨來獨往的學生（不屬於班上任何小團體的人），以確定能夠聽到不同的意見，而不是團體的意見。在詢問受訪者班上有哪些人對於教師與課堂的意見與他們不同之後，我發現這些學生通常都能提供截然不同的觀點。另外，我也會訪談一些不定期出席課堂的學生，以了解究竟他們如何決定出席或不出席某堂課。

在本段中，Martha 說明了訪談學生取樣的策略，以及如何進行取樣。如果研究的目的是要比較學生彼此的反應，那麼沒有一套同樣的問題

來詢問學生就會造成很嚴重的錯誤，但是本研究的目的並不在此。有關決定學生訪談次數的理由，可以再做說明，不過大部分的讀者應該會覺得她的訪談數目已經足夠了。對於取樣決策的說明，在效度的討論中她做了更詳細的論證，而她的初步研究結果也支持這些決策。

（三）教師訪談

　　針對四個研究，每位教師總共經歷三至六次正式的訪談，而所有的訪談內容都有錄音，也謄寫成文字。訪談發生於整學期課程進行的過程中，如果情況允許，我也會在課程結束後進行訪談。訪談的問題通常都是我以一位課堂觀察者的角色所注意到的事項，或是學生的意見。我也會追查詢問教師自己所提出的議題；如果教師提出的問題我不特別感興趣，我就會問一些事先擬定好的其他問題。

　　正式的教師訪談持續至少 30 至 55 分鐘。其中有兩位教師，在至少一次的訪談中，我會使用錄影帶做為「幫助對話的工具」，這提供了教師的教學理由與策略運用的實況；而沒有使用錄影帶的訪談內容，提到的則是較為抽象的一般策略與態度。每日課堂觀察的資料，我都會加以分析，同時做成分析備忘錄與接觸摘要。

由於 Martha 在撰寫這份研究計畫時，已經蒐集了很多資料，她所面對的困境是到底要使用什麼動詞時態。她選擇使用現在式的動詞時態，看來是很好的決定；這一點也可能會造成誤導，但她在較早時已經很清楚地解釋她已針對四位研究對象其中的三位教師完成了資料蒐集的工作。對論文計畫而言，我給你的忠告是，對於目前已經蒐集的資料要完全坦白地說明，除非有人給你更明智的相反忠告。

五、資料分析的方法

（一）單一個案分析

　　資料分析是持續性的工作。在蒐集資料時，應該盡快地將訪談與教室觀察的文字紀錄內容編碼。編碼乃是使用 Glaser（1965）所提出的「紮根」方法，以及參與者所描述的教師教學所歸納而來的。除此之外，編碼的代碼是透過之前研究所產生的一份「起始表」（start list）（Miles & Huberman, 1984）。所有的訪談與教室觀察紀錄，又依據後續訪談所編的代碼重新閱讀過。當你建立好一些模式或主題時，在每個主題下又可區分出一些面向或是發展出一些面向和特點（Strauss & Corbin, 1990）。

　　經由這些資料所建立的矩陣，可以用來界定模式、比較、發展的趨勢，以及矛盾的問題。為了回答這些經由矩陣所產生的問題，必須設計更多問題或探究的途徑。研究期間每隔二或三週要週期性地審視所有蒐集到的資料及分析紀錄，還要撰寫摘要大綱，並思考還有哪些問題需要回答。此外，我每星期會和一位熟知質性研究方法及研究場域的教育界同僚開會，除了向他簡報目前研究狀況外，並且討論一些較新產生的主題、概念及解釋等等。

　　在資料蒐集的最後階段，為了撰寫個別訪談內容的摘要，我又重新閱讀每份訪談內容。這些訪談內容的摘要，不但幫助我串連這些訪談，也幫助我保留訪談時的情境，並且可以適當地運用這些訪談裡的談話，做為撰寫論文裡的例子。利用 Microsoft Word 軟體（Apple, 1988），我可以從所有的訪談內容中剪貼訪談對話的內容，根據之前訪談分析所產生的代碼，將這些剪貼的對話貼入不同的代碼中。這份根據不同代碼所編輯的對話內容，可以幫助我體會事物的發展趨勢、對立及相似處。矩陣則用來確認主題的效度。最後，我將學生與教師的觀點依照相同的現象排在一起，來比較和對照不同的觀點，並可看出教師的意向是否就是學生對於事件的看法。

　　我使用三角驗證（Denzin, 1970）的方法來確保資料的效度，包括比較學生觀點、教師觀點，以及我本身參與課堂觀察的觀點。我也與熟悉研究場域、學生、教師的醫學院同僚定時進行簡報，討論目前的結論，以達到理論性的效度。我也會與教師及學生討論我的分析與結論，以達到更高的效度。

（二）跨個案分析

　　當我了解第四位教師如何幫助學生學習之後，我將會開始進行交叉案例的研究。第一步是先建立概念架構（Miles & Huberman, 1984），其中包含一些重要的主題，來說明這四位教師如何幫助學生學習。每個主題都將分為幾個面向（Strauss & Corbin, 1990）或拆成幾個因素，並以圖表方式呈現，以表示各個因素之間的關係。

　　在建構跨個案呈現及矩陣時，可以找出模式與相關的主題。當這些變數做好連結、劃分，以及依相關的因素排列後（Miles & Huberman, 1984），便可找出較正確的解釋和隱喻。其目的是為了要建立一連串符合邏輯的證據（Scriven, 1974），並找出相對立的解釋以及負面的證據，而後建立一個在理論上與概念上都具有一致性的理論。為了確保理論的效度，在完成資料蒐集後，我會詢問受訪者，對於我所歸納的理論給予回饋。

Martha 對於她的分析策略的說明相當詳細而完整，不過有點抽象及樣板化的感覺，並沒有真正說明她要用的方法和所使用的分類項目。不過她之後的「初步發現」討論中，在分析內容的部分提供詳細具體的範例，可彌補這個缺點。有關證據的討論、對立的解釋及回饋的部分，則是為了下一個段落——效度議題——先行鋪陳。在此段落，她傾向改以非個人的、被動語氣的語言，這看起來和之前段落大多以第一人稱、主動語氣的語言呈現不太一致。

六、效度議題

1. 教師的選擇：在完成第四位教師的研究之後，我將研究四位使用講授法來教授不同基礎科學的得獎教師（附錄 B）。我只選擇這四位進行研究，除非我發現了其他的教師具有我沒有注意到的教學特色。因為進行研究的這所學校，與全美其他採用傳統兩年基礎科學教學與兩年臨床經驗教學的醫學院並沒有什麼不同，因此我也沒有必要去別的學校尋找研究對象。大部分學校裡基礎科學的教師都是男性，因此我的研究中都是男性教師，並不構成影響效度的因素。

> 這一段其實是有關她的研究結果的**推論解釋**，而非效度問題。

2. 學生的選擇：我有訪談足夠的學生嗎？我是否對訪談的資料有所偏見？我故意訪談對於教師具有不同意見的學生。我所訪談的學生為：(1)能夠坦白地批評教學的學生；(2)以四分位數來區分學生班級，每等分都必須有學生成為訪談的對象；(3)來自各種不同的生涯選擇的學生；(4)有些我很熟識，有些幾乎不認識的學生；(5)同學認為某些對教師教學具有不同意見的學生；(6)參加或未加入班上小團體的學生；(7)出席率高與出席率低的學生。在本質上，我盡量尋找認為教師教學對他們有益的學生，也找尋認為教學無益的學生，我希望能夠蒐集正面與負面的學生意見。當我覺得某種意見我已經重複聽過幾次，而且沒有任何更新的資訊時，我就停止訪談。

> 這一段在處理可能影響研究結果效度的一些因素。她所使用的取樣策略是立意取樣；而她決定停止訪談的決策則是 Strauss（1987）所指的「理論性飽和」（theoretical saturation）。

3. 我如何知道學生說的是真話，而不是說我想聽的話（例如：教師明明對他們的學習沒有助益，學生還是會說「有」）？為了讓學生對我坦

白，我向學生保證訪談是以匿名方式進行，且訪談地點距離教室很遠。我盡量將訪談時間移到學生期末分數確定之後進行。我也會訪談一些準備在其他醫學院念大三與大四的學生，因此可以避免我身為負責臨床教育的院長對他們可能有的任何影響力。在我已完成的三個研究裡，學生並沒有向我隱瞞任何批評性的言論，也願意向我透露對某位教師負面的感覺或意見。我利用在教室觀察的機會，以學習者的身分，希望能夠理解新的教學內容（如病毒的分子生物學），來印證這些教師是否真的能夠幫助學生學習。如果這位教師的確幫助我學習，學生表示同樣的意見而且也通過了考試，我就會相信他們的意見。我要求學生舉例說明他們認為教師幫助他們學習的教學特質，我再以自己在課堂觀察的結果來印證他們的舉例。與同學一起（包括研究對象與非研究對象）討論我的觀察和結論，幫助我提升對於研究結果效度的信心。

> 這一段強調她與學生之間的關係，不但牽涉研究倫理對於研究效度也有所影響，她說明雖然她自己身為學生的院長，並不會對研究結果的效度產生影響。不認識 Martha 或不知道她在學生之中聲譽的人，可能不會認為這樣的說法很具有說服力，不過我不太清楚她還能說什麼其他的理由。最具有說服力的論點，對我而言，就是她訪談的學生敢於透露對於教師的批評。

4. 我如何知道教師對於自己的說明是真實的？我經由課堂觀察，以及與學生的訪談來印證教師的說法。我會接受教師對於自己行為的信念以及理由的說明，除非我發現具有矛盾的證據。

> 在此，Martha 利用三角驗證的方法來解決在教師訪談時，自我陳述可能產生的偏差。她也可以利用在學生訪談時所使用的方法：因為已經研究了三位教師，她知道觀察和學生訪談能夠證實教師自我陳述的真實性。

這一部分整體而言，是以效度威脅——她可能發生的錯誤——來組織段落的。在討論這些效度威脅時，Martha 提出了她之前在研究方法時曾經說明的資訊，只是重新組織這些資訊，以便清楚地表示經由這些方法所獲得的資料，如何幫助她解決效度威脅。

七、研究倫理的議題

我的研究對於教師或學生是否會造成傷害？教師擔心我的研究結果可能會顯示他們在教學方面並沒有優秀到值得拿到最佳教師獎。即使我並不把基礎科學教學視為整體課程的一部分，我的行政單位的同僚卻這麼認為；何況我又是課程委員會的委員之一。為了減小這分疑慮，我向每位教師保證，除了學校中我必須與其討論研究結果的教育同僚（及我的指導教授）之外，沒有人會知道我研究的結果，除非這位教師授權我這麼做。我只能減小但卻無法完全消除教師對於這一層的疑慮。

教師也不可能對於參加這項研究的學生有任何傷害，因為學生的身分都是保密的。由於我是院長，常必須幫助學生在畢業後寫推薦信，我無法消除學生擔心加入訪談後，我對他們可能有不良印象的疑慮。擔心這一點的學生，可以避免成為研究對象。我也注意到似乎沒有學生拒絕參與這個研究，因此我並不認為學生避免加入研究是一項很明顯的效度威脅。

這一段可以放在討論效度之前或之後。她在此很清楚地說明了一點，那些得過獎的教師，比起其他的教師，認為自我教學禁得起考驗。Martha 也許可以對於學生的研究倫理提出更有說服力的論點。她的研究論點最終只是依賴她自我的誠實來決定的。最後一句有關效度的重點，其實可以放在前一部分。

八、初步發現

到目前為止，對於資料的初步分析，已經幫助我找出了一些有助於學生學習的教學特質：清晰、相關性、了解學生的學習情況、根據不同的學習風格來教學，以及對於學科的熱情等等。儘管這三位參與研究的教師，每一位都是不同教學特質的最佳代表，但上述這些特質在三位教師身上都找得到。換句話說，這些能夠幫助醫學院學生學習基礎科學的教學特質，三位教師都擁有，但是每位教師卻是在一或兩種不同教學特質上的「專家」。

第一位教師教授的是心臟生理學、解剖學，以及基礎醫學課裡針對大二生教授的臨床疾病。學生認為他的教學型態像是「與他們談話」；學生覺得他了解他們懂了什麼，以及還有哪些不懂的地方。除此之外，這位教師會針對學生不同的學習風格，以七種方式（例如：演說、明確學習目標的指定閱讀內容、電腦互動的病例、學生參與示範、小組討論、解決紙本的案例問題，以及小組讀書報告）來呈現教材內容（如冠狀動脈疾病）。

第二位教師則是針對大一的微生物學，教授病毒學的部分。學生與這位教師都認為，他的教學方式最重要的特色就是講解清楚。學生感受到他透過下列方式來清楚地表達內容：(1)減少學習的教材內容；(2)清楚地讓學生知道哪些部分需要知道；(3)很具體地說明；(4)以邏輯的方式，由簡入深地講解；(5)會以病人的故事、流行病的問題或醫學歷史，來輔助解釋概念；(6)詢問重要關鍵的問題，來了解學生是否明白所有的概念；(7)重複說明重要的概念與事實。他每週都會舉行小考，以便知道學生是否了解，並花費額外的時間針對某些不懂的學生來解釋這些問題。這些小考題目也能幫助學生更加清楚上課的內容，因為它們對於學生自己的了解程度提供了回饋，以及強迫學生每週複習內容，跟上學習進度，而不只是在期末考前囫圇吞棗地念書而已。

第三位教師教授的是藥理學，而他最懂得在教學時運用關聯性。他在

教學時會配合自己的病人或是學生自願提供的病歷說明，來解釋教材內容，除此之外，每週提供學生一份案例，讓學生自己來解決問題，然後讓學生模擬內科醫生的診療方式；他也會讓學生們彼此教導並合作解決案例問題。這種課堂討論的方式，可以讓學生（及教師）學習討論藥理學的原則，也知道自己對於內容的了解程度。這位教師利用蘇格拉底的對話法──課堂上討論案例的方式──讓學生有機會反思自己的看診經驗。學生在課堂上也可以私下與旁邊的同學討論，可以將所學內容與經驗做連結，並與同儕分享這樣的經驗。

　　這些教師並沒有發現自己在課堂上所利用的教學方式如何地幫助學生學習。通常在經由我的回饋之前，他們並不知道自己對於學生的學習有多大的幫助。從第四位教師身上，我希望了解一位教師對於學科的熱情如何能夠幫助學生學習。我曾經聽第四位教師的講課方式，簡直能夠迷倒學生。他說話的方式非常有魅力，能夠抓住聽眾的注意力，我認為，這樣能夠幫助學生記住他說的內容，他也許還能夠藉此激發學生自我學習的動機。

　　我期望透過比較分析的方式，顯示出每位教師教學特質的重疊之處（例如：使用故事幫助內容更為清楚，也具有提供關聯性的特質）。對於前三位教師的持續分析，顯示了同儕教學的方式對於學生學習非常有用，像是學生互相教導，因為它能夠提供清晰度與關聯性，而且這也是一種師生對話的方式，顧全了學生的學習風格。

　　這段初步發現的討論提供了幾個目的。第一，它支持了 Martha 所運用的研究方法是可行的，能夠幫助她針對研究問題找出有趣、可信的答案。第二，除去她籠統、抽象的資料分析的討論，清楚地說明她如何分析資料、如何編碼，又如何整合個別案例裡的主題，也說明了跨個案分析的重點。

　　簡言之，使用質性研究方法來研究使用課堂講授法的基礎科學教師，我希望能夠發現這些教師如何幫助醫學院的學生學習。我會將本研究所歸

納的理論，與其他教育情境下已知的有效課堂講授教學的理論做比較。這些新的理論也會用來設計教師發展的課程，幫助教師學習如何教學。而在醫學院中，改善基礎科學教學的最終目標，就是提升醫學院學生對於基礎醫學科學的熱情，以及對於這些科目的學習。

> 最後一段簡略用倒敘的方式將研究的內容做了摘要，研究設計包含四個部分：研究方法、研究問題、理論架構及研究目的。它清楚地顯示各個部分的關聯，同時也與研究一開始的目的緊密結合。然而，做為結論而言，這一部分是非常精簡的；大部分的研究計畫必須用較多的文字來概述整個研究計畫，而且也要說明這個研究的影響或啟示是什麼。

九、附錄（略）

一份教師網路學習的研究計畫

這是第二份論文計畫，和第一份有相似的組織，但內容卻有所不同。和Regan-Smith的論文計畫不同的是，這份計畫遵循了根據我在第七章（有特別提醒過）曾敘述過的五章論文模式裡的一般三章的格式。如果你的系所或委員會需要這種格式，Riddle 的計畫說明了如何改編我的設計架構以形成計畫。然而，質性論文計畫和論文通常不依循這樣的模式；我自己的論文（Maxwell, 1986）有 10 章（包含一章緒論、三章對不同相關主題的文獻探討、一章研究場域與方法、四章研究發現，以及一章結論）。在此研究計畫中也包含三個 Riddle 的附錄，它們對於澄清她實際上如何規劃去進行研究有幫助。

自願參與及網路學習：

為何幼兒園到十二年級（K-12）教師參與非正式網路學習，及其如何影響他們專業成長之研究

Elizabeth Riddle Hoover

喬治梅森大學

2002 年 9 月 3 日

目次

第一章：緒論

　　教育者急切地需要傳播與接收專業成長的其他方法。研究顯示「好的專業成長」應該以教師的興趣來設計，連結到教師現在的知識，並支持且培養教師的心智能力（Corcoran, 1995; Little, 1993）。換句話說，專業成長應該是以學習者為中心的。然而，為教師提供「好的專業成長」對地區學區來說卻是極富挑戰的。教師的興趣、知識與心智能力在各校中與各校間都有很大的不同。提供適宜的專業成長需要在時間與金錢上進行重大投資，這種投資的類型常常既非優先，或者根本不可能。因此儘管有研究，學區仍然典型地提供教師無關且無興趣的專業成長機會。專業成長被包裝在一日的工作坊中，以孤立的、類別式的主題分散在一整年之中。因此，教師常在當地大學或暑期工作坊中尋找自己的專業成長機會，且越來越多人透過網路。

　　自從網路興起，已有豐富的資源透過網站、討論區、專題電郵（list-serves）等方式提供給教師們。根據 Zhao 和 Rop（2001），發展這種資源的潛在想法是它們提供了「教師孤立」這個問題的解決方式，而且它們有將教師專業發展個別化的潛力。他們也指出這些資源所共有的三個主要目的：分享訊息、營造專業成長，或建立社群，但這些主張還沒有審慎地被研究（Zhao & Rop, 2001）。

本研究的主題和目標

　　我們需要有研究來指出教師自願參與網路學習的理由。本研究能對發展網路學習機會以滿足教師需求的專業成長提出貢獻。學區能在「虛擬世界」結合其他組織，來提供更廣泛的多元學習機會。網路學習機會能克服目前傳統專業成長的挑戰。

　　我的論文將探索教師如何藉由參與一個網路環境，接觸與提升他們的

專業成長。我特別對教師參與獨立於任何網路課程或學分的專業成長有興趣。我將研究為何 K-12 教師自願參與、他們的參與如何維持、他們如何相信參與能影響專業成長，以及他們的參與是否營造出「實務社群」（communities of practice），如同在專業發展文獻中所定義的一般。

　　對 K-12 學校與大學來說，了解網路自願參與是很重要的。這樣的知識能幫助學區與大學，將教師和我這樣的學生的網路學習做得更有趣。此外，如果教師在自願網路學習的經驗反映出好的教師專業成長的特質，這些環境可能提供學區另一個專業成長的傳播媒介。

第二章：概念架構

（一）我的經驗知識

　　我對科技可以提供與協助教師專業成長的興趣始於 1999 年秋天，那時我正在修「EDIT 895：教育科技的領導議題」這門課。開課老師 Dede 博士要我們尋找及探索使用科技做為媒介的「知識網絡」，我選擇撰寫關於教師網（Teachers.net）的報告，以及它如何提供專業成長的學習環境。我特別檢視一群參與一個稱做「4Blocks」平衡讀寫能力方案的教師們，他們使用教師網來分享資訊、反思經驗、支持彼此和倡導此方案。我用 Peter Senge 等人的《變革之舞》（*The Dance of Change*, 1999），以及 John Bransford 等人的《學習原理：心智、經驗與學校》（*How People Learn*, 1999）來引導我的分析。對教師網的評估著重在它鼓勵、實施與支持教育主動性的能力。我歸結教師網提供了教育領導者用來倡導教育主動性的工具。然而，要切割科技背後的人們與科技本身是不可能的。在教師網上 4Blocks 社群的成功也同樣和媒介緊密結合，如同這個方案的領導力一樣。

　　教師參與 4Blocks 社群是完全自願的，沒有取得課程學分或學區的教職員成長點數。教師也不是在那裡學科技的，而是使用科技來滿足他們的

學習需求，自願學習促使他們使用科技。當我開始我的博士課程時，我的重點放在教導教師如何運用科技在學生身上。現在我的興趣延伸到如何與為何教師為了自我的學習需求來使用科技？為何教師選擇參與網路學習？

　　我所有網路學習的經驗都包含在我於喬治梅森大學的研究所課程中。必要的網路參與是很疲累的，我常聽到學生抱怨在 WebCT、TownHall 或 BlackBoard 的參與學習。雖然網路學習吸引我，我卻不確定如果不是念研究所，我會不會參與。然而，許多教師已經透過網路，將觸角延伸到特定與一般領域的知識。

（二）新式專業成長的需求

　　從 1900 年代早期的工業時代到 21 世紀的資訊時代的路已經被經濟、社會與政治變遷所攪動，也重度地改變了一百多年來的美國。科技的進展已經改變我們進行商業、與人社交，以及決定我們地區和全國領導力的方式。儘管這樣劇烈的改變存在於我們的日常生活中，學校仍然基本上依據工業時代的需求而組織起來。由一天六小時在校、一學年九個月的架構即可證明，且通常存在於學術性教學的傳遞之中。

　　學生的多樣性與他們在今日世界的學習需求，需要與工業時代不同類型的教育。因此，教育工作者逐漸採取主動與命令的方式來處理時程，以課程與教學策略來解決學生的學習需求。然而，這些措施通常很快地實施，而忽略了專業發展。想要期待教師獲得新能力與知識，卻不提供他們必需的教育，這種做法是緣木求魚。這就和給學生測驗，卻不教導教材，而要他們對成績負責是一樣的。

　　需要有品質的專業成長已經被認同了。1995 年美國教育部部長 Richard W. Riley 說：「學校和學生近年來已經大幅改變，但教師還是教育的核心。假如，身為一個國家，我們期待所有學生能為 21 世紀的到來而做好準備，我們必須提供教師持續的機會，成為最有啟發的、最有能力的，且最可能是能激勵人的教室領導者。」（U.S. Department of Education, 1995）在 1996

年國家教學與美國未來委員會的報告《什麼最重要：為美國的未來而教》
（*What Matters Most: Teaching for America's Future*）中，提出對教育改革的
必要建議，強調「需要重新規劃教師養成與專業成長」（p. 11），以及需
要創造穩定的高品質專業成長來源。

　　儘管有這些論述與聲明，多數學區仍然繼續忽略教師的學習需求。就
如同工廠式的教育對 K-12 的學生已不合適，傳統的專業成長形式對教師也
不適合。K-12 教師的專業成長通常以下列三者的其中一種形式來包裝：課
後工作坊、指定日期但分散在全年之中的研習，或年度會議。這些是設計
給一般大眾，通常不與教師興趣及日常需求相關。工作坊的參與和教師於
評鑑表格的態度常用來評估成功度，國家教育統計中心在 1999 年做的調查
顯示，80% 的教師相信當前的專業成長活動只有「中度」或「有點」幫助
而已（NCES, 1999）。

　　對比傳統的專業成長，國家教職員成長委員會敘述了有效的專業成長
有下列特色：

- 著重在深化教師內容知識和教學技能。
- 包含實務、研究和反思的機會。
- 融合在教育工作者的工作中，且發生在學校裡。
- 與時俱進。
- 建立在同僚間與教師和校長間的合作上，來解決關於教學與學習的
  重要問題（NCSD, 2001）。

《學習原理》一書則列出以下有效的學習環境特色：

- 以學習者為中心的環境（來建立優勢、興趣及學習者需求）。
- 以知識為中心的環境（著重在教學內容知識上）。
- 以評量為中心的環境（測試想法、試驗於學生身上、接受回饋）。
- 以社群為中心的環境（實務社群、與教師合作）（Bransford, Brown,

& Cocking, 1999）。

有效的專業成長不只著重在教師的學習需求，也在於輔助學習的環境。

最近的研究已連結這種專業發展至學生成就上。在《教學如何重要：將教師素質的討論帶回教室》（*How Teaching Matters: Bringing the Classroom Back into Discussions of Teacher Quality*, 2000）中，Wenglinsky 連結持續的教師專業發展至學科內容知識的增加，以及有效教室策略的使用，如透過動手做活動教導高階思考技巧。越是常使用這些策略，越能提升科學和數學的學業成就。

一份對聯邦資助的「艾森豪專業成長方案」（Eisenhower professional development program）的三年長期研究報告發現，高品質專業成長和學業成就相關。這份報告敘述高品質的專業成長活動，例如教師合作、網絡或委員會、實習、接受督導，以及教師研究小組（U.S. Department of Education, 2000）。這種報告認為專業成長是教育最重要的因素之一，研究指出「最成功的教師專業成長活動能與時俱進，且鼓勵發展教師學習社群」（Bransford et al., 1999, p. 192）。這種學習型態根植在教育理論中。

（三）社會學習

教育理論家杜威（John Dewey）和維高斯基（Lev Vygotsky）都處理過學習和社群之間的關係。兩人都著重在社會情境對於獲取知識的重要（Roschelle, 1992）。杜威是探究學習和以活動為本的教育的創始者，相信知識是個人將經驗意義化的方法。他相信這些學習經驗是生物的也是社會的，也無法在社會情境之外被理解（Dewey, 1916）。

同樣地，維高斯基因創造社會發展理論而有貢獻。他著重在人與文化情境的連結，在其中人們以共享的經驗進行行動和互動（Vygotsky, 1978）。根據維高斯基，人們使用某個文化所發展出來的工具，例如說和寫，來斡旋他們的社交環境。

（四）情境學習

目前的文獻討論在情境學習脈絡下的知識和社群。如同杜威和維高斯基的作品，情境學習理論強調真實學習情境與社會互動的重要。就此觀點而言，學習環境應該包含真實生活的問題，並支持學習者和他們環境之間的合作與互動（Miao, Fleschutz, & Zentel, 1999）。實務社群（Communities of Practice, CoP）就是從此學習理論所產生。在實務社群中，成員是自我選擇的，而且根據實務分享相同的目標。成員彼此相互合作，不僅做他們的工作，也澄清工作、定義工作如何進行，甚至改變做的方式。經由這種相互投入，成員也建立他們在工作上的認同（Wenger, 1998）。一個實務社群有專業的階層，從新手到專家。當一個成員存在這個階層的情境，就敘述了學習如何發生。知識是這個組織和社群參與的一部分。成員資格是相互依賴的，且有從社群來學與為社群而學的社會義務（Riel & Polin, in press）。因此，學習在實務社群中，是一個身為成員自然的結果（Brown & Duguid, 1996; Lave & Wenger, 1991; Wenger, 1998）。

（五）教師專業成長社群

實務社群成為教師專業成長中一個受歡迎的主題並不令人意外。就定義而言，實務社群強調共同的需要或興趣，而這正是傳統專業成長缺乏的部分。根據以上理論基礎來努力設計有效專業成長時，語義上已經變得特別的分歧。研究者交換使用專業成長改革的術語，如實務社群（communities of practice）（Schlager, Fusco, & Schank, in press）、合作團體（collaboratives）（Nias, Southworth, & Yeomans, 1989; Rosenholtz, 1991; Zellermayer, 1997）、專業社群（professional communities）（Louis & Kruse, 1995）、言談社群（discourse communities）（Putnam & Borko, 2000）、教師網絡（teacher networks）（Lieberman, 2000），以及專業學習社群（professional learning communities）（Dufour & Eaker, 1998）。

　　無論使用哪個特定術語，早期的教育理論家和晚近的研究都強調在社群中學習的有效性。研究顯示「一個自覺的專業社群是那些最成功學校的顯著特色。專業社群意指教師為所有學生的學習追求明確與共享的目標，投入合作的活動來達到那個目標，且為他們學生的學習擔負共同的責任」（Lieberman, 2000, p. 222）。

　　社群學習在教師專業成長儘管有如此正面的影響，傳統的挑戰如教師孤立、缺乏合作時間或反思、教師族群間變動的興趣以及缺乏資源，仍然是在學校和學區實施這種社群引起拖累的障礙。教育工作者雖了解有品質的專業成長有多重要，仍受到提供、實施與接收專業成長的現實所打擊。

（六）能支持專業成長的新電子工具

　　自從維高斯基在 20 世紀前半的研究以來，科技已經拓展了我們在實體世界與發展中虛擬世界所使用的工具數量。為了將我們專業與社交的環境拓展到虛擬世界，很重要的是我們要有必要的工具，以便在共享經驗裡互動。沒有這些合適的工具，就不可能在虛擬世界裡折衝，並利用這些工具的潛能。即使對教師專業成長最佳的模式而言，新的電子工具都能幫助克服傳統的挑戰。它們能在傳播資訊、知識與最佳實務給廣大閱聽大眾的過程時，提供持續與最佳的溝通（Trenton, 2001）。特定的研究顯示網路論壇提供：(1)時間束縛的解放；(2)反思的時間；(3)研究與支持主張的機會；以及(4)具有成本效益的全球溝通（Anderson & Kanuka, 1997）。

　　像網路會議等的工具就提供了即時溝通（同步的），討論區和專題電郵則提供反思的言談（非同步溝通），而能以最佳化學習時間、學習地點、學習機會與學習設計的方式來協助專業成長（NCSD, 2001）。非同步的工具允許使用者一天 24 小時，一週七天都能參與學習，電子郵件和討論區使得因為工作、家庭或地區而有不同時間安排的教師們能溝通與合作；學習的場域只受限於電腦的取得與否。拜科技工具之賜，學習的機會擴展了個人的地理區域到全世界。這些倍數成長的機會對教師來說，在最適合他們

學習風格的模式中的溝通能力也同樣重要（Rose, 1999）。如果教師偏好立即互動，他們可以選擇同步的媒介來合作。然而，若教師偏好比較有反思性的方法來合作，他們就可以選擇非同步的媒介。

（七）網路學習社群

網路實務社群通常來自兩種不同需求：需要繼續跟上某種類型的課程，以及需要根據知識共享的概念來建立專業人士社群（Trenton, 2001）。網路實務社群和面對面的實務社群不同之處在於參與的廣度、成員的代表性，以及資源、資訊和專長的取得（Hung & Chen, 2001）。網路社群能有比較大的成員族群，因此增加參與的廣度。參與則以三種主要模式呈現：學習者主動表達觀點與互相回應的溝通式學習；學習者閱讀內容但很少發佈意見的安靜式學習；沒有參與而學習者在某個時間點退出社群（Hammond, 2000）。

能媒介知識建立的科技工具的出現，不一定能營造學習，或創造實務社群。是對於所欲結果的了解與合適工具的使用影響了學習（Blanton, Moorman, & Trathen, 1998; Schlager et al., in press）。Roschelle 敘述一個實務社群是「經由科技（廣泛定義包括語言）的協調使用（而產生），達到對共享的問題經驗達成相互解決的智慧之道」（Roschelle, 1992, p. 40）。網路實務社群的參與者應該視他們自己為朝向共同目標的工作者，他們對同步與非同步媒介的使用應該要使他們能夠完成該參與程度的合適任務。他們的成長不只單靠特定的課程或學習路徑，而是經由「經驗分享、最佳實務的認可，以及相互的支持來解決日常在職場的問題」（Trenton, 2001, p. 5）。雖然顯性知識（explicit knowledge）與獨立的單元是被重視的，例如定義或資料表可以輕易地被傳播，但同等重要的是隱性知識（tacit knowledge）、「知道怎麼做」的信念、理想，或對於該主題的情感（Trenton, 2001）。

有許多專案投注在支持網路學習社群，如下所述。

公共電視網教師連線

　　和國際教育科技協會（International Society for Technology in Education, ISTE）與國家數學教師委員會（National Council of Teachers of Mathematics, NCTM）合作，公共電視網（PBS）發展了針對數學老師及科技融入的網路專業成長方案。教師連線（TeacherLine）提供自我調控的學習機會及類似迷你課程的協助模組，以及一個包含同步工具和網路資源的社群中心，供老師們來使用。

教室連結

　　教室連結（Classroom Connect）提供 K-12 教師專業成長和網路資源，來協助網路在教育上的使用。這是一個附屬於 Harcourt 公司的商用單元，本站提供一個資料庫，包含資源、專題電郵、討論區和面對面的會議，圍繞各種特定興趣所組成。在網路學習機會之外，教室連結也提供現場的訓練、會議和新聞通訊。

教師網

　　教師網（Teachers.net）提供 K-12 教師網路資源和工具，來進行同步與非同步通訊。在 1996 年 3 月，Tony Bott 博士當時是加州大學洛杉磯分校的博士候選人，創立了教師網，是提供給教師的網路學習社群。Bott 創立教師網的目的，是在這個免費的良師網路社群中提供教師資訊、資源與網絡工具（B. Reap, a personal interview, October, 13, 1999）。

　　一份教師網發佈的調查顯示每天此網有超過 10 萬個點閱，每月有超過 40 萬個特別的使用者區塊，以及超過 3 萬個郵件訂戶。1996 年還是博士生的 Tony Bott 創立此網站之後，在 1998 年加入的 Bob Reap 說，他雖然沒有數字可證明，但教師網可能是網路上最忙碌的教師網站之一。根據 Reap 的說法，教師網培育了老師強烈的社群意識，反之教師也提供這個網站數量

龐大的資訊和資源。教師網比 Bott 想像的更加成功（B. Reap, a personal in-terview, October, 13, 1999）。

TI 網

TI 網（Tapped In）由國家科學基金會（National Science Foundation）、SRI 國際研究所（SRI International）、昇陽電腦（Sun Microsystem），以及Walter S. Johnson 基金會共同贊助，是一個提供教師專業發展工作空間的獨立多人互動虛擬環境（multi-user virtual environment, MUVE）平台。透過同步與非同步通訊，教育工作者針對各式主題，由世界不同的地點到此站進行合作。

TI 網的目標在於「學習如何發展一個自我維持的網路社群，讓教育專業人士可以支持與提升其成員在職涯間的專業發展」（Schlager, Fusco, & Schank, 1998, p. 15）。在 2001 年 11 月會員數超過 14,100，由教師專業發展學校、教育組織及個別教師所組成，其作用就像一個社群之下有許多社群一般。TI 網是個比較有企圖心的網路教師專業成長社群，因為它積極希望融入真正實務社群的特色。

在發展一個網路社群時，Schlager 等人（2002）警告不要持有「蓋好它就會有人來」的態度，Nichani 也警告這種態度忽略了人類互動的基本要素（Nichani, 2001）。也有人指出對網路學習社群潛能的質疑，Cohen 和 Prusak（2001, p. 163）列出以下質疑：

- 網路環境無法複製重要的社交會面細節，例如手勢、鬼臉、表情、語調等等這些能傳達非文字的溝通。
- 虛擬連結的短促無法營造人類親近關係，這需要時間。
- 機緣是受限的，在網路上有機緣的對話比面對面的關係更受限，而這些對話通常導致新想法和思考。
- 要純然透過虛擬連結來構築信任關係是很有挑戰的。

　　雖然這些考量在評估網路學習社群不能為學習者提供什麼的時候可能是有效的，更重要的是應該強調它如何提供亟需的解決之道。傳統專業成長的形式是無效的，新的專業成長設計展現其成功，但無法在傳統環境中輕易傳播。網路學習成為可行且有成功潛力的專業成長模式，為了了解如何為 K-12 教師設計一個網路學習社群，並推廣它是個對教師有用的（雖然也許不是最好的）環境，就有必要了解什麼能促使教師參加一個網路學習社群，且它如何影響他們的專業成長。

（八）研究問題

　　我的研究問題包括：

- 教師為何自願參加網路學習？
- 教師以何種方式自願參加網路學習？
- 他們參與的理由如何影響參與的程度？
- 他們如何相信參與會影響身為教師的成長？
- 自願參與網路學習有營造出如同文獻所定義的「實務社群」嗎？

　　這些問題著重在為何教師自願參與非正式網路學習，以及這種參與類型如何形塑／反映／營造好的專業成長實務，如同在文獻中所定義。

第三章：方法

（一）研究場域

　　為了研究 K-12 教師在網路學習的自願與持續參與，我的研究場域必須是一個已有高度教師自願參與的環境。我相信「教師網」是一個合適的選擇，因為在這裡的參與並不和承諾給予學分或證書的架構性課程或工作坊相關。在教師網的教師群組是以草根性的努力方式出現。自願性的教師興

趣驅使著這個社群，而非團隊性的動力。在教師網這種自願的動力是我研究場域的重要面向。

教師網的組織與設計

　　教師網的創立者 Bott 博士設計了此網站，使得它所有的資源能透過網路和電子郵件來獲取。現在在各個領域有超過 45 個不同的論壇供 K-12 教育工作者交流，例如一般興趣、特定興趣、職涯支持、科技與語言等。每個論壇都有專題電郵，稱為郵件圈（mailring），以及一個聊天版來呈現專題電郵最近的發文。其他發表的資源包括教案、網路專題和課程資源。除了這些非同步的溝通模式之外，此網也提供教育工作者四個同步溝通的會議室教育工作者在這些會議室中進行正式和非正式的會面。雖然論壇通常在晚上安排正式的會面，教育工作者一天 24 小時都可進行非正式的會面。

　　有比較多參與群眾的論壇比小的論壇能交換更多同步或非同步的資訊，也比較常同步會面。有些論壇使用此網輕鬆地進行經驗交流，有些則利用此網的工具提倡或實施特定的學習活動。在每個論壇中成員人數多寡、參與度、重點與該網工具的使用都不一樣。因此，論壇創造了不同的學習環境。

群組與對象的選擇

　　我將從教師網的四個群組來招募研究對象：特教老師、4-Blocks 讀寫群、專業教學認證的全國版，以及中學群。我選擇這些群組是因為它們代表不同的興趣，也有活躍的聊天版、廣大的郵件圈，以及已存檔與安排好時間的正式同步會面，此外，我也可能在群組中找到特殊的潮流。這四個群組中的三個是特定興趣群組，相較於一般的群組，我選擇專注在這些類型的群組較多，因為一般的群組如小學（elementary & primary）、數學或語文，都看起來沒那麼多成員。然而，藉由包含一個一般群組，也就是中學群，我就有比較多的機會來比較潮流和推論結果。

我的訪談範例將從問卷調查範例而來。我想要訪談 12 個對象，每個論壇三位。訪談將進一步發掘問卷問題，並問額外的問題。

研究關係

雖然我以「研究者」的角度進入這個關係，我將強調我的小學教師角色。我會介紹我自己是全職教師與兼職博士班學生。我在招募對象和每個訪談開始的時候都會這樣做。我希望這能夠有助於建立多一些同僚與同僚之間的關係，而非研究者與研究對象的關係，後者可能被視為比較可怕的。

此外，我為了訪談而使用的虛擬環境可以讓我提升文字外的溝通。例如，檔案分享與網路瀏覽的工具能讓我分享更多關於我的資訊，並給予研究對象更多選擇來表達他或她自己。例如，我可以發佈我的照片在我的工作空間中，包含關於我自己的額外資訊。知道與你對話的人的樣子有助於將關係個人化。

（二）資料蒐集

我將透過問卷調查與網路同步訪談來蒐集資料。我蒐集資料的第一步是為我的調查選取研究對象。本研究的敘述會張貼在每一個群組的討論區，在專題電郵跟同步會議中（見附錄 A）。在每個地方都發佈廣告是重要的，以便只有用一個或兩個這種工具的成員都能有機會參與。有興趣的參與者可以傳電子郵件給研究者，或直接點按廣告中的網址。電子郵件會寄送給自願參與者以感謝他們的參與。

一份告知同意書也會夾帶在問卷中。在問卷起始，參與者會被要求讀此同意書，並勾選顯示已讀且願意成為參與者的方塊（見附錄 B）。

這份問卷處理了我所有的研究問題（見附錄 C），大部分是量化的，但有機會以質性資料澄清一些問題。量化是因為我想要獲得這個大的群體如何相信他們的參與與專業成長是相關的「快照」（snapshot），有這樣的量化資料能幫助我理解我的訪談資料是否在較大的群體中具有代表性。這

個網路調查將會依照Don Dillman（2000）在「書信與網路調查：社會互動設計法」（Mail and Internet Surveys: The Tailored Design Method）所指出的原則來設計。

透過這些原則，我希望避免掉一些問題，例如瀏覽器的限制、完成調查所需要的時間長度以及可行性。這個問卷調查也將幫助我確認訪談對象。

本調查將以放在喬治梅森大學伺服器上的一個網路版工具Response-O-Matic進行發展。這40個問題的調查需要15分鐘來回答，在問卷的最後有一個問題詢問參與者是否願意接受後續的網路訪談。當參與者按下送出鍵，感謝頁面連同完整的問卷內容就會顯示，參與者就可回顧他們輸入的內容。問卷的內容也會直接以電子郵件傳送給我，後續也會傳送感謝參與者花費時間完成的電子郵件。我正考慮提供某種誘因給受訪者，一個可能做法是教師網線上目錄（提供書籍和教師用品）的禮券。

如果參與者有意願接受訪談，就會開始安排，參與者會收到進一步解釋訪談如何進行的電子郵件。訪談將在 TI 網實施，TI 網由國家科學基金會、SRI 國際研究所、昇陽電腦與 Walter S. Johnson 基金會共同贊助，是一個提供教師專業發展工作空間的獨立多人互動虛擬環境（MUVE）平台，並提供教師一個專業成長的工作場所。一個私人的辦公室空間已在 TI 網建立，參與者會直接到這個辦公室。訪談將持續大約一小時，在這之前會先交換電話號碼，以便有技術困難時能聯絡，我會接受任何受話者付費的電話。

參與者將收到逐步的說明來引導登入 TI 網，並直接到我的辦公室。每個訪談我都會安排 1 小時 15 分鐘的時間，我想提供一些時間來讓參與者探索與適應虛擬環境。在參與者有時間問問題或探索之後，我會開始使用訪談大綱進行訪談（見附錄 D），這訪談將被 TI 網的自動轉譯工具留存。當使用者登出時也會收到在 TI 網行動和對話的電子郵件紀錄，這將自動提供訪談逐字稿給研究對象和我。

表 2 顯示哪個問題處理了我的研究問題。

表2 研究與訪談／調查問題矩陣

教師為何自願參加網路學習？	教師以何種方式參加網路學習？	他們參與的理由如何影響參與的程度和類型？	他們如何相信參與會影響身為教師的成長？	自願參與網路學習有營造出如同文獻所定義的「實務社群」嗎？
什麼影響了您的參與？	敘述您如何參與？	您覺得您還會繼續參與多久？	您的參與如何影響您的教學？	在您的論壇中您和其他參與者分享了何種知識？
您的參與有哪些好處？	您多久參與一次？	您參與的頻率有變嗎？若有，為何有變？如何變？	您的參與和校內或學區內的合作有何不同？	您和其他參與者有關於最佳實務的共同實務和信念嗎？
您如何開始參與TI網？	您如何運用不同的工具（郵件圈、討論版、會議）？	您在教師網的參與和在其他專業發展的機會不同嗎？如何不同？	您的參與如何影響您自己的專業成長？您能舉例說明嗎？	您明瞭其他人的能力、強項、缺點和貢獻嗎？
您在教師網四個群組的參與和其他專業發展機會有何不同？如何不同？	這些工具如何影響您的參與？			在您的群組內的成員有共同的工具、方法和技巧嗎？例如表格、工作協助等？
您參與的目的為何？您認為在您論壇中的其他人有同樣的目的嗎？				在您的群組內的成員有共同的、演進的語言嗎（例如特殊用語、術語、捷徑如縮寫等）？
您希望透過您的網路參與獲致什麼？				成員會參考彼此的教育／教學專長嗎？
您的參與如何可以維持？為何您會維持您的參與？您覺得您會繼續參與多久？				在您的群組裡的成員之間有快速的創新推廣嗎（例如最佳實務的快速轉移）？

（三）資料分析

　　質性資料將以備忘錄和分類與情境化策略來分析。研究者在每次訪談後撰寫備忘錄，以幫助對資料的分析思考，並記憶在逐字稿中不一定需要被包括進去的細節。預設的、開放的和內在編碼將「拆解」資料，以至於關於參與的理由可以如主題般界定出來。此外，敘事分析也可被用來幫助了解以下問題：某個特定議題或人發生了何事、人們如何特意維持參與，以及辨認他們的參與如何影響專業成長的例子。雖然我以前沒使用過NVivo，我正考慮使用這個資料分析軟體來將資料排序、產生分類類別，以及進行資料與所產出備忘錄之間的跨連結。

　　網路問卷所產生的量化資料將被輸入 SPSS 軟體來進行分析，這個資料會提供比訪談數目更大的參與者樣本訊息。我將使用敘述統計來敘述樣本的特色，蒐集到的資料可能是名目的（nominal）或次序的（ordinal），且將決定要使用的統計方法。我將使用名目層級的資料來做卡方檢定，測試這兩個變項之間的統計相關，使用此檢定時 p 值將設為 .05。

（四）效度

　　為了避免可能的威脅，並測試我結論的效度，我將實施以下由Maxwell（1996）所提出的策略：三角驗證、回饋、「豐富的資料」及類統計。

　　三角驗證在資料蒐集時需要使用多樣的方法。藉由訪談、問卷和備忘錄，我正反轉在單一方法可能存在的缺失。透過研究我將從我的委員會蒐集回饋，當從資料形成理論或推論之時。這能幫助辨認與決定可能威脅到結論的偏見或扭曲的邏輯。

　　本研究的質性層面自然提供了豐富的資料，訪談稿擷取了可被找到與參考的細節，在訪談之後許久都適用。撰寫備忘錄提供了額外的「豐富資料」，因為反應和初步理論和（或）結論在實際的資料分析之前就已記錄下來。

　　最後，質性的調查可做為類統計，能更有效啟發質性資料。雖然我們期待統計和質性資料相互支持，其中分歧能幫助凸顯研究中可能的缺失。使用所有這些策略來保護資料與最終結論不受效度威脅是必要的。

（五）程序時間表

活動	任務分析	時間表
1：徵求研究對象	(1) 加入教師網郵件圈 (2) 在討論版發表要求 (3) 參加正式與非正式的同步會議	2002 年 9 月-11 月
2：發後續電子郵件給有意願的參與者	(1) 發給參與者問卷網址 (2) 感謝參與者花費時間	2002 年 9 月-11 月
3：實施網路訪談	(1) 安排訪談時間 (2) 進行訪談	2002 年 9 月-12 月
4：分析問卷結果	(1) 將資料鍵入 SPSS (2) 使用 NVivo，從質性資料發展編碼類別 (3) 提取資料	2002 年 11 ／ 12 月
5：回顧與分析備忘錄和訪談稿	(1) 回顧逐字稿 (2) 使用 NVivo 從逐字稿發展編碼類別 (3) 從逐字稿提取資料	2002 年 9 月-2003 年 1 月
6：寫第四章和第五章	(1) 撰寫與提出不同版本給論文委員	2002 年 12 月-2003 年 2 月
7：準備答辯		2003 年 2 ／ 3 月
8：論文答辯		2003 年 3 月
9：畢業		2003 年 5 月 17 日

參考文獻

（限於篇幅，在此省略）

附錄

附錄 A——研究計畫敘述／廣告

　　教育工作者亟需傳播與接收專業成長的不同方法！如果您正參與教師網，您可能已經知道這個。請幫助解決這個問題，藉由參加此研究，來確認為何像您這樣的教師自願參與非正式的網路學習，以及這如何影響您的專業成長。

　　身為一位教師同儕與兼職博士生，我了解您的時間很寶貴。然而，只需要 15 分鐘您就能完成這份網路問卷，成為研究的一分子！本研究最終目標是協助學區設計網路學習來幫助 K-12 教師進行有效的專業成長。如果您願意參加，請寄電子郵件給我或按下下面的連結，直接進入問卷調查。謝謝您！

附錄 B——告知同意書

親愛的老師：

　　這封信是要請求您的允許，來參加一個研究計畫，以探索教師如何透過一個網路環境的參與，接受與提升他們的專業成長。我特別對這種獨立於網路課程或學分之外的教師參與有興趣。本研究探討為何 K-12 教師自願參加非正式的網路學習，以及這如何影響他們的專業成長。本研究的最終目標在幫助學區發展或投資在網路學習的機會上，進而成功幫助他們的教師。

本研究計畫根據問卷調查資料以及 12 至 15 小時長的訪談，對象是參與教師網不同群組的教師們。問卷的參與者可以在問卷中提出他們是否願意接受訪談。有意願接受訪談的參與者可能不會全部都訪談到。問卷調查將以在喬治梅森大學伺服器上的網路工具 Response-O-Matic 來實施，訪談則在一個網路環境來實施。然而請了解沒有一個電腦傳輸是絕對安全的，研究者將努力保障您傳輸資料的機密性。

我將是唯一獲取訪談逐字稿的人。如果在訪談中的任一時候，您選擇離開這個研究，問卷與訪談資料將立即銷毀。您的參與是自願性質的，雖然沒有任何可預見的風險參與在此研究中，您可以在任何時間以任何理由離開本研究。不參與或離開都沒有任何罰則。研究資料的蒐集將從 2002 年 9 月到 12 月。參與和參與的紀錄都是機密，為了確保蒐集到的資料無法連結回參與者，資料將被收存在安全的地點。此外，名字和可識別的資訊都不會出現在論文之中。

我是一位在維吉尼亞州費爾法克斯（Fairfax）喬治梅森大學的博士生，這個研究是我論文的一部分，我目前在該校教育研究學院 Debra Sprague 博士（dspragu1@gmu.edu）的指導之下進行研究。如果您有關於這個研究計畫的任何問題，請透過（703）931-2391 聯絡我，或是電郵 eriddle@acps.k12.va.us。您也可以聯繫喬治梅森大學研究贊助辦公室（703）993-2295，您參與的這個研究計畫已經過喬治梅森大學的審核程序。

若您在以下的方塊打勾，就表示您願意參加這個研究。可能的話請在三天內簽名回郵給我，謝謝您。

誠摯的，

Elizabeth M. Riddle

□我已讀過以上同意書，我了解本研究的範圍且願意成為參與者。

附錄 C——問卷調查

（限於篇幅，在此省略）

附錄 D——訪談大綱

訪談大綱

請告訴我您如何成為教師網（特定群組）的成員？
什麼影響您來參與？
請敘述您如何參與？
您的參與帶來哪些好處？
您在教師網特定群組的參與，和在其他非強迫性的專業成長機會中的參與有不同嗎？如何不同？
您的參與和在強迫性的專業成長機會中的參與有不同嗎？為什麼？
您如何使用不同的工具（郵件圈、討論版、會議）？
這些工具如何影響您的參與？
您多久參與一次？
您為何保持您的參與？您會繼續參與多久？
您的參與如何影響您的教學？
您的參與如何與在校內或學區內的合作有所不同？
您有和其他參與者分享關於最佳實務的類似信念？
您能想到成員如何參考彼此的教育／教學專長的例子嗎？
這個群體在哪方面像是一個社群？

參考文獻

Abbott, A. (2001). *Chaos of disciplines*. Chicago, IL: University of Chicago Press.

Abbott, A. (2004). *Methods of discovery: Heuristics for the social sciences*. New York, NY: W. W. Norton.

Abu-Lughod, L. (1986). *Veiled sentiments: Honor and poetry in a Bedouin society*. Berkeley: University of California Press.

Agar, M. (1991). The right brain strikes back. In N. G. Fielding & R. M. Lee (Eds.), *Using computers in qualitative research* (pp. 181–194). Newbury Park, CA: Sage.

American Psychological Association. (2010). *Publication manual of the American Psychological Association* (6th ed.). Washington, DC: Author.

Anderson, G. L., & Scott, J. (in press). Toward an intersectional understanding of causality and social context. *Qualitative Inquiry 18*(8).

Atkinson, P. (1992). The ethnography of a medical setting: Reading, writing, and rhetoric. *Qualitative Health Research, 2*, 451–474.

Bazeley, P. (2007). *Qualitative data analysis with NVivo*. Thousand Oaks, CA: Sage.

Becker, H. S. (1970). *Sociological work: Method and substance*. Chicago: Aldine.

Becker, H. S. (1991). Generalizing from case studies. In E. Eisner & A. Peshkin (Eds.), *Qualitative inquiry in education: The continuing debate* (pp. 233–242). New York, NY: Teachers College Press.

Becker, H. S. (2007). *Writing for social scientists: How to start and finish your thesis, book, or article* (2nd ed.). Chicago, IL: University of Chicago Press.

Becker, H. S., & Geer, B. (1957). Participant observation and interviewing: A comparison. *Human Organization, 16*, 28–32.

Becker, H. S., Geer, B., Hughes, E. C., & Strauss, A. L. (1961). *Boys in white: Student culture in medical school*. Chicago, IL: University of Chicago Press.

Berg, D. N., & Smith, K. K. (1988). *The self in social inquiry: Researching methods*. Newbury Park, CA: Sage.

Berger, B. (1981). *The survival of a counterculture: Ideological work and everyday life among rural communards*. Berkeley: University of California Press.

Bernstein, R. J. (1992). *The new constellation: The ethical-political horizons of modernity-postmodernity*. Cambridge, MA: MIT Press.

Bhattacharjea, S. (1994). *Reconciling "public" and "private": Women in the educational bureaucracy in "Sinjabistan" Province, Pakistan*. Unpublished doctoral dissertation, Harvard Graduate School of Education.

Bhattacharya, H. (2008). Interpretive research. In L. Given (Ed.), *The SAGE encyclopedia of qualitative research methods* (pp. 464–467). Thousand Oaks, CA: Sage.

Bloor, M. J. (1983). Notes on member validation. In R. M. Emerson (Ed.), *Contemporary field research: A collection of readings* (pp. 156–172). Prospect Heights, IL: Waveland Press.

Blumer, H. (1969). The methodological position of symbolic interactionism. In H. Blumer, *Symbolic interactionism: Perspective and method* (pp. 1–60). Berkeley: University of California Press.

Bogdan, R. C., & Biklen, S. K. (2003). *Qualitative research for education: An introduction to theory and methods* (4th ed.). Boston, MA: Allyn & Bacon.

Bolster, A. S. (1983). Toward a more effective model of research on teaching. *Harvard Educational Review, 53*, 294–308.

Bosk, C. (1979). *Forgive and remember: Managing medical failure*. Chicago, IL: University of Chicago Press.

Bredo, E., & Feinberg, W. (1982). *Knowledge and values in social and educational research*. Philadelphia, PA: Temple University Press.

Bricolage. n.d. In *Wikipedia*. Retrieved from http://en.wikipedia.org/wiki/Bricolage

Briggs, C. (1986). *Learning how to ask*. Cambridge, England: Cambridge University Press.

Briggs, J. (1970). *Never in anger: Portrait of an Eskimo family*. Cambridge, MA: Harvard University Press.

Brinberg, D., & McGrath, J. E. (1985). *Validity and the research process*. Beverly Hills, CA: Sage.

Britan, G. M. (1978). Experimental and contextual models of program evaluation. *Evaluation and Program Planning, 1,* 229–234.

Brown, L. M. (Ed.). (1988). *A guide to reading narratives of conflict and choice for self and moral voice*. Cambridge, MA: Harvard University, Center for the Study of Gender, Education, and Human Development.

Brydon-Miller, M., Kral, M., Maguire, P., Noffke, S., & Sabhlok, A. (2011). Jazz and the banyan tree: Roots and riffs on participatory action research. In N. K. Denzin & Y. S. Lincoln (Eds.), *The SAGE handbook of qualitative research* (4th ed., pp. 387–400). Thousand Oaks, CA: Sage.

Bryman, A. (1988). *Quantity and quality in social research*. London, England: Unwin Hyman.

Burman, E. (2001). Minding the gap: Positivism, psychology, and the politics of qualitative methods. In D. L. Tolman & M. Brydon-Miller (Eds.), *From subjects to subjectivities: A handbook of interpretive and participatory methods* (pp. 259–275). New York, NY: New York University Press.

Campbell, D. T. (1984). Foreword. In R. Yin, *Case study research: Design and methods* (pp. 7–8). Beverly Hills, CA: Sage.

Campbell, D. T. (1988). *Methodology and epistemology for social science: Selected papers*. Chicago, IL: University of Chicago Press.

Campbell, D. T., & Stanley, J. (1963). Experimental and quasi-experimental designs for research on teaching. In N. L. Gage (Ed.), *Handbook of research on teaching* (pp. 171–246). Chicago, IL: Rand McNally.

Cannella, G. S., & Lincoln, Y. S. (2011). Ethics, research regulations, and critical social science. In N. K. Denzin & Y. S. Lincoln (Eds.), *The SAGE handbook of qualitative research* (4th ed., pp. 81–90). Thousand Oaks, CA: Sage.

Christians, C. G. (2011). Ethics and politics in qualitative research. In N. K. Denzin & Y. S. Lincoln (Eds.), *The SAGE handbook of qualitative research* (4th ed., pp. 61–80). Thousand Oaks, CA: Sage.

Coffey, A., & Atkinson, P. (1996). *Making sense of qualitative data*. Thousand Oaks, CA: Sage.

Cohen, J. (1994). The Earth is round (p<.05). *American Psychologist 49*(12), 997–1003.

Cook, T. D., & Campbell, D. T. (1979). *Quasi-experimentation: Design and analysis issues for field settings*. Boston, MA: Houghton Mifflin.

Corbin, J., & Strauss, A. (2007). *Basics of qualitative research: Techniques and procedures for developing grounded theory*. Thousand Oaks, CA: Sage.

Creswell, J. W. (1994). *Research design: Quantitative and qualitative approaches*. Thousand Oaks, CA: Sage.

Creswell, J. W. (2002). *Educational research: Planning, conducting, and evaluating quantitative and qualitative research*. Upper Saddle River, NJ: Merrill Prentice Hall.

Creswell, J. W. (2006). *Qualitative inquiry and research design: Choosing among five traditions* (2nd ed.). Thousand Oaks, CA: Sage.

Croskery, B. (1995). *Swamp leadership: The wisdom of the craft.* Unpublished doctoral dissertation, Harvard Graduate School of Education.

Cumming, G. (2011). *Understanding the new statistics: Effect sizes, confidence intervals, and meta-analysis.* London, England: Routledge.

Denzin, N. K. (1970). *The research act.* Chicago, IL: Aldine.

Denzin, N. K., & Lincoln, Y. S. (2000). Introduction: The discipline and practice of qualitative research. In N. K. Denzin & Y. S. Lincoln (Eds.), *handbook of qualitative research* (2nd ed., pp. 1–28). Thousand Oaks, CA: Sage.

Denzin, N. K., & Lincoln, Y. S. (2005a). Introduction: The discipline and practice of qualitative research. In N. K. Denzin & Y. S. Lincoln (Eds.), *SAGE handbook of qualitative research* (3rd ed., pp. 1–42). Thousand Oaks, CA: Sage.

Denzin, N. K., & Lincoln, Y. S. (2005b). *SAGE handbook of qualitative research* (3rd ed.). Thousand Oaks, CA: Sage.

Denzin, N. K., & Lincoln, Y. S. (2011). *SAGE handbook of qualitative research* (4th ed.). Thousand Oaks, CA: Sage.

Dere, E., Easton, A., Nadel, L., & Huston, J. P. (Eds.). (2008). *Handbook of episodic memory.* Amsterdam: Elsevier.

Design. (1984). In F. C. Mish (Ed.), *Webster's Ninth New Collegiate Dictionary* (p. 343). Springfield, MA: Merriam-Webster.

Dexter, L. A. (1970). *Elite and specialized interviewing.* Evanston, IL: Northwestern University Press.

Dey, I. (1993). *Qualitative data analysis: A user-friendly guide for social scientists.* London, England: Routledge.

Diamond, J. (2011). *Collapse: How societies choose to fail or succeed.* New York, NY: Penguin.

Donmoyer, R. (1990). Can qualitative researchers answer policymakers' what-works question? *Qualitative Inquiry 18*(8).

Dressman, M. (2008). *Using social theory in educational research: A practical guide.* London, England: Routledge.

Elbow, P. (1973). Appendix essay. The doubting game and the believing game: An analysis of the intellectual process. In *Writing without teachers* (pp. 147–191). London, England: Oxford University Press.

Elbow, P. (2006). The believing game and how to make conflicting opinions more fruitful. In C. Weber (Ed.), *Nurturing the peacemakers in our students: A guide to teaching peace, empathy, and understanding.* Portsmouth, NH: Heinemann.

Emerson, R. M., Fretz, R. I., & Shaw, L. L. (1995). *Writing ethnographic fieldnotes.* Chicago, IL: University of Chicago Press.

Erickson, F. (1986). Qualitative methods. In M. C. Wittrock (Ed.), *Handbook of research on teaching* pp. 119–161. New York, NY: Macmillan.

Erickson, F. (1992). Ethnographic microanalysis of interaction. In M. D. LeCompte, W. L. Millroy, & J. Preissle (Eds.), *The handbook of qualitative research in education* (pp. 201–225). San Diego, CA: Academic Press.

Festinger, L., Riecker, H. W., & Schachter, S. (1956). *When prophecy fails.* Minneapolis: University of Minnesota Press.

Fetterman, D. M. (2008). Emic/etic distinction. In L. Given (Ed.), *The SAGE encyclopedia of qualitative research methods* (p. 249). Thousand Oaks, CA: Sage.

Fielding, N., & Fielding, J. (1986). *Linking data.* Beverly Hills, CA: Sage.

Fine, M., Weis, L., Weseen, S., & Wong, L. (2000). For whom? Qualitative research, representations, and social responsibilities. In N. K. Denzin & Y. S. Lincoln (Eds.), *Handbook of qualitative research* (2nd ed., pp. 107–131). Thousand Oaks, CA: Sage.

Finley, S. (2008). Community-based research. In L. Given (Ed.), *The SAGE encyclopedia of qualitative research methods* (pp. 97–100). Thousand Oaks, CA: Sage.

Flick, U. (2000). Episodic interviewing. In M. W Bauer & G. Gaskell (Eds.), *Qualitative researching with text, image and sound* (pp. 75-92). London, England: Sage.

Flick, U. (2007). *Managing quality in qualitative research*. London, England: Sage.

Freidson, E. (1975). *Doctoring together: A study of professional social control*. Chicago, IL: University of Chicago Press.

Galilei, G. (2008). Extracts from *Discorsi e demonstrazioni matematiche* (M. A. Finocchairo, Trans.). In M. A. Finocchairo (Ed.), *The essential Galileo* (pp. 301–302. Indianapolis, IN: Hackett. (Original work published 1628)

Galileo's Leaning Tower of Pisa experiment. n.d. In *Wikipedia*. Retrieved from http://en.wikipedia .org/wiki/Galileo%27s_Leaning_Tower_of_Pisa_experiment

Gee, J. P. (2005). *An introduction to discourse analysis: Theory and method*. New York, NY: Routledge.

Gee, J. P., Michaels, S., & O'Connor, M. C. (1992). Discourse analysis. In M. D. LeCompte, W. L. Millroy, & J. Preissle (Eds.), *The handbook of qualitative research in education* (pp. 227–291). San Diego, CA: Academic Press.

Geertz, C. (1973). *The interpretation of cultures*. New York, NY: Basic Books.

Geertz, C. (1974). From the native's point of view: On the nature of anthropological understanding. *Bulletin of the American Academy of Arts and Sciences, 28*(1), 27–45.

Gilligan, C., Spencer, R., Weinberg, M. C., & Bertsch, T. (2003). On the listening guide: A voice-centered relational method. In P. M. Camic, J. E. Rhodes, & L. Yardley (Eds.), *Qualitative research in psychology: Expanding perspectives in methodology and design* (pp. 157–172). Washington, DC: American Psychological Association.

Given, L. (Ed.). (2008). *The SAGE encyclopedia of qualitative research methods*. Thousand Oaks, CA: Sage.

Glaser, B. (2001). *The grounded theory perspective: Conceptualization contrasted with description*. Mill Valley, CA: Sociology Press.

Glaser, B., & Strauss, A. (1967). *The discovery of grounded theory*. Chicago, IL: Aldine.

Glesne, C. (2011). *Becoming qualitative researchers: An introduction* (4th ed.). Boston, MA: Pearson.

Glesne, C., & Peshkin, A. (1992). *Becoming qualitative researchers: An introduction*. White Plains, NY: Longman.

Goldenberg, C. (1992). The limits of expectations: A case for case knowledge of teacher expectancy effects. *American Educational Research Journal, 29,* 517–544.

Grady, K. A., & Wallston, B. S. (1988). *Research in health care settings*. Newbury Park, CA: Sage.

Greene, J. (2007). *Mixed methods in social inquiry*. San Francisco, CA: Jossey-Bass.

Groenewald, T. (2008). Memos and memoing. In L. Given (Ed.), *The SAGE encyclopedia of qualitative research methods* (pp. 505-506). Thousand Oaks, CA: Sage.

Guba, E. G., & Lincoln, Y. S. (1989). *Fourth generation evaluation*. Newbury Park, CA: Sage.

Guilbault, B. (1989). *The families of dependent handicapped adults: A working paper*. Unpublished manuscript.

Hacking, I. (1999). *The social construction of what?* Cambridge, MA: Harvard University Press.

Hallaj, D. (2006). *Caught between culture and conflict: Palestinian refugee women's perceptions of illiteracy and education*. Unpublished doctoral dissertation, George Mason University.

Hammersley, M. (1992). *What's wrong with ethnography?* London, England: Routledge.

Hammersley, M. (2008). Bricolage and bricoleur. In L. Given (Ed.), *The SAGE encyclopedia of qualitative research methods* (pp. 65–66). Thousand Oaks, CA: Sage.

Hammersley, M., & Atkinson, P. (1995). *Ethnography: Principles in practice* (2nd ed.). London, England: Routledge.

Hammersley, M., & Atkinson, P. (2007). *Ethnography: Principles in practice* (3rd ed.). London, England: Routledge.

Hannerz, U. (1992). *Cultural complexity: Studies in the social organization of meaning.* New York, NY: Columbia University Press.

Harlow, L. L., Mulaik, S. A., & Steiger, J. H. (Eds.). (1997). *What if there were no significance tests?* Mahwah, NJ: Lawrence Erlbaum.

Heider, E. R. (1972). Probability, sampling, and ethnographic method: The case of Dani colour names. *Man, 7,* 448–466.

Heinrich, B. (1979). *Bumblebee economics.* Cambridge, MA: Harvard University Press.

Heinrich, B. (1984). *In a patch of fireweed.* Cambridge, MA: Harvard University Press.

Hoover, E.R. (2002). *Voluntary participation and online learning: A research study investigating why K–12 teachers participate in informal online learning and how it influences their professional development.* Dissertation proposal. Fairfax, VA: George Mason University.

Howard, V. A, & Barton, J. H. (1988). *Thinking on paper.* New York, NY: William Morrow.

Howe, K. R. (2011). Mixed methods, mixed causes? *Qualitative Inquiry, 17,* 166–171.

Huberman, A. M. (1993). *The Lives of Teachers* (J. Neufeld, Trans.). New York, NY: Teachers College Press. (Original work published 1989)

Huck, S. (2009). *Statistical misconceptions.* New York: NY: Taylor & Francis.

Huck, S. W., & Sandler, H. M. (1979). *Rival hypotheses: "Minute mysteries" for the critical thinker.* London, England: Harper & Row.

Irwin, S. (2008). Data analysis and interpretation: Emergent issues in linking qualitative and quantitative evidence. In P. Leavy & S. Hesse-Biber (Eds.), *Handbook of emergent methods*, pp. 415–435. New York, NY: Guilford Press.

Jackson, B. (1987). *Fieldwork.* Urbana: University of Illinois Press.

Janesick, V. J. (1994). The dance of qualitative research design: Metaphor, methodolatry, and meaning. In N. K. Denzin & Y. S. Lincoln (Eds.), *Handbook of qualitative research* (pp. 209–219). Thousand Oaks, CA: Sage.

Jansen, G., & Peshkin, A. (1992). Subjectivity in qualitative research. In M. D. LeCompte, W. L. Millroy, & J. Preissle (Eds.), *The handbook of qualitative research in education* (pp. 681–725). San Diego, CA: Academic Press.

Jordan, S. (2008). Participatory action research (PAR). In L. Given (Ed.), *The SAGE encyclopedia of qualitative research methods* (pp. 601–604). Thousand Oaks, CA: Sage.

Josselson, R., Lieblich, A., & McAdams, D. P. (2007). *The meaning of others: Narrative studies of relationships.* Washington, DC: American Psychological Association.

Kaffenberger, C. (1999). *The experience of adolescent cancer survivors and their siblings: The effect on their lives and their relationships.* Unpublished doctoral dissertation, George Mason University.

Kaplan, A. (1964). *The conduct of inquiry.* San Francisco, CA: Chandler.

Kidder, L. H. (1981). Qualitative research and quasi-experimental frameworks. In M. B. Brewer & B. E. Collins (Eds.), *Scientific inquiry and the social sciences.* San Francisco, CA: Jossey-Bass.

Kincheloe, J. L., & Berry, K. S. (2004). *Rigour and complexity in educational research: Conceptualizing the bricolage.* Maidenhead, England: Open University Press.

Kincheloe, J. L., McLaren, P., & Steinberg, S. L. (2011). Critical pedagogy, and qualitative research: Moving to the bricolage, In N. K. Denzin & Y. S. Lincoln (Eds.), *The SAGE handbook of qualitative research* (4th ed., pp. 163–177). Thousand Oaks, CA: Sage.

Kirk, J., & Miller, M. (1986). *Reliability and validity in qualitative research.* Beverly Hills, CA: Sage.

Koro-Ljungberg, M. (2004). Impossibilities of reconciliation: Validity in mixed theory projects. *Qualitative Inquiry 10*, 601–621.

Kuhn, T. (1970). *The structure of scientific revolutions* (2nd ed.). Chicago, IL: University of Chicago Press.

Kvale, S. (Ed.). (1989). *Issues of validity in qualitative research*. Lund, Sweden: Studentlitteratur.

Kvarning, L. Å. (1993, October). Raising the *Vasa. Scientific American*, 84–91.

Lather, P. (1993). Fertile obsession: Validity after poststructuralism. *Sociological Quarterly, 34*, 673–693.

Lave, C. A., & March, J. G. (1975). *An introduction to models in the social sciences*. New York, NY: Harper & Row.

Lawrence-Lightfoot, S., & Hoffman Davis, J. (1997). *The art and science of portraiture*. San Francisco: Jossey-Bass.

LeCompte, M. D., & Preissle, J. (1993). *Ethnography and qualitative design in educational research* (2nd ed.). San Diego, CA: Academic Press.

LeGuin, U. K. (2000). Introduction. *The left hand of darkness*. In New York, NY: Ace Books.

LeGuin, U. K. (2003). *Changing planes*. Boston, MA: Houghton Mifflin Harcourt.

Levi-Strauss, C. (1968). *The savage mind*. Chicago, IL: University of Chicago Press.

Light, R. J., & Pillemer, D. B. (1984). *Summing up*. Cambridge, MA: Harvard University Press.

Light, R. J., Singer, J., & Willett, J. (1990). *By design: Conducting research on higher education*. Cambridge, MA: Harvard University Press.

Lincoln, Y. S. (1990). Toward a categorical imperative for qualitative research. In E. Eisner & A. Peshkin (Eds.), *Qualitative inquiry in education: The continuing debate*. New York: Teachers College Press.

Lincoln, Y. S., & Guba, E. G. (1985). *Naturalistic inquiry*. Beverly Hills, CA: Sage.

Lincoln, Y. S., Lynham, S. A., & Guba, E. G. (2011). Paradigmatic controversies, contradictions, and emerging confluences, revisited. In N. K. Denzin & Y. S. Lincoln (Eds.), *SAGE handbook of qualitative research* (4th ed. pp. 97–128). Thousand Oaks, CA: Sage.

Linde, C. (1993). *Life stories: The creation of coherence*. New York, NY: Oxford University Press.

L. L. Bean (1998). *October classics catalog*. Freeport, ME: Author.

Locke, L., Silverman, S. J., & Spirduso, W. W. (2009). *Reading and understanding research*. Thousand Oaks, CA: Sage.

Locke, L., Spirduso, W. W., & Silverman, S. J. (1993). *Proposals that work* (3rd ed.). Newbury Park, CA: Sage.

Locke, L., Spirduso, W. W., & Silverman, S. J. (2000). *Proposals that work* (4th ed.). Thousand Oaks, CA: Sage.

Locke, L., Spirduso, W. W., & Silverman, S. J. (2007). *Proposals that work* (5th ed.). Thousand Oaks, CA: Sage.

Malinowski, B. (1954). *Magic, science and religion and other essays*. Garden City, NY: Doubleday.

Manning, H. (Ed.). (1960). *Mountaineering: The freedom of the hills*. Seattle, WA: The Mountaineers.

Margolis, J. S. (1990). *Psychology of gender and academic discourse: A comparison between female and male students' experiences talking in a college classroom*. Unpublished doctoral dissertation, Harvard Graduate School of Education.

Marshall, C., & Rossman, G. (1999). *Designing qualitative research* (3rd ed.). Thousand Oaks, CA: Sage.

Maxwell, J. A. (1971). *The development of Plains kinship systems*. Unpublished master's thesis, University of Chicago.

Maxwell, J. A. (1978). The evolution of Plains Indian kin terminologies: A non-reflectionist account. *Plains Anthropologist, 23,* 13–29.

Maxwell, J. A. (1986). *The conceptualization of kinship in an Inuit community.* Unpublished doctoral dissertation, University of Chicago.

Maxwell, J. A. (1992). Understanding and validity in qualitative research. *Harvard Educational Review, 62,* 279–300.

Maxwell, J. A. (1993). Gaining acceptance for qualitative methods from clients, policy-makers, and participants. In D. Fetterman (Ed.), *Speaking the language of power.* London: Falmer Press.

Maxwell, J. A. (1995). Diversity and methodology in a changing world. *Pedagogía,* 30, 32–40.

Maxwell, J. A. (1996). *Qualitative research design: An interactive approach.* Thousand Oaks, CA: Sage.

Maxwell, J. A. (2002). Realism and the role of the researcher in qualitative psychology. In M. Kiegelmann (Ed.), *The role of the researcher in qualitative psychology* (pp. 11–30). Tuebingen, Germany: Verlag Ingeborg Huber.

Maxwell, J. A. (2004a). Causal explanation, qualitative research, and scientific inquiry in education. *Educational Researcher, 33*(2), 3–11.

Maxwell, J. A. (2004b). Re-emergent scientism, postmodernism, and dialogue across differences. *Qualitative Inquiry, 10,* 35–41.

Maxwell, J. A. (2004c). Using qualitative methods for causal explanation. *Field Methods, 16*(3), 243–264.

Maxwell, J. A. (2006). Literature reviews of, and for, educational research: A commentary on Boote and Beile's "Scholars before researchers." *Educational Researcher 35*(9), 28–31.

Maxwell, J. A. (2008). The value of a realist understanding of causality for qualitative research. In N. K. Denzin (Ed.), *Qualitative research and the politics of evidence* (pp. 163–181). Walnut Creek, CA: Left Coast Press.

Maxwell, J. A. (2010). Using numbers in qualitative research. *Qualitative Inquiry, 16*(6), 475–482.

Maxwell, J. A. (2011a). Paradigms or toolkits? Philosophical and methodological positions as heuristics for mixed method research. *Mid-Western Educational Researcher 24*(2), 27–30.

Maxwell, J. A. (2011b). *A realist approach for qualitative research.* Thousand Oaks, CA: Sage.

Maxwell, J. A. (in press). The importance of qualitative research for causal explanation in education. *Qualitative Inquiry 18*(8).

Maxwell, J. A., & Loomis, D. (2002). Mixed methods design: An alternative approach. In A. Tashakkori & C. Teddlie (Eds.), *Handbook of mixed methods in social and behavioral research* (pp. 241–271). Thousand Oaks, CA: Sage.

Maxwell, J. A., & Miller, B. A. (2008). *Categorizing and connecting as components of qualitative data analysis.* In S. Hesse-Biber and P. Leavy (Eds.), *Handbook of emergent methods,* pp. 461-477. New York, NY: Guilford Press.

Maxwell, J. A., & Mittapalli, K. (2008a). Theory. In L. Given (Ed.), *The SAGE encyclopedia of qualitative research methods* (pp. 878–879). Thousand Oaks, CA: Sage.

Maxwell, J. A., & Mittapalli, K. (2008b). Thick description. In L. Given (Ed.), *The SAGE encyclopedia of qualitative research methods* (p. 880). Thousand Oaks, CA: Sage.

McGinn, M. K. (2008). Researcher-participant relationships. In L. Given (Ed.), *The SAGE encyclopedia of qualitative research methods* (pp. 767–771). Thousand Oaks, CA: Sage.

McMillan, J. H., & Schumacher, S. (2001). *Research in education: A conceptual introduction.* New York, NY: Longman.

Menzel, H. (1978). Meaning: Who needs it? In M. Brenner, P. Marsh, & M. Brenner (Eds.), *The social contexts of method* (pp. 140–171). New York, NY: St. Martin's Press.

Merriam, S. (1988). *Case study research in education: A qualitative approach.* San Francisco, CA: Jossey-Bass.

Metzger, M. (1993, June). Playing school or telling the truth? *Harvard Graduate School of Education Alumni Bulletin, 37*(3), 14–16.

Miles, M. B., & Huberman, A. M. (1984). *Qualitative data analysis: A sourcebook of new methods.* Beverly Hills, CA: Sage.

Miles, M. B., & Huberman, A. M. (1994). *Qualitative data analysis: An expanded sourcebook* (2nd ed.). Thousand Oaks, CA: Sage.

Mills, C. W. (1959). On intellectual craftsmanship. In C. W. Mills, *The sociological imagination* pp. 195–212. London, England: Oxford University Press.

Mishler, E. G. (1986). *Research interviewing: Context and narrative.* Cambridge, MA: Harvard University Press.

Mishler, E. G. (1990). Validation in inquiry-guided research: The role of exemplars in narrative studies. *Harvard Educational Review, 60,* 415–442.

Mohr, L. (1982). *Explaining organizational behavior.* San Francisco, CA: Jossey-Bass.

Morgan, D. L. (2008a). Sample size. In L. Given (Ed.), *The SAGE encyclopedia of qualitative research methods* (p. 798). Thousand Oaks, CA: Sage.

Morgan, D. L. (2008b). Sampling. In L. Given (Ed.), *The SAGE encyclopedia of qualitative research methods* (p. 799–800). Thousand Oaks, CA: Sage.

Norris, S. P. (1983). The inconsistencies at the foundation of construct validation theory. In E. R. House (Ed.), *Philosophy of evaluation* (pp. 53–74). San Francisco, CA: Jossey-Bass.

Novak, J. D., & Gowin, D. B. (1984). *Learning how to learn.* Cambridge, England: Cambridge University Press.

Olsson, M. R. (2008). Postmodernism. In L. Given (Ed.), *The SAGE encyclopedia of qualitative research methods* (pp. 655–659). Thousand Oaks, CA: Sage.

Organic architectural. n.d. In *Wikipedia.* Retrieved from http://en.wikipedia.org/wiki/Organic_architecture

Palys, T. (2008). Purposive sampling. In L. Given (Ed.), *The SAGE encyclopedia of qualitative research methods* (pp. 697–698). Thousand Oaks, CA: Sage.

Patton, M. Q. (1990). *Qualitative evaluation and research methods* (2nd ed.). Newbury Park, CA: Sage.

Patton, M. Q. (2001). *Qualitative research and evaluation methods* (3rd ed.). Thousand Oaks, CA: Sage.

Pawson, R., & Tilley, N. (1997). *Realistic evaluation.* London, England: Sage.

Pelto, P., & Pelto, G. (1975). Intra-cultural diversity: Some theoretical issues. *American Ethnologist, 2,* 1–18.

Peshkin, A. (1991). *The color of strangers, the color of friends: The play of ethnicity in school and community.* Chicago, IL: University of Chicago Press.

Peters, R. L. (1992). *Getting what you came for: The smart student's guide to earning a master's or a Ph.D.* New York, NY: Noonday Press.

Pfaffenberger, B. (1988). *Microcomputer applications in qualitative research.* Thousand Oaks, CA: Sage.

Phillips, D. C. (1987). *Philosophy, science, and social inquiry.* Oxford, England: Pergamon Press.

Phillips, D. C., & Burbules, N. (2000). *Postpositivism and educational research.* Lanham, MD: Rowman & Littlefield.

Pitman, M. A., & Maxwell, J. A. (1992). Qualitative approaches to evaluation. In M. D. LeCompte, W. L. Millroy, & J. Preissle (Eds.), *The handbook of qualitative research in education* (pp. 729–770). San Diego, CA: Academic Press.

Platt, J. R. (1964). Strong inference. *Science, 146,* 347–353.

Poggie, J. J., Jr. (1972). Toward control in key informant data. *Human Organization, 31,* 23–30.

Polit, D. F., & Beck, T. B (2010). Generalization in quantitative and qualitative research: Myths and strategies. *International Journal of Nursing Studies 47*, 1451–1458.

Potemkin village. (1984). In F. C. Mish (Ed.), *Webster's Ninth New Collegiate Dictionary* (p. 343). Springfield, MA: Merriam-Webster.

Przeworski, A., & Salomon, F. (1988). *On the art of writing proposals: Some candid suggestions for applicants to Social Science Research Council competitions.* New York, NY: Social Science Research Council.

Pushor, D. (2008). Collaborative research. In L. Given (Ed.), *The SAGE encyclopedia of qualitative research methods* (pp. 91–94). Thousand Oaks, CA: Sage.

Putnam, H. (1987). *The many faces of realism.* LaSalle, IL: Open Court.

Putnam, H. (1990). *Realism with a human face.* Cambridge, MA: Harvard University Press.

Rabinow, P. (1977). *Reflections on fieldwork in Morocco.* Berkeley: University of California Press.

Rabinow, P., & Sullivan, W. M. (1979). *Interpretive social science: A reader.* Berkeley: University of California Press.

Ragin, C. C. (1987). *The comparative method: Moving beyond qualitative and quantitative strategies.* Berkeley: University of California Press.

Ravitch, S., & Riggan, M. (2011). *Reason and rigor: How conceptual frameworks guide research.* Thousand Oaks, CA: Sage.

Reason, P. (1988). Introduction. In P. Reason (Ed.), *Human inquiry in action: Developments in new paradigm research.* Newbury Park, CA: Sage.

Reason, P. (1994). Three approaches to participative inquiry. In N. K. Denzin & Y. S. Lincoln (Eds.), *Handbook of qualitative research* (pp. 324–339). Thousand Oaks, CA: Sage.

Regan-Smith, M. G. (1991). *How basic science teachers help medical students learn.* Unpublished doctoral dissertation, Harvard Graduate School of Education.

Richardson, L. (1997). *Fields of play: Constructing an academic life.* New Brunswick, N. J.: Rutgers University Press.

Riessman, C. K. (1993). *Narrative analysis.* Newbury Park, CA: Sage.

Robson, C. (2011). *Real world research* (3rd ed.). Oxford, England: Blackwell.

Rosenau, P. M. (1992). *Post-modernism and the social sciences.* Princeton, NJ: Princeton University Press.

Rudestam, K. E., & Newton, R. R. (2007). *Surviving your dissertation* (3rd ed.). Thousand Oaks, CA: Sage.

Ryle, G. (1949). *The concept of mind.* London, England: Hutchinson.

Sandelowski, M. (2008). Member check. In L. Given (Ed.), *The SAGE encyclopedia of qualitative research methods* (pp. 501–502). Thousand Oaks, CA: Sage.

Sankoff, G. (1971). Quantitative aspects of sharing and variability in a cognitive model. *Ethnology, 10,* 389–408.

Sayer, A. (1992). *Method in social science: A realist approach* (2nd ed.). London, England: Routledge.

Schram, T. H. (2003). *Conceptualizing qualitative inquiry.* Upper Saddle River, NJ: Merrill Prentice Hall.

Schwandt, T. A. (1997). *Qualitative inquiry: A dictionary of terms.* Thousand Oaks, CA: Sage.

Scriven, M. (1967). The methodology of evaluation. In R. E. Stake (Ed.), *Perspectives of curriculum evaluation* (pp. 39–83). Chicago, IL: Rand McNally.

Scriven, M. (1991). Beyond formative and summative evaluation. In M. W. McLaughlin & D. C. Phillips (Eds.), *Evaluation and education at quarter century* (pp. 19–64). Chicago, IL: National Society for the Study of Education.

Seale, C. (1999). *The quality of qualitative research.* London, England: Sage.

Seidman, I. E. (1998). *Interviewing as qualitative research* (2nd ed.). New York, NY: Teachers College Press.

Shadish, W. R., Cook, T. D., & Campbell, D. T. (2002). *Experimental and quasi- experimental designs for generalized causal inference.* Boston, MA: Houghton Mifflin.

Shavelson, R. J., & Towne, L. (Eds.). (2002). *Scientific research in education.* Washington, DC: National Academy Press.

Shubin, N. (2008). *Your inner fish: A journey into the 3.5-billion-year history of the human body.* New York, NY: Random House.

Shweder, R. A. (Ed.). (1980). *Fallible judgment in behavioral research.* San Francisco, CA: Jossey-Bass.

Smith, L. (1979). An evolving logic of participant observation, educational ethnography, and other case studies. *Review of Research in Education, 6,* 316–377.

Smith, M. L., & Shepard, L. A. (1988). Kindergarten readiness and retention: A qualitative study of teachers' beliefs and practices. *American Educational Research Journal, 25,* 307–333.

Somekh, B. (2008). Action research. In L. Given (Ed.), *The SAGE encyclopedia of qualitative research methods* (pp. 4–7). Thousand Oaks, CA: Sage.

Spradley, J. (1979). *The ethnographic interview.* New York, NY: Holt, Rinehart & Winston.

Stake, R. (1995). *The art of case study research.* Thousand Oaks, CA: Sage.

Starnes, B. (1990). *"Save one of those high-up jobs for me": Shared decision making in a day care center.* Unpublished doctoral dissertation, Harvard Graduate School of Education.

Strauss, A. (1987). *Qualitative analysis for social scientists.* Cambridge, England: Cambridge University Press.

Strauss, A. (1995). Notes on the nature and development of general theories. *Qualitative Inquiry, 1,* 7–18.

Strauss, A., & Corbin, J. (1990). *Basics of qualitative research: Grounded theory procedures and techniques.* Newbury Park, CA: Sage.

Tashakkori, A., & Teddlie, C. (Eds.). (2003). *Handbook of mixed methods in social and behavioral research.* Sage.

Tashakkori, A., & Teddlie, C. (Eds.). (2010). *Handbook of mixed methods in social and behavioral research* (2nd ed.). Thousand Oaks, CA: Sage.

Tolman, D. L., & Brydon-Miller, M. (2001). *From subjects to subjectivities: A handbook of interpretive and participatory methods.* New York, NY: New York University Press.

Tukey, J. (1962). The future of data analysis. *Annals of Mathematical Statistics, 33,* 1–67.

Tulving, E. (2002). Episodic memory: From mind to brain. *Annual Review of Psychology 53,* 1–25.

Weiss, R. S. (1994). *Learning from strangers: The art and method of qualitative interviewing.* New York, NY: Free Press.

Werner, O., & Schoepfle, G. M. (1987). *Systematic fieldwork.* Newbury Park, CA: Sage.

Wievorka, M. (1992). Case studies: History or sociology? In C. C. Ragin & H. S. Becker (Eds.), *What is a case?* (pp. 159–172). Cambridge, England: Cambridge University Press.

Wimsatt, W. (2007). *Re-engineering philosophy for limited beings: Piecewise approximations to reality.* Cambridge, MA: Harvard University Press.

Wolcott, H. F. (1990). *Writing up qualitative research.* Newbury Park, CA: Sage.

Yin, R. K. (1994). *Case study research: Design and methods* (2nd ed.). Thousand Oaks, CA: Sage.

國家圖書館出版品預行編目（CIP）資料

質性研究設計：互動取向的方法／ Joseph A. Maxwell 著；
　陳劍涵譯. -- 初版. -- 新北市：心理, 2018.03
　　面；　　公分. --（社會科學研究系列；81233）
　譯自：Qualitative research design: an interactive
approach
　　ISBN 978-986-191-792-4（平裝）

　　1. 社會科學　2. 質性研究　3. 研究方法

501.2　　　　　　　　　　　　　　　　　　106016792

社會科學研究系列 81233

質性研究設計：互動取向的方法

作　　　者：Joseph A. Maxwell
譯　　　者：陳劍涵
執 行 編 輯：林汝穎
總 編 輯：林敬堯
發 行 人：洪有義
出 版 者：心理出版社股份有限公司
地　　　址：231026 新北市新店區光明街 288 號 7 樓
電　　　話：(02) 29150566
傳　　　真：(02) 29152928
郵撥帳號：19293172　心理出版社股份有限公司
網　　　址：https://www.psy.com.tw
電子信箱：psychoco@ms15.hinet.net
排 版 者：龍虎電腦排版股份有限公司
印 刷 者：龍虎電腦排版股份有限公司
初版一刷：2018 年 3 月
初版二刷：2021 年 8 月
I S B N：978-986-191-792-4
定　　　價：新台幣 300 元